欧洲议会左翼党团的历史演变和影响研究

RESEARCH ON THE HISTORICAL EVOLUTION AND INFLUENCE OF THE LEFT-WING PARTY GROUPS OF THE EUROPEAN PARLIAMENT

游楠——著

时事出版社
北京

目　录

绪　论

第一节　研究缘起、目的、意义

（一）研究缘起

欧洲是现代政党的发源地。一些讲欧洲政治历史的教科书开篇首先讲到的是政党，欧洲也一直遵循政党政府的原则，政党拥有明确的目标和价值取向，是政治参与、竞争和合作的主角。政党在竞争中的主要功能是寻求更多选票、追求上台执政和政策制定。政治可以被看作是一个剧场，就像主角在演出后会被通过起身鼓掌来评价一样，如今的选民普遍会对政党和政治家的表现业绩做出评价。从1618年开始到第二次世界大战之前，欧洲历史充满了分裂色彩。二战之后，欧洲政治两个最大的特色就是左翼政党的成功和欧洲联合的崛起，政党直接参与到欧洲联合的过程中。早在20世纪50年代前，欧洲就存在创办一个互助机制，确保欧洲大陆的整体安全和金融繁荣的意愿，欧洲一体化的最初模式也是在这个时期建立的。欧洲联盟是欧洲的政治体系，也是具有国际政治行动潜力的行为体，欧洲共同体包含政策制定机构—欧洲议会。对于欧洲议会中的主要参与者，包括委员会的大臣，欧洲议会的议员们甚至是理事会成员们，其共同特色就是党派政治，他们的职业定位和未来的职业发展重点均放在政党上。而且，随着欧盟的政策日程从制度设计问题转移到规范性的政策输出，欧盟政治的主要领域也从“一体化主义者”对抗“民族主义者”转向传统的左右翼分歧。[①]

欧洲左翼政党研究是研究欧洲政党学术界的重要分支，尤其是研究西欧地区的左翼政党，那里是民主主义、社会主义和资本主义的交汇处，左、右翼政党分野很明显。所谓的“左翼政党”，就是以左翼理论、学说和思想为指导的合法的左翼组织，或者说是系统化和制度化的左派运动。其共同基础是：批判资本主义生产方式和社会方法，并着眼于对其改造。如果按照批判立场以及改造方式的激进程度，当下欧洲左翼政党可分为：处于中左的社会民主党，比社会民主党更左的极左政党，以及表现为具有左翼色彩的绿党。[②] 在历史上，第一国际、第二国际和第三国际都是在欧洲建立的。在 19 世纪 50 年代末至 60 年代初欧洲工人运动重新出现了高潮，这个时候产生了第一国际。马恩在传播社会主义学说上做出了卓越的贡献，他的学说让工人们看清错误学说的负面效应，从而放弃遵从错误的理论，各国的无产阶级革命主义者纷纷提倡要在国际上进行联合。1847 年 6 月 2 日，世界上第一个共产主义政党—共产主义者同盟建立，这是马克思主义诞生的重要标志。1847 年 11 月，共产主义者联盟第二次代表大会委托马恩起草周详的理论和实践的党纲。1848 年 2 月，《共产党宣言》第一次以单行本问世。第二国际是 1889—1914 年的各国社会主义政党的国际组织。第二国际前期，对改良派批判不足，导致改良主义思潮的日益滋长，最后变为修正主义派。第二国际内部分裂为三股势力，以 E. 伯恩施坦为代表的右派、以列宁等为代表的左派、以考茨基为代表的中派。1919 年 3 月 2 日，召开国际共产主义代表大会，宣告第三国际成立。但随着其原有形式不能适应逐渐变化的国际环境，于 1943 年 6 月解散。所以说，在历史发展的进程中，欧洲左翼的联合和演变顺应时代背景的变化而变化，欧洲左翼也随着国际共产主义运动的发展而变化。

“欧洲的地理存在是一个客观事实，但它成为社会的即经济、政治、

---

① Simon Hix, “Towards a partisan theory of EU politics,” Journal of European Public Policy, No. 12, 2008, p. 1254 – 1265.

② 轩传树：《欧洲左翼政党现状分析——基于欧洲议会选举的研究》，《社会科学》2010 年第 1 期。

军事、文化与宗教的存在却经历了一个历史进程，人们认识欧洲整体和它的共性也经历了漫长的过程。”① 欧洲政治是以代议制民主为特色的，《欧洲共同体条约》第138A条规定：作为欧洲联盟内的一体化因素，欧洲一级的政党具有重要的意义。它们有助于形成一种欧洲的意识和表达联盟公民的政治决心。② 欧洲议会通过成员国直选开展业务，是通过跨国政党来开展活动，议会党团超越了一国的范围。在煤钢共同体刚成立时，议会党团还不存在。1953年3月，欧洲各国代表团中意识形态相近的政党开始召集在一起，带动了议员们组建党团的想法，起初成立的三个党团是：基督教民主党党团（Christian Democratic Group，DC）、社会党党团（Group of the Socialists，S）、自由党和联盟党团（Liberal and Allies Group，LAG）。当年6月召开的会议上通过了报告，强调各国代表可根据其政治倾向组团。③ 欧洲议会党团的形成体现了“很多西欧的政治精英在解决他们的问题时所采用的联邦主义和超国家主义的方案”。20世纪60年代，因为民族主义复兴、空椅危机、卢森堡协议和法国反英加入欧共体等事件，议会党团的发展受到限制。到20世纪70年代，发生了石油危机、中东危机等事件，欧洲议会党团发展逐渐变得政治化。在1979年，欧洲议会进行直选，也叫“次等国内选举”，议会党团开始参与到选举中，至今已经进行了9次直选，大党团比小党团更加稳定，小党团分分合合，或昙花一现。欧洲议会党团的内部机构日益完善，党团之间也在进行着竞争和结盟。按照意识形态的划分，如今的左翼党团主要有3个。欧洲议会是左翼政党参与欧洲的事务处理、政策制定、推动欧洲一体化向前发展的重要推手，在议会中，单独的议员对议程设定和政策出台都很难施加影响，而党团则是欧洲议会政治过程得以持续进行的关键因素。④ 如今，欧洲左翼政党变得越来越频繁地参与到欧洲议会中，欧洲政党的历史向来也是与欧洲左翼工人运动紧密相连的。欧洲议会内的政治活动离不开左翼、右翼政党的活动，欧

---

① 郭华榕、徐天新：《欧洲的分与合》，人民出版社2015年版，第300页。

② 戴炳然译：《欧洲共同体条约集》，复旦大学出版社1993年版，第167页。

③ Kreppel，Amie，“The European Parliament and Supranational Party System，” Cambridge：Cambridge University Press，2002，p. 180 – 181.

④ 张磊：《欧州议会中的党团政治》，北京大学出版社2013年版，第130页。

洲议会内各国政党和党团是相互融合、相互促进的。各国政党分别属于不同的党团，又在党团中各自发挥着不同的作用。政党的影响力越大，党团影响力也可能逐渐增强；政党影响力下降，党团的影响力多少也会受到限制。因此，党团与政党的关系就像整体与局部的关系。

当前社会仍受到2008年金融危机的影响。米夏尔·布里提到："用以支撑汽车轮子上的资本主义的矿物燃料已经耗尽。然而，为什么统治阶级可以依旧执政？为什么左翼政党依然没有觉醒？是否存在一个可以作为替代的团结的左翼联盟？"① 这场金融危机使得欧洲左翼政党出现了政治上发展的不平衡。欧洲国家政党处在传统政党重新转型、新政党崛起和全新政党格局形成的过程。由于政治冷淡主义崛起，政党党员队伍老化并不断地萎缩。欧盟中的政党政治是复杂的，议会党团简化了政治冲突，围绕党团开展活动也极大地提高了工作效率。欧洲一体化和超国家机构的发展议题是党团之间激烈讨论的焦点，所以说，欧洲议会党团是欧盟内部团结的重要因素之一。总体来说，左翼党团通过参与议会中的活动来推行有益于中下层劳动者利益的政策。马克思认为依赖民族特点和资本主义原则而建立欧洲共和国，这是资产者的空想，无产者应该争取自身的解放与各民族的和睦相处。而左翼政治的未来一定是与欧盟的未来紧密相连的。当下的欧洲是不平静的欧洲，有报道指出右翼的崛起正在冲击欧洲政治版图，没有任何一个国家在来势汹汹的民粹主义面前，仍有信心维持人们对传统价值观的认同。对于欧洲左翼政党和党团来说，面对欧洲多方危机，单枪匹马都没有能力解决这些问题，预计欧洲今后一段时间仍会处于经济低迷和政治动荡的境况。

（二）研究目的

本书的主要问题是从欧洲议会左翼党团研究出发，介绍三大左翼党团的历史变革、理论政策和现实表现，以及面临的挑战和发展前景，从而分析究竟欧洲议会左翼党团在欧洲范围，乃至在国际上占据什么地位，产生什么影响？欧洲议会的左翼党团和右翼党团之间如何进行竞争和合作？从

---

① 王学东、张文红：《中国共产党和欧洲左翼政党的发展》，中央编译出版社2011年版，第98页。

议会左翼党团的角度来分析它是否已经发展成为高度凝聚力和竞争力的组织？欧洲议会是否还是以国家利益为主导的政治体？笔者试图以欧洲议会中的左翼党团为主要研究对象，对三大左翼党团分别进行介绍，探讨三大左翼党团在欧洲议会中扮演的角色，在本国、欧洲和国际左翼发展中的重要作用，评价目前欧洲议会左翼党团所做的工作，对未来发展趋势和面临的挑战进行总结。考察欧洲政党政治的变迁、进展，欧洲政治结构体系的变化，包括梳理左翼党团之间的竞争与合作、与右翼党团之间的结盟、内部结构和运行过程等。对欧洲议会中的左翼党团理论政策和实践创新、演变过程进行剖析，从而对欧洲整个左翼政治的演变做总结，分析党团格局的变化，找出其演变的轨迹及特征，进一步深化对当代欧洲政党政治发展的认识。同时，本书还将系统地分析欧洲议会近几届选举结果，对欧洲议会的未来发展给予一定的现实指导意义。通过对欧洲的左翼政治研究，探讨世界社会主义运动的发展现状。

首先，通过对欧洲议会社会党党团、绿党党团和激进左翼党团的发展历史回溯，折射整个欧洲左翼政党在欧盟层面的发展。研究欧洲议会左翼党团，研究欧洲国际关系的历史、欧洲社会民主党与共产党、绿党等新社会运动之间的关系变化史，可以拓展欧洲政治、经济、社会、文化和外交等方面的知识，明确了国家利益和意识形态在决策中的重要性。追溯欧洲议会左翼党团的发展历史，也透析了欧洲议会的扩权史。

其次，考察欧洲议会左翼党团在欧洲范围和国际上所产生的影响、面临的国内外挑战；欧洲议会左翼党团整合他们内部不同的利益冲突，是以国家利益为主导的机构还是超国家机构，也是预测欧洲议会左翼党团是否在欧盟层面发展成组织严密的政治团体，未来是否可以组成左翼的大联盟。弗兰西斯·沃尔茨在《左翼在欧洲议会中的经验》里提到，要把多样性作为一种力量使用、建立一种认同、获得一种超越了简单的党派数量关系的影响。他对自己党团工作的经验抱有信心，认为左翼共同的认同是可能的，这个党团所产生的影响可以大大超出党团本身的数量意义。[①] 因此，

① 王学东、张文红：《中国共产党和欧洲左翼政党的发展》，中央编译出版社 2011 年版，第 133 页。

研究欧洲议会左翼党团具有预测长期未来发展趋势的深远意义。

（三）研究意义

欧洲议会中的左翼政党超越了民族国家的界限，在欧洲议会的舞台上联合起来，通过议会所给予的权力来展开活动。欧洲议会党团是欧洲政治活动中的行为者，打破了民族国家的界限，欧洲议会的身份特征是欧洲议员不按照国家组合，而是按照政党派别构成党团。研究左翼党团政治既是现实的迫切需要，又是理论发展的要求。

从理论方面来看：第一，通过研究欧洲议会左翼党团来进一步巩固政党政治学的理论基础，拓展政党联盟和跨国政党研究，也探索政党与国家、政党与社会的关系、政党组织形态等变化过程。深入研究将有助于认识欧洲政党跨国化所出现的各种现象，了解左翼党团在欧盟政治中的影响力，从而丰富政党政治的内容。

第二，通过研究欧洲议会左翼党团来更好地了解欧洲议会的性质、运作方式和选举等方面的功能。欧洲议会左翼党团发展的历史囊括在欧洲议会发展的历史之中，国家之间政党的竞争在欧盟层面进行国家利益和意识形态的博弈，更好地说明了欧洲议会作为一个超国家机构的影响力，是整合欧洲地区冲突、解决矛盾的一种方式。另外，还对预测未来欧洲议会政策发展趋势有所帮助。

第三，通过研究欧洲议会左翼党团来充分洞悉欧洲左翼政党变化，了解欧洲左翼对国内政府参与或执政能力，甚至预测整个欧洲的左右翼政党格局发展趋势。通过对左翼政党，如社民党下降、疑欧政党崛起等演变过程及斗争过程进行分析，可以从本质上理解马克思、恩格斯所讲的资本流动导致的政治斗争，也加深了对欧洲社会民主主义、新自由主义和民粹主义等思潮的认识。

第四，通过研究欧洲议会左翼党团，可以把握整个欧洲和世界社会主义运动、共产主义运动和新社会运动的发展态势，丰富政党国际合作的内容。

第二节 国内外研究文献综述

（一）欧洲议会左翼党团的国内外研究现状

目前，国内外学者们研究欧洲议会及议会内党团、左翼政党等方面的视野已经不再局限于宏观层面，更加关注微观层面上的议会内部党团运作情况，研究范式也逐渐从单一的政治学理论、国际政治研究转向了跨学科的综合研究方法。但是从学术界主要关注的角度来看，有较少学者对欧洲议会中的左翼党团进行详细研究，与左翼党团相关联的研究主要分为以下几个方面：

1. 研究欧洲议会中政党的文献

这方面的国内外文献主要从20世纪50年代后期开始，且欧洲学者研究这方面的比较多，主要来源是图书和期刊文章。就国外的文献来看，在论述欧洲议会的著作中一般都有介绍议会中政党的内容，有的以较小章节阐述，主要有议会中政党的制度、机制运行和政党所起到的主要作用。比较早期的著作主要有：1958年，恩斯特·哈斯在其著作《欧洲联合》（*The Uniting of Europe*）中对欧洲层面的政党竞争促进欧洲一体化的趋势进行预测，政党在政治舞台上必须随时调整自身以适应外部带来的压力，政党要代表选民的利益，就要对欧盟中的机构产生一定的影响力；1965年，G. V. 乌登霍夫著的《欧洲议会中的政党》（*The Political Parties in the European Parliament*），他对欧洲议会中的政党有较为详细系统的介绍；1978年，戴维·马昆德在其论文《走向政党的欧洲》（Marquand, David. 1978, *Towards a Europe of the Parties. Political Quarterly*, 49（4）: 425－445）中预测了欧洲选举的结果将会是“民族国家之欧洲”逐渐被“超国家政党之欧洲”取代；1979年，斯坦利赫尼格的《欧洲共同体中的政党》（*Political Parties in the community*）；菲茨莫里斯《欧洲议会》（*The European Parliament*）和1996年，约翰·加夫尼的《政党与欧洲联盟》（*Political Parties and the European Union*）；1997年，西蒙·希克斯和克里斯托夫·洛德合著的《欧洲联盟中的政党》（*Political Parties in the European Union*）等，这些著作主要集中在欧盟层面政党的概括性介绍和党团基本运行制度等方面。

1998年，克里斯托夫·洛德和大卫·拜尔主编的《欧洲联盟中的跨国政党》一书（*Transnational parties in the European Union*），是一本论述跨国政党总体情况比较详细的合集。其中涉及范围包括跨国政党的内部结构组成、运行机制和特征，也描述了欧洲跨国政党的情况；2005年，西蒙·尼克斯等人在《欧洲议会中的民主政治》一（*Democratic Politics in the European Parliament*）书中，指出竞争性的政党体系有助于欧洲议会内部的民主政治发展；2005年，理查德·考伯特等《欧洲议会》（*The European Parliament*）和科特·理查德·鲁斯编著的《新欧洲的政党》（*Political Parties in the New Europe*）等介绍了21世纪的欧洲议会中的政党情况。理查德·考伯特、弗朗西斯·雅克布等合著的《欧洲议会》一书（*The European Parliament, 7th edition*）详尽地叙述了欧洲议会的构成和活动、权力的演变过程，也对欧洲议会的党团分别进行了阐述。

另外，卡尔海因茨·赖夫和奥斯卡·尼德迈尔在《欧洲议会和政党》（*The European parliament and the political parties*）中探讨了跨国政党联盟作为欧洲议会中的民族政党和党团调解者是否可变的问题。从理论上来说，他们的主要功能是促进和加强欧洲各国和欧盟体制之间的联系，这也被视为对于加强欧盟民主机构的贡献；罗伯特·拉德瑞克在《欧洲一体化和政党一趋于一个分析框架》一文（*Europeanization and political parties - towards a framework for analysis*）中提到欧盟作为对政党产生重要影响的环境，作者通过基础分析，采用系统研究欧洲一体化和欧洲政党的五个方面：政策内容、组织结构、政党竞争模式、政党—政府关系和超越国家政党体制的关系，通过关注欧盟对国家政党体制的影响，对政党的行为、内部和外部的扩张来进一步研究政党；登载在《欧洲观点》（*European View*）杂志上一篇名为《欧洲的政党如何在2019年选举中最大化他们的成功》（*How can European political parties maxmise their success in the 2019 elections?*）的文章中，米哈利斯·佩吉丽斯谈到“我们是真的需要欧盟吗?”他在文章中谈到尽管《里斯本条约》在2007年签署，2009年获得批准，它为了进一步的联合提供了空间，持续不断的危机推动了欧盟在寻求新的平衡和新的制度性设计。“如今，欧盟28个成员国与20世纪70年代9个成员国对比，拥有的机构更大、要求协调性更强。在此基础上，我们知道了欧洲层面的政党是需要的，至少比过去更加需要。”另外，由欧洲研究中心（CES，Center for European Studies）出版的《作为运动组织的欧洲政党：促进欧洲议会选举更加政治化》（*European Political Parties as Campaign Organisations: Toward a Greater Politicisation of the European Parliament Elections*）一书，沃希奇·加加泰克提出自从欧洲联合开始后，欧盟来自不同成员国的民族政党间进行了不同形式的合作，都以原始的形式存在和发展着。然而，事实上，如今欧洲层面上的政党起源或者是欧洲政党在20世纪70年代才建立。在欧洲议会第一次直选之前，民族国家政党意识到欧洲经济体更加紧密地合作、获得目标，和在全欧洲范围协调其选举活动的必要性。同时，三个主要的政党家族—基督教民主党、社会党和自由民主党建立了欧洲联盟。欧洲的政党不能与欧洲议会中的党团混淆，党团集中在议会进行活动，前者是在更大的范围内协调党派活动。

外国学者很擅长通过定量分析、数据和图表等进行研究，且随着选举次数的增多，研究成果变得越来越丰富。1973年，英格哈特等谈到对欧洲议会选举和本国加入欧共体的态度，指出欧共体比国家一级更能解决问题。1979年，埃尼德·拉克曼调查了整个欧洲共同体对欧洲议会首次直选的反应，并对两者之间存在什么关系进行了研究。1989年，安德鲁麦克·马伦重点关注欧洲议会在批准《马斯特里赫特条约》方面的表现，对欧洲议会持悲观看法。2004年，洛奇、朱丽叶指出第六次欧洲议会直选中有中欧、东欧和东南欧10个新国家参加了选举，欧盟在外部角色上存在严重分歧。2009年，卡特·尼尔指出，欧洲议会选举中绿党党员赢得更多席位，包括法国、德国和瑞典几个国家的欧洲议会议员人数有所增加，讨论了欧洲绿党的政治纲领及其所谓的“欧洲绿色新政”。2014年5月，雅各布指出欧洲议会选举的参与率稳步下降，这对其民主合法性提出根本性问题。2017年，肯特门在《矛盾和冷漠呢？反思欧洲态度对欧洲议会选举投票率的影响》（*What about Ambivalence and Indifference? Rethinking the Effects of European Attitudes on Voter Turnout in European Parliament Elections*）一文中认为，对欧盟态度的一维测量过于简单化，将投票的矛盾和冷漠态度对投票率的影响与积极、消极态度的影响进行了比较。2018年，布雷萨内利在《在2009年欧洲议会选举中分析欧洲政党》（*Profiling the Europarties in the*

2009 *European Parliament Elections*）一文中分析欧盟政党体系的两个基本标准：竞争力和政党政策的一致性，并发现欧洲国家可以通过议会活动将这些选择转化为具体的政策。2019 年，朱丽娅等人在《欧洲议会选举对政治社会化的影响》（*The Effect of European Parliament Elections on Political Socialisation*）一文中，认为欧洲议会选举可能会给易受影响的选民带来持久的政治不满，并对长期的政治社会化产生的负面影响做出预测。范埃尔萨斯指出，《欧盟议题投票和 2014 年欧洲议会选举：动态视角》（*EU Issue Voting and the* 2014 *European Parliament Elections*：*A Dynamic Perspective*）一文中分析了欧洲议会选举中的欧盟议题投票已显示出高度依赖欧盟政治化的程度，在欧盟议题上，反欧盟和亲欧盟的政党都有投票权，而亲欧盟政党只会增加投票权。除此之外，欧洲议会等官方网站上还有一些资料与政党有关，比如，欧盟官方网站、欧洲议会官方网站。

就欧洲议会的赋权来讲，2010 年，戈茨和里特伯格在《习惯问题？赋予欧洲议会权力的社会学基础》（*A Matter of Habit*？*The Sociological Foundations of Empowering the European Parliament*）一文中研究了欧洲议会的“制度化”，分析了欧洲议会及其在欧盟制度环境中的作用获得合法性的问题。2012 年，伯托德·里特伯格在《欧盟代议制民主制度化：以欧洲议会为例》（*Institutionalizing Representative Democracy in the European Union*：*The Case of the European Parliament*）一文中将制度创新、制度变迁和制度使用作为不同类型的制度选择加以介绍，用特定的解释机制和动力来分析欧洲议会的授权。2015 年，托马斯·温岑在《议会共同进化：国家议会对欧洲议会授权的反应》一文中（*Parliamentary Co - Evolution*：*National Parliamentary Reactions to the Empowerment of the European Parliament*）明确了国家和欧洲议会制度之间的联系，研究了欧洲议会的授权是否增加或减少各国议会与欧盟有关权力的压力。2019 年，凯瑟琳等在《尽管多方危机仍在上升？里斯本会议后欧洲议会的自我授权战略》（*Rising Despite the Polycrisis*？*The European Parliament's Strategies of Self - empowerment after Lisbon*）一文中指出，社会党党团在经济治理和贸易协定谈判两项政策中运用了包括阻挠决策过程、充当先行者和可能更感兴趣的如何授权的问题。

就国内的文献来看，国内研究起步很晚，到 1997 年才有学者出版相关图书，阎小兵和邝杨所著的《欧洲议会：对世界上第一个跨国议会的概述与探讨》一书是国内研究欧洲议会的开篇著作，作者介绍了欧洲议会的运行方式和功能。林勋健在《政党与欧洲一体化》一书中，概述政党与欧洲一体化的作用，得出欧盟是“国家的欧洲”和“政党的欧洲”的矛盾体；对于欧洲议会党团是“政党的欧洲”的萌芽，对跨国党团的历史概述、组织结构、议会内职能和议会外影响进行了介绍。李景治和张小劲等著的《政党政治视角下的欧洲一体化》一书对政党与欧洲一体化的历史、理论和方法分别进行了论述，从政党之于一体化的分类研究和一体化之于政党的互动研究的不同角度进行剖析，在介绍完欧洲议会党团的制度环境和决策机制等之后，总结了欧洲议会政党政治的特点。郇庆治教授的《多重管治视角下的欧洲联盟政治》对欧盟政治与政党制度进行详细阐述，又专门列章介绍了政党治理及其所面临的挑战。陈玲在《欧洲议会中的政党及其功能分析》中，探讨了欧洲议会中政党作用和对欧洲一体化进程的影响。2009 年，王军和郇庆治等从议会选举结果分析整个欧洲的社会民主党和绿党的发展形势。2014 年，丁纯从欧洲议会选举结果谈到欧债危机的影响和欧洲一体化的前景，赵晨研究了议会选举后的欧洲政治走向，贾文华在《“次等选举”的右倾化—欧洲议会选举中极右翼政党的崛起与影响》中谈到欧洲议会选举中极右翼政党的崛起与影响。王明进在《欧洲议会疑欧主义政党的崛起及其对欧盟政治的影响》中指出，能够增加此类政党对成员国国内政治的影响，进而影响欧盟政治议程。2019 年，张磊基于“次等选举”“欧洲议题”和“民粹政党”三重视角分析了欧洲议会的选举影响，房乐宪、关欣对选民需求、政策供给与欧洲右翼民粹政党竞选表现进行了分析。

2. 研究欧洲左翼政党的文献

研究欧洲左翼政党的文献汗牛充栋，无论是国内还是国外的学者，都研究视角宽阔，有量化分析、有定性分析，阐述的主要内容包括欧洲左翼政党的划分、类型，欧洲左翼政党的发展历史、左翼思潮的起伏、社会主义运动和共产主义运动的发展、左翼政党面临的困境和发展趋势等。就国外的文献来看，欧洲激进左翼政党早就成为一个新主题，欧洲学者和美国学者出版了不少著作和论文。比较出名的欧洲左翼学者卢克·马奇在其著作《欧洲激进左翼政党》中，将整个东西欧作为一个整体来研究，他不仅关注共产党的发展变化，还谈到社会民主主义的其他左翼政党，谈到它们的激进主义性质、意识形态和战略立场，分析发展动态和可预期的选举前景。其中有一节主题就是欧洲议会中的激进左翼政党，主要讲到的就是欧洲联合左翼/北欧绿色左翼这个党团的发展历史；另外，唐纳德·萨松教授也是研究欧洲左翼的知名人士，他在《欧洲社会主义百年史》一书中描述了20世纪西欧左翼的发展史，这是一本有关社会主义政党的比较史，他将西方社会主义的发展分为三个阶段，其中萨松认为社会主义的发展历史体现了社会主义思想的衰退，证明了社会主义早已宣告失败，但是社会主义所具有的内涵仍然是值得借鉴的，提到“社会主义是到了死期，还是到了一个更新时代的开端?”他还在书中谴责资本主义的恶性，同时也批评了左翼知识分子无所作为。左翼政党最辉煌的时期主要集中在1945—1975年，这是资本主义的黄金时代。[①]

另外，斯丹佛诺·巴托里尼在《欧洲左翼政治运动，1860—1980：阶级分裂》（*The political mobilization of the European left*, 1860 - 1980: *the class cleavage*）一书中研究了社会主义的发展历史和西欧的工人阶级政治，主题就是西欧左翼的选举规模、社会凝聚力和组织力量。凯特·休德森在其著作《新欧洲左翼：走向21世纪的社会主义?》（*The New European Left*: *A Socialism for the Twenty - First Century*?）中讲到欧洲议会中的共产党人、欧洲议会外的左翼政党合作，大篇幅讲到欧洲左翼党的发展情况，同时还提到21世纪的欧洲左翼和全球左翼如何学习过去20年的成功和失败的经验，在政治和经济上可以替代的政党如何能够在欧洲和全球层面上提供对现实问题的解答。理查德·邓非在在《对抗资本主义? 左翼政党和欧洲一体化》（*Contesting Capitalism*? *Left parties and European integration*）中调查了欧洲政治和经济上的联合过程，同时也考察了一些政党内部的欧洲联合的政策演化过程。书中介绍了理论层面的欧洲联合左翼派的观点，还讲述了欧洲联合政策的案例分析，提出了超国家层面上的左翼政党间的合作，提出左翼政党家族，尤其是处于欧洲政治中左位置的另两个主要政党—社

① ［英］唐纳德·萨松：《欧洲社会主义百年史》，社会科学文献出版社2008年版，第5页。

民党和绿党是否还有聚合空间的疑问。

就国外研究者撰写的论文来看，数量多、角度多，也有比较新颖的观点对左翼政党进行了更详细的研究阐述。卢克·马查和卡兹·玛邓布在《激进左派的左边是什么？1989 年之后的欧洲激进左翼：衰落与变异》（*What's Left of the Radical Left? The European Radical Left After* 1989：*Decline and Mutation*）一文中，指出："在欧洲议会层面上，（真正的）共产党已经几乎全部不再是选举上成功的组织，绿党已经在民主主义主流中通过隐藏其激进主义的色彩来加强他们的地位，社会民主党不断地朝（旧形式的）社会民主发展。"艾米尼和巴巴克在《定位当代欧洲中的激进左翼》（*Situating the Radical Left in Contemporary Europe*）讲到"左翼政治空间已经扩大，在欧洲层面极端左翼政党这些年已经变得越来越疑欧，在欧洲议会内部和议会外部有许多团结激进左翼政党的计划。卢克·马奇在《当代欧洲激进左翼政党的问题和观点：追逐失落的世界还是赢得世界?》一文（*Problems and perspectives of contemporary European radical left parties*：*Chasing a lost world or still a world to win*?）中对激进左翼政党的定义和分类进行概况，认为激进左翼政党已经对主流社会民主党的政策和选举形成一定的挑战。非共产党党派人士面对将他们与社会民主主义区分的重大问题，并且所有政党均面临着来自绿党的、崛起的极右翼和努力想要产生影响的新兴的无党派运动。作者在文末提出："未来发展是不可预测的，好的结果难以保证会出现。但是相反，他们也许义无反顾地对新自由主义产生危害，也为左倾政治学家们寻找机会来提高更加传统的国家领导力战略。"迈克尔·福尔摩斯和西蒙·莱特福特在《左翼政党的欧洲化：适应和共识的限制》（*The Europeanisation of left political parties*：*Limits to adaptation and consensus*），中讲述了当今社会主流左翼政党家族，社会民主党人、共产党人和绿党如何应对欧洲一体化的挑战，概括了欧洲政党对新欧洲的看法，探索与一体化相关的更大的左翼联合的可能性。认为左翼党团之间都有合作，欧盟开启了左翼政治的一片新天地，所有的左翼政党都表达出促进欧盟进步的愿望。乔治·查让拉姆布斯在《红色的所有阴影：考察激进左翼的疑欧主义》（*All the shades of red*：*examing the radical left' s Euroscepticism*）中寻求的是运用疑欧主义的相关文献来对激进左翼政党的欧洲一体化的展望进行评估，而且借此来描绘反欧洲一体化的 11 个欧洲议会党团的激进左翼政党的大体发展形势。评估这些政党之间未来发展趋势的一致性，并阐述如何采用意识形态战略来适应这些未来发展趋势。盖伊·塔尔瑟在《从左到右：激进的左翼和右翼之间的认同政治》（*Knowing right from left：The politics of identity between the radical left and far right*）中，说到激进左翼政党和极右翼政党之间比预想还要复杂，在政治舞台上，他们交换着意见、间接地开展着对话。左右翼之间的重新结盟也是公众领域的一种联合。街头政治对于激进左翼运动的重要性意味着在市民社会中表演并不意味着不参与政治过程。理查德·邓菲和蒂姆·贝尔认为在《从寒冷中来？自 1989 年以来左翼政党和政府参与》（*In from the cold? Left parties and government involvement since* 1989）中：政策、执政和投票并不是影响左翼政党参与政府的唯一因素，还有其他因素起着作用，比如，包括左翼政党在内的联合工会这一因素；卢克·马奇等人在《离开左翼的领域》（*Out of left field?*）中，对欧洲激进左翼政党做了大量研究，采用了自 1990 年至 2008 年间的 34 个欧洲国家的 39 个政党，采用"供给—需求"分析框架考察外部可能影响激进左翼政党支持的环境中的经济的、政治文化的和政党体制变量，结果发现最具有说服力的变量是政治文化，政党过去的成功、失业水平、疑欧主义和反全球化情绪、选举门槛和来自绿党和激进右翼政党的竞争都是有影响力的因素。在《七年之痒？欧洲左翼党：努力改革欧盟》（*Seven Year Itch? The European Left Party：Struggling to Transform the EU*）中，理查德·邓菲和卢克·马奇通过集中研究民族政党、欧洲层面的政党和欧洲联合左翼—北欧绿党左翼党团之间的关系来考察跨国政党的组织发展和凝聚力，尽管欧洲左翼党至今代表着激进左翼在欧洲联合的加强，但它要变成一个有效政府组织也不是顺利的。路易斯·拉米罗在《西欧激进的左翼政党支持：社会背景、意识形态和政治取向》（*Support for radical left parties in Western Europe：social background, ideology and political orientations*）中谈到激进左翼政党在许多西欧政党体制中的十分重要的角色，通过考察一系列重要因素的作用，作者提供了西欧地区有关激进左翼政党选举变化的跨国经验。在《联盟政府中的激进左翼》（*The radical left in coalition government*）中，理查德·邓菲和蒂姆·贝尔提出如何评价参与联合政府中的激进左翼政党的表现，并采取对比研究，激进左翼政党本身如何评估他们在联合政府中的业绩，还有政党经历政治和选举挫折的能力。在《欧洲议会党团中的聚合与表现》（*Aggregation and Representation in European Parliament Party Groups*）一文中，理查德·罗斯和加布里埃拉·博尔兹谈到虽然欧洲议会的议员们在国家选区举行选举，其投票是由多国党团成员所决定的，是由多国的议会党团不相协调的党纲拼凑，实则挑战了民族国家政党和议会政党基础上的代表性理论。除此之外，《国外理论动态》杂志上的译文，比如，杰瑞·胡德克在《左翼力量在欧洲》中提到了党派联盟是欧洲议会内左翼政党在欧盟框架内的唯一平台，但是也受制于议会制；《当代欧洲的激进左翼政党：从马克思主义到主流》是英国学者卢克·马奇写的文章，他认为在欧洲层面的左翼联盟党的是欧洲议会党团中最不统一的组织之一，但是包含各种左翼观点。

就国内的文献来看，研究欧洲左翼政党的专家学者也不少，研究成果丰富、范围广，包括各种著作、译著、期刊、博硕论文、译文。比较早的书是中央编译出版社出版的《激进，温和，还是僭越?》，陈林、侯玉兰考察欧洲左翼近百年来的变化过程，对欧洲左翼的三大股力量的理论和实践发展历程、关系变化、力量消长等进行了系统的分析；轩传树教授的《欧洲左翼政党现状分析—基于欧洲议会选举的研究》一文梳理了左翼政党的基本构成，对两大类左翼政党的得失进行了结构性的分析，他在《经济危机背景下的欧洲左翼政治现象评析》一文中提到未来的左翼政党发展的不良态势，他还在《从欧洲议会选举看欧洲社会党现状》一文中对欧洲议会中的社会党及衰退原因进行分析；李其庆教授在《“欧洲激进左翼”探析》一文中考察了激进左翼形成的社会历史条件和理论、实践活动；于海青教授在他的文章《西欧共产党的左翼联合理论与实践述评》中分析西欧共产党与各种左翼政党、社会运动的国际联合，在欧洲议会党团中进行联合的斗争；另外，于海青教授的《从边缘崛起的西欧替代左翼政党及其发展走向》分析了在当前欧洲紧缩经济的持续性影响下替代激进左翼政党的发展空间；林德山教授的《欧洲左翼政党：概念、分类与结构》《欧洲激进左翼政党现状及变化评介》《欧洲中左翼政党面临的挑战》都对欧洲左翼政党进行了系统和全面的介绍；姜辉教授在其《西欧传统左翼政党与新社会运动的关系》等文章中提出左翼运动与新社会运动之间的关系变化发展。

当然，也有许多学者研究的是欧洲左翼政党中的某些分支。比如，王聪聪在《欧洲激进左翼政党的政府参与及其政策影响力—政党联盟理论的视角》中提出欧洲激进左翼政党取得成绩是防御性的，加入联盟政府也为其自身带来政治上的考验；简繁在《冷战后欧洲左翼的共产主义思潮研究现状》中尝试从国内外、政党和学者四个角度对研究成果进行梳理，必须时刻坚定马克思主义的立场、观点和方法；王克宁在《冷战结束以来欧洲左翼的探索和调整》中，详细阐述冷战后欧洲左翼呈现的基本态势和面临的问题，并预测了未来欧洲左翼将出现国际联合加强的趋势。以上研究内容大多是从左翼政党的历史、现状、概念、类型、理论发展和面临的问题等方面进行集中概括的。

3. 研究欧洲议会党团的文献

民族政党是欧洲政治团体之间竞争的驱动力，尤其是自从 20 世纪 90 年代之后，欧洲议会中的跨国党团变得越来越有凝聚力。现如今，欧洲议会中最大的两个党团—欧洲人民党党团和社会党党团，比 20 世纪 80 年代或者 90 年代早期竞争更加激烈。国外学者在欧洲议会中的党团研究方面相对比国内学者多，研究范围更宽泛，研究时间更长久。就国外的文献来看，主要集中在英、德、比、法、意等国，讲述的主要内容是欧洲议会党团的组建、构成、运行、历史演变、功能和议会委员会等之间的关系。

笔者借鉴的主要是英文文献，1975 年，J. 菲茨莫里斯的《欧洲议会党团》（*The Party Groups in the European Parliament*）；1994 年，卢西亚诺·巴蒂在论文《跨国政党联盟、欧洲议会党团和欧洲政党的创立》（*Transnational Party Federations, European Parliamentary Party Groups and the Building of Europarties*）中认为欧洲议会党团类似于其他民主议会中的党团；2000 年，克努特·海德和 R. 科勒主编的《欧洲民主政治中的议会党团》（*Parliamentary Party Groups in European Democracies*），不仅介绍了欧洲议会的党团的发展、结构组成和运行机制，还介绍了各个国家的议会党团；2002 年，艾米·克里普在著作《欧洲议会与超国家政党制度》（*The European Parliament and Supranational party system*）中，对欧洲议会党团的制度分析、党团制度与欧洲议会相联系进行了互动关系的研究；2004 年，理查德·考伯特在《2004 年选举后欧洲议会的政党系统》（*The EP party system after the 2004 elections*）一书中阐述 21 世纪以来逐渐形成的新政党体系。另外，还有一些书目主题是有关欧洲议会左翼党团的，如《当前的欧洲议会党团：欧洲联合左翼/北欧绿党左翼联盟》（*Current European Parliament Party Groups：European United Left – nordic Green Left*）等。

就英文期刊论文来看，亚历山大·斯特雷科夫在《谁控制欧盟的审查？议会党团、委员会和行政管理部门》（*Who Controls National EU Scrutiny? Parliamentary Party Groups，Committees and Administrations*）提出欧洲议会党团、议会委员会和行政长官之间在新生效的《里斯本条约》后制度环境下的互动情况，认为欧洲议会党团倾向于集中欧盟和其成员国之间的竞争，《里斯本条约》之后的有关议会党团的行为部分被拒绝，尽管所有的政党处理欧盟问题，主要集中在欧盟和国家政府之间的竞争分歧；反对党在形成新的考察规则时更加积极主动。雷亚·罗杰和托马斯·温岑在《欧洲议会中的党团和委员会谈判：外部关注和全体冲突的预期》（*Party groups and committee negotiations in the European Parliament：outside attention and the anticipation of plenary conflict*）一文中，认为作为欧盟的立法机构，欧洲议会这些成员与 7 个主要的党团有关，不仅欧洲议会党团对多项政策有不同立场，而且这些将党团广泛地定位于两个方面：一个包括经典的左右翼社会、经济问题，另一个与欧盟机构的权力和涉及范围有关。肖恩·鲍勒和盖尔·麦克罗伊在《党团的凝聚力和欧洲议会中的“欢呼”投票》（*Political Group Cohesion and ‘Hurran’ Voting in the European Parliament*）中提起：党团凝聚力总是在欧洲议会中比较高，其中最主要的原因就是许多摇摆不定的票数产生的结果；另外，在《党团领导者的角色是什么？欧洲议会领导层对党团凝聚力影响的潜变量方法》（*What role for the Party Group Leader? A Latent Variable Approach to Leadership Effects on Party Group Cohesion in the European Parliament*）中，斯蒂芬妮·贝勒、托比亚斯·舒尔茨和彼得·塞尔布提出由于欧洲议会规则的限制，党团领导人利用机会展现一定的领导力，是为了获得最大凝聚力的目标。作者运用了潜在的变量方式来模拟欧洲议会自 1979 年—2001 年选举中领导人的影响力，最后发现党团凝聚力总变量的 7% 在于党团领袖，大约 40% 的领袖能解释欧盟机构内部的经验、职业前景和意识形态立场。另外，研究欧洲议会各党团的资料较多在官方网站或者相关网站上。

就国内的文献来看，近年来，研究有增长趋势，主要来源是图书、期刊，主要内容涉及欧洲议会左翼党团的三大分支，即社会党党团（S&D）、绿党党团（Greens/EFA）和激进左翼党团（GUE/NGL）。着重分析了三大左翼党团各自的政治策略、政治主张和实际作为。陶涛在《西欧社会党与欧洲一体化研究》中，介绍了欧洲社会党党团的历史发展和议员议席、选举业绩。郇庆治教授在《作为欧洲党的欧洲绿党：以 2009 年欧洲议会选举为例》一书中，认为 2009 年欧洲议会选举可以视为对欧洲绿党转型过程的检验，更加赞成把欧洲一体化同以欧盟为中心的选举战略相结合。他还在《作为一个欧洲政党的欧洲绿党：量化评估》中从政治纲领向度、组织结构向度、政治参与向度三个方面进行了量化分析。郇庆治和王聪聪在《21 世纪以来的西方绿色左翼政治理论》《近十年来西方绿党政治研究述评》中阐述了近 10 年来欧美学者对绿党政治的关注，也重点概括某些绿党组织基础变化、理论政策和战略调整等问题。王聪聪的《红绿政治新发展：激进绿色左翼的思考》一文提到：只有生态社会主义才是解决之道。张磊博士的《欧洲议会中的党团政治》是一本比较详细的论著，主要讲述了欧洲议会的党团的历史发展、社会环境变化和其在欧洲议会内部如何开展工作，从党团政治的角度分析欧洲议会内部运行情况。探讨欧洲议会党团是否已经发展成为组织良好的组织，在政治学研究框架下对欧洲议会党团的组织方式、凝聚力和利益表达等方面展开论述。同时通过采访欧洲议会的议员，并认为欧洲议会越来越朝着“超国家机构”发展，但是不可高估这个特征。书中重点提到的是社会党党团，也对其他两个左翼党团进行了相关介绍。张磊博士的一些论文也介绍了欧洲议会党团，在《2014 年欧洲议会选举探析—“欧洲选举”还是“次等国内选举”?》中，提到新一届欧洲议会政党体系更加分裂，并介绍了新一届欧洲议会的党团结盟格局和党团凝聚力发挥的影响力。另外，王明进在《浅析欧洲议会党团体制》一文中谈到议会党团体制的竞争性和欧盟治理，并认为这种大联盟是维护欧盟治理有效性的一种需要。

就博硕论文来看，程鹏在《论欧洲议会党团的双重性》一文中，分析欧洲议会党团的演变过程，内部构成、党团的运行机制，具体分析议会党团的双重特性及其原因。他结合具体的个体实例，对民族国家政党和欧洲议会党团的功能进行了对比研究；王颖的《20 世纪 90 年代以来西欧绿党的新变化—以德国绿党为例》一文，对欧洲议会立法权进行分析，从超国家、跨国家、国家 3 个层次分析不同行为者的互动和联系；刘爱武的《欧洲议会中绿色党团的主张及其影响》一文，提出欧洲议会中的绿色党团是根据自己对经济政治和社会问题的认识，提出了与传统观念不同的主张，这些主张主要包括环保、能源、民主和人权问题。欧洲议会绿党党团从生态可持续发展角度提出的各种主张在欧盟具有很大影响，对于欧盟的可持续发展有重大推动作用，对于发展中国家经济和政治建设都有重要参考价值。

4. 研究欧洲跨国政党联盟的文献

研究欧洲跨国政党联盟的文献主要可以分为议会内和议会外，所以学者也按照这两类进行划分来介绍。就国外的文献来看，主要有以下几本书：1981 年，杰弗里·普里德姆和皮帕·普里德姆合著的《跨国政党合作与欧洲一体化》（*Transnational Party Cooperation and European Integration*），该书重点讲述了跨国政党合作的形式和欧洲一体化的关系；1996 年，约翰·加夫尼主编的《政党与欧洲联盟》一书（*Political Parties and the European Union*），分析了各类政党对欧洲一体化的反应；1997 年，塔皮奥·劳尼奥撰写的《欧洲视角：1989—1994 年欧洲议会中的跨国党团》一书（*The European Perspectives*：*Transnational Party Groups in the* 1989 – 1994 *European Parliament*），分析了欧洲议会党团的凝聚力和结盟行为；2014 年，乔纳森·怀特在论文《跨国党派：理念和实践》（*Transnational partisanship*：*idea and practice*）中指出跨国政党应该可以作为一条抵达跨国民主的通道，本身是更值得期待的事物。

就国内的文献来看，论文较多，书籍较少。书藉主要有王明进的《欧洲联合背景下的跨国政党》，该书介绍了跨国政党体系如何产生、欧洲议会党团的选举情况，直选后党团的发展、演变等。王明进从政党的角度认识欧洲一体化的发展，还系统地研究了跨国政党在欧洲选举中的影响，考察议会党团的功能；刘文秀在《欧盟的超国家治理》一书中讲述了体现在立法权上的超国家治理。另外，国内学者也刊出文章，比如，王明进的《论欧洲跨国政党联盟的性质》一文比较了跨国政党联盟中的国际关系范式和比较政治学范式，并对它不同的发展阶段做出历史性的分析。他在论文《欧洲跨国政党联盟的功能》中指出：欧盟的制度因素和跨国政党联盟内部关系使得传统政党的功能不能发挥出来；李宏在《欧盟层面政党：构成、功能及其走势》一文中介绍了欧洲层面的政党体系中的超国家层次政党的地位和作用，局限性发展和未来发展趋势；王莹的论文对欧洲议会立法权进行了研究，以《里斯本条约》为视角对欧洲议会立法权进行了多层次性分析。认为党团的领导者降低了立法成本，也着力满足立法者的偏好。而议会外的跨国政党联盟比较有代表性的是社会党、人民党、自由民主和改良党及绿党联盟，于2004年5月成立的“欧洲左翼党”也是欧洲议会外跨国政党联盟，以上国内外学者在讲述欧洲跨国政党联盟的同时也对这些党派做了一些对比研究。

（二）当前研究的不足

综上所述，国内外学者对欧洲议会党团的研究已取得一定成果，学者们关注更多的是欧洲议会党团的历史发展、内部组织机构、日常工作开展、欧洲议会选举业绩、党团领导人的影响力、议员和选民之间的关系、党团和欧洲委员会之间的关系等方面。研究左翼党团方法多样化，国内外针对欧洲议会左翼党团大部分的研究成果还是采用定性、定量和比较研究方法，有的学者也会进行调查研究，比如，做调查问卷或者访谈。对于欧洲议会中的立法行为如何影响欧盟公民，有些还进行了案例研究、调查研究，在调查研究中搜集相关数据，然后再进行深度分析。国外研究这方面的欧洲学者较多，一般集中在英国、德国、比利时、西班牙、法国、罗马尼亚、意大利等国家，有图书、期刊论文等多国语言出版，而笔者参考的外文文献主要是英文文献；国内学者研究欧洲议会党团学者较少，并没有对议会左翼党团进行过专门研究。

对欧洲议会左翼党团研究的主要不足主要有：一是横向研究缺少。对欧洲议会三个左翼党团集中起来研究、对左翼党团之间的关系、左翼党团和右翼党团之间的关系等对比研究很少。就欧洲议会左翼党团研究主题来看，目前博士和硕士在欧洲议会左翼党团选题几乎没有，虽然有两人分别撰写了欧洲议会中的政党研究和欧洲议会中的绿党党团研究，但都未对欧洲议会中的所有左翼党团进行对比研究，也未对左右翼党团进行详细阐述。

二是研究欧洲议会中的政党视角不够全面，欧洲学者很多专注于讨论欧盟的民主与欧洲议会中的政党的关系，他们认为欧盟“民主赤字”的消除需要政党，且既有研究成果大多数涉及对欧盟政策的解读和指导，除了一些文章和图书某一小节曾提到欧洲议会中的左翼政党外，很少从研究议会左翼党团的角度进行详细的论述。

三是对欧洲议会三大左翼党团的政策理论探索和实践变化方面研究成果少、资料比较旧，还未有过学者从欧洲议会左翼党团的政策理论上进行研究。在三大左翼党团的议会内实践上，没有进行过系统总结，往往集中在党团参加竞选上，对于党团日常运作中的机制研究匮乏。虽有学者对党团的功能、凝聚力和竞争力方面进行解读，但不能以左翼政党视角来进行整合。目前，在三大左翼党团的官方网站上，已经形成比较系统详细的资料，经过筛选可以发现一些成型的理论政策介绍。且官方网站上有新闻报道并不断更新，应跟进研究。

当然，以上围绕欧洲议会左翼党团相关领域研究文献综述也许并不完整，比如，就欧洲社会主义、共产主义和民粹主义思潮类的著作也会与欧洲议会左翼党团有些关联，笔者并未进行系统概括。另外，与此欧洲议会左翼党团相关的方面未被提及，笔者也不再进行赘述。这些不足使本书可填补研究欧洲左翼党团的空白，也使写作变得更具挑战性。当然，限于笔者个人学识有限，以上论述可能存在偏差。

（三）未来的研究重点

笔者认为，应在现有国内外研究基础上，就如下几个方面加强努力：

一是加强左翼党团发展的理论研究，寻求更加合适的理论分析框架。进一步分析政党政治学范畴内的理论和方法，运用创新思维找到合适的理论分析框架。西方的研究者特别擅长使用构建模型的量化研究方法，他们通过建模来解读党团内部政治运作过程，这方面应该加以借鉴。

二是加强对议会左翼党团间的、左翼党团与右翼党团之间的对比研究。政党研究基本离不开选举分析，同时也离不开欧洲议会党团的组织程序、选举形式、投票方式和凝聚力、竞争力等因素。从这些方面，既可以发现不足，也可以进行分类归纳总结。

三是加强超越欧洲议会左翼党团范围，着眼于全球视野中的左翼政党政治研究和社会主义运动研究。欧洲议会党团是欧洲政党政治的创新，系统地研究和分析党团在欧洲选举中的作用、地位和影响，尤其是三大左翼党团的影响至关重要。需要再进一步探索议会党团在欧洲议会中的功能；借党团研究，阐述欧洲地区乃至全球社会主义运动的现状和发展趋势也是必要的。

第三节　本书的创新点与难点

（一）本书的创新点

有关研究欧洲左翼政党、欧洲议会、欧盟对外关系的文献汗牛充栋，但就欧洲议会中左翼党团及他们变化原因的研究凤毛麟角。本书是在现有欧洲左翼政党和议会党团研究的基础上，紧随时代潮流，以欧洲议会左翼党团为研究对象。

第一，在研究内容上，加强横向对比研究，除了要研究欧洲议会中左翼党团格局变化历程和变化特点，党团分裂与联合、差异与分散的原因，左翼党团之间的关系、左右翼党团在欧洲议会的博弈等内容，还就议会中各个左翼党团的理论层面探索、政策制定和现实政治表现分别阐述，在欧洲政治结构变动、出现意识形态危机等情况下，从左翼政党运动活动方式变化、运动型政党和新社会运动的非常规政治特征中来挖掘议会左翼党团的地位和所产生的影响，对面临的挑战、困境进行分析，提议应采取实质性左翼联合战略，并大胆预测其未来的发展前景。

第二，在研究方法上，采用比较分析、结构功能主义、历史研究、定性、定量、定向分析法相结合，针对书中不同的章节和研究内容采取相应的方法，力争将经验分析与规范研究相结合，使得本书的论述更具有说理性。

（二）本书的难点

撰写本书看似是简单描述性的介绍，其实不然，这是一项大工程，其基本结构和内部网络联系很复杂，涉及到党团的凝聚力、左翼政党在国内和议会内的影响力、党团的竞争力和联盟等方面。除整体性的历史叙述外，对每个左翼党团的研究都是一项庞杂的项目，它涉及的领域广泛，既与其意识形态思潮有关，与其在国内执政或在野有关，也与在议会中的立法权有关。总体来说，笔者认为创作本书有以下几个难点：

第一，各章节文献资料并不对称。有的章节研究资料很多，比如，社会思潮类的，而且研究欧洲左翼政党的文献也浩如烟海，而真正能够涉及到欧洲议会中的左翼政党研究却寥若晨星，尤其是研究左翼党团的研究更少；研究欧盟政策制定、基础条约、对外政策和欧洲一体化方面的资料多，而真正研究欧洲议会的材料比较少，无疑需要笔者在原资料素材和核心观点基础上再挖掘新的一手资料，添加新内容，尤其是各左翼党团官方网站上的文献资料很繁杂，有一些是实时报道、会议总结发言等，需要挑选出相关政策内容，精读每个党团的政策，并时刻关注它们更新的新闻。这是研究过程中需要做的，也需要长期下功夫才能做好。

第二，文献资料大多数来自外文文献，虽然收集的相关文献主要集中在中文和英文两类，但笔者挖掘新的写作内容很多来自英文文献，所以需要花费很多时间来翻译和整理资料。由于欠缺实地调查经验，接触所限，笔者难免会缺少考证。

第三，需要学习新的量化研究方法，虽然曾学习过 SPSS 软件在社会科学领域的理论知识，但就所掌握的很多外文资料来看，其中涉及到一些学者研究的构建模型等定量研究方法比较有难度。

第四，研究是边界性的、有跨度的，研究跨度主要表现在从政治学到国际关系学。政党政治，尤其是欧洲议会党团政治属于政治学理论专业的知识，但是涉及到欧盟的发展、欧洲议会对外防务政策、党际交流等，都属于国际政治方面的内容。另外，欧洲左翼和左翼政党政治部分研究又与马克思主义理论、科学社会主义学科等内容相关，必须要三个方面的结合，才能写得更加全面。

第四节　研究内容

本书共包括8部分。除绪论、结语外，正文共6章。第一章首先介绍欧洲左翼政党和议会中的左翼党团的概念、类型。欧洲左翼政党的类型，根据意识形态划分，可分为共产主义政党、社会民主党、绿党等新社会运动型政党这三大类，并对议会党团的概念和党团分类进行了详细介绍。

党团第二章重点介绍欧洲议会中的左翼党团演变的历史，首先分析了欧洲议会整体上和各左翼党团内部演变历史；其次，分析了党团格局发展变化特点（分裂与联合、差异与分散）；最后，提出了党团变化所反映出的问题。

第三章主要介绍各左翼党团在理论层面的探索，先依次介绍社会党党团理论层面探索和政策规定、激进左翼党团理论层面探索和政策规定、绿党党团的理论层面探索和政策规定，然后再分类阐述各左翼党团之间政策趋同和差异，也探讨左右翼党团之间在政策上的趋同和差异。

第四章详细介绍左翼党团的现实政治表现，除了左翼党团在议会选举中的业绩外，还有各左翼党团的日常运作、内部结构组成，党团凝聚力、党团竞争力和结盟等内容。

第五章重点总结分析欧洲议会党团功能和欧洲议会左翼党团影响力，包括在本国政党参与政府的政策影响力、对欧洲一体化与反欧洲一体化的影响，对世界社会主义运动、共产主义运动和新社会运动的影响。

第六章主要总结左翼党团自身优势和劣势，面临的挑战与前瞻，面临的内部挑战主要有团结统一性差、左翼政治议程的不确定、理论创新能力差、难以形成稳定的政党联盟等内容；外部挑战，包括欧盟政治生态的限制和欧洲政治政党危机、社会结构和选举制度安排等内容。对欧洲议会左翼党团发展前景进行预测，左翼党团之间进行结盟，左翼党团需要不断调整政策方向和进行身份界定等内容。

第五节　研究方法

在撰写过程中，笔者主要采用了结构功能主义、历史研究、文献研究、对比研究、定性、定量和定向的结合和归纳法。

第一，结构功能主义。研究政党的主要方法包括政党功能和政党结构研究两种，在实际研究中，两者之间有很大联系，不能断然割断。用结构功能主义研究议会左翼党团，主要是从党团的组织结构、运作和功能及影响进行分析。德国学者尼德迈耶尔在考察了影响欧洲政党合作的内外因素基础上，引入体系理论的“行为体—结构”方法。

第二，历史研究。欧洲议会党团起源久远，本书运用历史唯物主义，将理论与实践相结合，对于欧洲议会党团的起源、发展历史，左翼党团的内部变化过程进行单独梳理。

第三，文献研究。任何一项研究都离不开对文献的解读，研究欧洲议会左翼党团中的大量文献，比如，欧盟的各种官方文件，欧洲议会和议会党团官网上的视频、文件、新闻报道、宣传册，左翼党团的政策纲领文件、出版物等。

第四，对比研究。对议会党团的研究一般涉及国家和跨国两个层次，而且就左翼党团内部之间和其他意识形态的政党都存在对比，对比研究法开阔研究左翼党团的视角、更突显其独自的特点。

第五，定性、定量和定向的结合。从 1973 年开始，在欧共体委员会的主持下，欧共体开启了题为“欧洲晴雨表”的大型持续性民意调查项目，欧洲晴雨表是研究相关项目中持续时间最长、资料搜集最为全面且数据开放程度最高的一种。本书采用定性分析方法、对议会党团的投票率和党员人数、其他有关数据等资料使用定量研究和定向的综合研究方法。

第六，归纳法。本书也不可避免地直接采用这个方法，尤其是阐述议会各左翼党团所具有的共性时，就采用了归纳法。

第 一 章

欧洲左翼政党和欧洲议会左翼党团的概念与类型

欧洲是现代政治的源头，而政党是现代政治中的关键因素，在欧洲一体化过程中，民族国家政府中的利益集团、政策网络、专家团体，甚至是跨国联盟等机构都在发挥作用，然而如果没有发展得比较成熟的政党参与，那么欧盟作为一个多元政治体系，似乎并不完整。这是因为政党在公民社会和治理体系之间起着独特的作用：它们汇总和审议公民的偏好，制定广泛的方案或接近政府。“欧洲议会为获得他今天的地位和职能经历了一场艰难的战争。他通过利用在战争过程中获得的成就，今天它已有能力直接影响欧盟各项活动的方向和规划。”① 欧洲议会是欧盟中最富有政党色彩的组织，欧洲议会的政治运作最后也归结到政党和议会之中。体系化的左翼政治是欧洲特有的现象，在当代欧洲历史的长河中，人们习惯于把社会民主党、共产党、绿党和新左派运动等统称为“左翼”。② 研究欧洲左翼政党可以从欧洲民族国家的议会选举和欧洲议会选举来进行，但通过欧洲议会选举更能显示同一个时期的政治民意，从而窥见欧洲左翼政治的整体现状及未来前景。③ 欧洲议会中的政党为具体的跨国政党合作提供了最重

---

① ［波］乔安娜·马尔沙维克、嘉华，孙静等译：《欧洲议会与欧盟各国国家议会》，中国人民大学出版社 2011 年版，第 97 页。

② ［英］卢克·马奇，于海青、王静译：《欧洲激进左翼政党》，社会科学文献出版社 2014 年版，第 229 页。

③ 轩传树：《欧洲左翼政党现状分析——基于欧洲议会选举的研究》，《社会科学》2010 年第 1 期。

要的结构，他们拥有超越国界的共同目标和利益追求。因此，可以说，议会党团是支撑选举制度顺利开展的基本因素。议会党团按照“左右分野”划分，党团内部的差异性最后统一为相同又稳定的立场，议会党团将欧洲各国政党通过分类纳入现存的欧洲政党家族中。

第一节 欧洲左翼政党的概念界定和派别

政党是西方政治体制的基础要素，在欧洲政党政治中，左右翼分歧主要是对私有制和自由市场的态度，左翼更强调通过自身政治行动改善既有秩序，强调社会形成公正的价值观，而右翼更强调自由。欧洲左翼政党的发展随着历史的潮流而不断地发生新的变动，他们或分化或组合，在不同的历史背景下发挥着不同的作用。根据政党意识形态的不同和具体理念的不同，下面对欧洲左翼政党进行概念的界定和分类。

一、欧洲左翼政党的概念

政党是沟通政府和社会的纽带，在多种政治力量中起着制衡作用。就政党的概念来看，马克思主义认为，政党本质上是特定阶级利益的代表者，是特定阶级政治力量的领导者。[①]《现代汉语词典》将政党定义为“代表某个阶级、阶层或集团并为实现其利益而进行斗争的政治组织。埃德蒙·伯克（Burke Edmund）把政党定义为：“一个遵循着共同原则的，并且依据这一原则来争取民族利益的政治团体。”伯克的“共同原则”就是意识形态，政党需要意识形态来作为其合法性的基础。[②] 左右翼政治分明在欧洲十分明显，[③] 左右翼之分最早来源于1978年的法国大革命，人们习惯性地按照政党的意识形态分为左翼政党和右翼政党，而且两者是相对而言的。左翼是更为激进变革的力量，而右翼则更保守，强调对既有制度和秩

① 王浦劬：《政治学基础》，北京大学出版社2005年版，第78页。

② Burke, Edmund, “Thoughts on the Cause of the Present Discontents, Party Parliament and the American Crisis,” Oxford: Claredon Press, 1981, p. 251 – 322.

③ 陈林、候玉兰等：《激进，温和，还是僭越？——当代欧洲左翼政治现象审视》，中央编译出版社1998年版，第18页。

序的维持。1981 年，《马克思主义、社会主义和共产主义词典》提到，“左翼”是“对承认、宣扬和信奉左派思想或纲领的个人、团体或政党的一般称呼。它可以包括社会民主党人、合法马克思主义者、自由马克思主义者、社会主义者、革命共产党人、左派共产主义者、无政府主义者以及任何一般的激进分子和极端分子”。概念界定是宽广的，包括一切对资本主义持批判态度并试图对其加以改造的进步力量，有传统左翼—共产党、社会民主党和新左翼—新社会运动和独立左翼人士等。[①] 左翼政党缺少严格的界定，其实它就是以左翼思想为指导的合法左翼组织。欧洲国家的政党有一个很明显的特征，那就是有明确的意识形态取向。在政治学研究中，按照政党的意识形态标准划分，可在整个政治光谱上将政党细分为极左、左、中左、中、中右、极右几类。[②] 从总体上看，传统的政党概念具有阶级政治的特点，而且与社会结构有一定的联系，左翼政党的主要支持者是社会中下层，而右翼政党似乎更多表达社会中上层的利益诉求，左右翼政党所表达的政治意识主要依据对既有物质生产关系的调整。

西欧是现代民主政治的发源地，左翼和右翼的分野在西欧也较明显，研究西欧左翼更具代表性；而东欧地区其实直到苏东剧变后，各国政治多元化现象突出才开始出现真正的左右翼之分。总之，当今西欧与东欧左翼运动的发展水平参差不齐。二战后，左翼阵营囊括不少社会主义和共产主义的力量，而且很多坚持制度替代，也包括更强调社会改革的激进力量。主流的左翼—社会民主党寻求放弃制度替代的目标，寻求将社会主义的价值观念与资本主义价值观念相结合。20 世纪 70 年代，自新社会运动兴起后，又对传统左右政治分类原则提出挑战。比如，绿党的兴起更是挑战了传统的左右概念，非意识形态化成为欧洲政治的一个突出现象，而且全球化的新发展对基于民族国家的政治方式构成威胁，政治上提出了意识形态终结论，社会结构出现中间化和多元化趋势。20 世纪 90 年代，社会民主主义阵营提出“第三条道路”，为社会民主党在政治方式走中间化道路提

① 林德山：《欧洲左翼政党：概念、分类与结构》，《中国社会科学报》，2011 年 9 月 27 日。

② 周穗明等：《西方左翼论当代西方社会结构的演变》，江苏人民出版社 2008 年版，第 43 页。

供了理论依据。进入 21 世纪以来，欧洲左翼政党继续与右翼进行合作、竞争，并在一定程度上影响了政府的政策倾向。

二、欧洲左翼政党的派别

欧洲左翼政党有不同的历史发展背景，意识形态上虽都属于左翼阵营，但是依然存在差距。欧洲左翼运动相当发达，有学者将其分为以下几类：第一类是温和左翼，主要指欧洲左翼主导力量，即社会民主党，大体包括传统的工人阶级、中间阶级和部分社会精英；第二类是激进左翼，包括代表传统中下层的工人阶级、在社会发展过程中对社会新变化有不满和失落的群体，主要包括欧洲的一些共产党；第三类是极端左翼，一般在全球化进程中被边缘化的托派组织属于此类，但这类力量是弱小的。除了这三类力量外，还有像绿党这样的生态运动组织属于新社会运动型政党，属于左翼政党阵营的一大类。一个多世纪以来，左翼的分化重组主要有 5 次大的历史变迁：19 世纪中后期，社会民主主义运动逐步发展；20 世纪初，共产党与社会民主党发生分裂；20—30 年代，独立左翼形成与发展；60 年代末，新社会运动兴起；80 年代末 90 年代初，发生苏东演变，左翼进行了大分化和大组合。经过变迁，左翼力量主要包括社会民主党、共产党、新社会运动，而独立左翼人士只是对资本主义进行“精神批判”。因此，下文大致将欧洲左翼政党归为三类来分别进行阐述。

（一）社会民主主义政党

欧洲的社会民主主义思潮可以追溯到 19 世纪 40 年代欧洲工人运动，它为小资产阶级和部分工人阶级发声。所谓的“社会民主主义”，就是把“民主主义”与当时欧洲流行的“社会主义”相结合，最初称为社会民主主义者的是 1848 年二月革命后法国议会中的工人代表。① 社会民主党认为，他们的根本使命就是为社会各个阶级争取民主、自由、公正与团结，而这也就成为民主社会主义基本价值的内容。整个 20 世纪和 21 世纪初的历史都表明社会民主党具有双重属性，可以说它是左翼中的右翼，也是右翼中的左翼。在国际共运中，相对于共产主义政党，社会民主党是右翼；

① 蒋锐：《对当代社会民主主义的几点认识》，《当代世界社会主义问题》2008 年第 4 期。

在各国相对于资产阶级政党，它又属于左翼。社会民主党在目标、性质、任务和指导思想等方面不同于共产主义政党和资产阶级政党。[①] 社会民主主义思潮和运动，规模、影响和波及的人数、地域都是最广的，超过共产党、绿党等其他左翼力量。欧洲地区社会民主党的典型代表是英国工党、法国社会党、德国社会民主党、意大利左翼民主党等。

社会民主党在100多年的历史中，逐渐完成了从革命党到改良党的转变。第一个时期：19世纪中期到20世纪早期是欧洲社会民主主义的发展期。这个时期主要包括历史事件1848年欧洲革命，随着欧洲工业化浪潮的推动，阶级对立导致社会矛盾激化。在思想文化上，当时比较认同法国启蒙运动思想家宣称的“自由、平等、博爱”原则。随着欧洲社会民主主义思潮的蔓延，社会主义劳工运动获得大发展，各国社会民主党纷纷成立。[②] 1848年，马克思、恩格斯共同发表了《共产党宣言》，而无产阶级革命的思想也被部分社会民主主义者所采用，马克思、恩格斯表示愿意与民主社会主义者共同进行反对资本主义的斗争。第一国际成立初期，社会民主主义不断接受马恩的思想。1898年，伯恩斯坦发表了《社会主义的前提和社会民主党的任务》一书，标志着社会民主主义思想体系形成。在第二国际时期，出现了一批新的思想和政治活动家批判资本主义，全面支持改良。社会民主主义同科学社会主义差异不断加大，社会民主主义运动分化为左派、中派和右派，其中左派以俄国布尔什维克为代表，中间派以考茨基主义者为代表，而伯恩施坦派代表右派。到了后期，伯恩施坦修正主义占据主导地位。

第二个时期：第一次世界大战前到20世纪末是欧洲社会民主主义的繁荣期。拉尔夫·达伦多夫认为：“20世纪完全可以被称作是一个短暂的世纪，也是个社会民主主义的世纪。”从一战到二战，社会民主主义认同资本主义制度，并积极参与其中。20世纪30—40年代，法西斯主义势力膨

---

① 林建华、张有军、李华锋等：《冷战后欧盟诸国社会民主党政坛沉浮研究》，人民出版社2010年版，第277页。

② 林建华、张有军、李华锋等：《冷战后欧盟诸国社会民主党政坛沉浮研究》，人民出版社2010年版，第294页。

胀，严重威胁社会民主主义的存在。1951 年，社会党国际成立，并发表声明《民主社会主义的目标与任务》，欧洲社会民主党人论述了民主社会主义不是一种模式的观点。1959 年，德国社会民主党发表《哥德斯堡纲领》，宣称社会民主党彻底放弃马克思主义的主导地位，也放弃制度替代的目标，转而坚持民主社会主义。① 自 1951 年至 20 世纪 90 年代初一般称民主社会主义，多数欧洲社会民主党在二战期间积极参加反法西斯斗争，而二战结束后，欧洲各国社会民主党在国内先后执政或参政。20 世纪 70 年代，石油危机使凯恩斯主义的经济政策和新自由主义经济政策相继影响欧洲的经济政策，20 世纪 80—90 年代，右翼势力超越社会民主党，成为当时政治主流。对于民主社会主义来说，"'凯恩斯主义的衰落'甚至比'福利国家的危机'更具危害性。"② 20 世纪 90 年代中期，社会民主党又神奇地回归了，以英国的布莱尔、德国的施罗德等为代表的社会党人，发起了"第三条道路"改革运动，强调背离传统民主社会主义，转而向新自由主义靠拢。③ 它强调减少国家干预，发挥市场的作用，但它保持了阶级合作、社会团结等基本价值准则。④ 20 世纪末，欧盟 13 个国家以社会民主党为主体的左翼政党执政或中左翼联合执政，政治版图出现了粉红色的现象。"第三条道路"主张通过采取积极的福利政策，强调机会的平等而不是结果的平等。"第三条道路"鼓吹在国际民主原则下建立全球治理机制，带有新干涉主义的色彩。⑤

第三个时期：社会民主党在 20 世纪 90 年代末进入危机期，在 21 世纪发展依然处于危机中。苏联、东欧国家社会主义的失败同样冲击了欧洲社

---

① 沈丹：《从政党政治看欧洲社会民主党的意识形态右转》，《社会主义研究》2003 年第 3 期。

② ［英］克里斯托弗·皮尔森，姜辉译：《新市场社会主义》，东方出版社 1999 年版，第 53 页。

③ 王学军、张森林：《"第三条道路"与民主社会主义的终结》，《马克思主义研究》2012 年第 11 期。

④ 毛莉：《"第三条道路"式微，欧洲左翼力量走向何方?》，《中国社会科学报》2015 年 5 月 20 日。

⑤ 王强：《关于 20 世纪 80 年代以来欧洲社会民主党转型的综述研究》，《理论界》2010 年第 10 期。

会民主主义，欧洲社会民主党党员人数急剧下降。欧洲社会民主党人虽然保持着传统的价值观，但又大胆主张采纳自由主义市场原则。进入21世纪后，欧洲社会民主党因为社会问题的多重挑战，再次深陷困境。在应对多重危机的过程中，欧洲社会民主主义淡化了自身的意识形态，自我定位模糊，日益与右派政党趋同，因此，它无法扭转危机。① 可以说，冷战结束后的20年内，欧盟诸国的社会民主党在政坛上纷纷沦为在野党，总体上出现了“低落—高涨—低落”的趋势。②

（二）共产主义政党

共产主义这个词语最早出现在18世纪末19世纪初，一开始就具有一定的政治性，有着明确的政治指向，主张以公有制方式管理社会。它以马克思主义为指导思想，包括意大利重建共产党、希腊共产党、西班牙共产党、葡萄牙共产党等，这些政党与社会民主党相比，对资本主义持更多的批判态度，强调进行社会改革。共产主义政党一般有共产党、工人党、劳动党等不同名字，世界上第一个共产主义政党是“共产主义者同盟”。它自1847年诞生以来，既有过辉煌，也遭受过挫折。据统计，在1986年，在近一百个国家和地区，共产党党员有8200多万，共产主义政党曾经辉煌一时。但是随着苏东剧变，共产党力量逐渐衰弱。③ 国际环境不断变化、新社会运动的发展等外部挑战，使得欧洲各国的共产党政治影响力逐渐变小，政治地位下降，党员人数骤减选举得票率下降。

第一个时期：20世纪20—40年代。欧洲共产主义作为发达资本主义国家共产党的理论主张和实践探索，极力摆脱苏联对国际共产主义运动的控制。在20—30年代，共产国际对国内事务进行干预，各国要求独立自主发展。1919年3月，共产国际成立，基本以苏共指挥为主。葛兰西认为西欧国家的国情与俄国不一样，革命的政党必须实行独立的策略。二战期间，欧洲各国共产党带领着国民进行反法西斯斗争，各国共产党人都认为

---

① 黎一献：《政治生态语境下欧洲社会民主主义的民主观探析》，《南京航空航天大学学报》2015年第3期。

② 张有军：《西欧社会民主党执政理论与实践研究》，中国社会科学出版社2016年版，第117—126页。

③ 赵晓呼主编：《政党论》，天津人民出版社2002年版，第86页。

独立自主的发展政策更能促进国际共产主义运动。

第二个时期：20 世纪 50 年代—60 年代末。1956 年，苏共 20 大的召开，欧洲共产党工人党情报局解散。意大利共产党提出了“走向社会主义的意大利道路”，意共领导人陶里亚蒂批判苏联模式的弊端，提出社会主义的多中心论。1959 年，西欧 17 个国家的共产党发表《罗马声明》，提出了实现向社会主义的民主过渡。中苏两国进行大论战，坚定了各国要进行独立探索的信心。1961 年，法共肯定了和平过渡的方针。1968 年，华约组织军事干预捷克斯洛伐克，这一霸权主义的干预举动促使西欧共产党彻底摆脱了苏联的控制。

第三个时期：20 世纪 70 年代—80 年代。1974 年 1 月，西欧国家 21 个共产党召开会议，提出要搞广泛的人民运动。1975 年 11 月，意共和法共发表联合声明。1976 年 6 月，意共领导人贝林格在会议上使用“欧洲共产主义”一词。1977 年 3 月，意、法、西三国共产党领导人举行高级会晤，宣告“欧洲共产主义”的正式诞生。① 欧洲共产主义作为西欧共产党人试图使社会主义适应发达资本主义国家新情况的探索尝试。② 但是，“欧洲共产主义”昙花一现，西方各国极右翼和激进左翼的夹击使“欧洲共产主义”发展受阻。③ 80 年代初期，西欧共产党共有 14 个，党员人数共有 250 多万。20 世纪 80—90 年代，欧洲共产主义运动出现了发展难题，几次大选中接连失利。在部分东欧国家中，民主社会主义逐渐开始代替苏联社会主义模式。明显的社会民主党化还体现在强调促进社会的全面民主化进程，强调党内取消民主集中制，实行民主自由。积极寻求与社会党的合作，强调要组成左翼联盟。④

第四个时期：自 20 世纪 90 年代以来，欧洲各国的共产党都纷纷对新纲领进行修改。1991 年 2 月，意大利共产党更名为左翼民主党，英国共产党于同年 11 月更名为“民主左翼”。欧洲社会民主党和共产党可以长期共

---

① 周穗明：《“欧洲共产主义”为什么失败了》，《科学社会主义》2007 年第 6 期。

② 陈林、侯玉兰等：《激进，温和，还是僭越？——当代欧洲左翼政治现象审视》，中央编译出版社 1998 年版，第 212—213 页。

③ 周穗明：《“欧洲共产主义”为什么失败了》，《科学社会主义》2007 年第 6 期。

④ 林德山：《欧洲左翼政党：概念、分类与结构》，《中国社会科学报》2011 年 9 月 27 日。

存，为争夺类似的工人阶级选民也会展开竞争。共产党和社会民主党的关系复杂而微妙，有合作，也有纷争。从根本上来说，两者发生决裂是因为社会民主主义对马克思主义的修正，而社会党和共产党在19世纪中后期时又携手合作。第二国际后期，因为面对如何看待马克思主义等问题产生了不同的三个派别，左派是以列宁为代表，右派是以伯恩施坦为代表，考茨基是中间派代表。1918年3月，列宁表示把社会民主党的名称改为共产党。1919年，列宁领导的第二国际中的各国左派成立了共产国际。这时许多国家出现了共产党，社会民主党共产党化现象出现了。① 自20年代中后期和30年代前期，社会党同共产党关系恶化，并且走向敌对。自30年代中后期到二战初期，法西斯势力急剧膨胀，社会党和共产党关系缓和。在二战期间，两个国际相继停止活动。冷战期间，社会党和共产党关系坏多于好，双方之间较量多于合作。冷战结束之后，两者关系逐渐缓和。社会党虽然不断挤压共产党的生存空间，但有时候为了对抗中右翼政党，需要与之结盟，而且两者在国际舞台上也不断扩大交流与合作。

（三）新社会运动型政党

新社会运动也属于左翼阵营中的积极分子，它是当代资本主义社会的抗议力量，代表一种不同于传统社会运动的社会趋势。它起源于20世纪60年代，比较突出的是妇女运动、绿色运动与和平运动等。对于新社会运动的界定，汉克·约翰斯顿认为，新社会运动是指西方20世纪60年代以来发生的和平运动、学生运动、反核抗议运动、民族主义运动、女权权利、动物权利、生态运动等。② 它所追求的个人充分解放和社会和谐发展，既无自己的明确纲领，又缺少实施计划和固定完整的组织。③ 生态运动、女权运动、和平运动、第三世界反帝国主义的斗争、反种族主义运动是五种最基本的形态。其中，生态运动和女权运动是最主要的两种形式。新社会运动在组织形式上具有分散性特征，他们没有统一的组织和领导，没有

---

① 张志军主编：《20世纪国外社会主义理论、思潮及流派》，当代世界出版社2008年版，第256页。

② 陆海燕：《新社会运动与当代西方政治变革》，武汉大学出版社2011年版，第25页。

③ 陈林、侯玉兰等：《激进，温和，还是僭越？——当代欧洲左翼政治现象审视》，中央编译出版社1998年版，第74页。

统一的指导思想和目标。[①]

第一个时期：20 世纪 60—70 年代是从萌芽到发展时期，西方发达国家科技迅速发展，政治观念从权力政治转向多样化的群众抗议政治，新社会运动应运而生。在西欧，1968 年，一场西方学生的造反运动从巴黎蔓延到其他国家的大学，并辐射到整个社会。1968 年运动是新社会运动的雏形。[②] 而 70 年代以保护环境为目标的绿色运动和女权运动为发端，新社会运动形式越来越多样化，内容越来越丰富。在欧洲所有新社会运动中，生态运动算是规模最大的，70 年代以来不断发生对破坏环境的抗议活动，出现从聚会抗议、示威集会到建立"生态村"等等。绿党声明它能借助议会制民主实现自己的理论信念。[③] 欧洲第一个绿党是 1973 年成立的英国"人民党"。1976 年，出现了"生态欧洲"的跨国组织。

第二个时期：20 世纪 80 年代以后，新社会运动发展较为稳定。[④] 到 1981 年，西德绿党诞生，其后发展迅速。此外，法国的绿党和生态一代、英国绿党和瑞典绿党也纷纷成立。绿色和平运动发展越来越迅速，吸引众多民众参与。绿党纷纷进入各国议会，参与竞选，并且部分绿党在国内取得不错的选举业绩。比利时、瑞士、奥地利、芬兰、意大利、瑞典和爱尔兰等国绿党进入国内议会，随后又进入欧洲议会，很快就变成议会中的一大势力。[⑤] 在国际上，也呈现逐渐合作的趋势。新社会运动从过去完全边缘化的状态开始进入体制内的长征。[⑥] 1984 年 1 月，成立了"欧洲绿党"。1987 年 8 月，召开国际绿党大会。1989 年，欧洲绿党第五届大会召开。80 年代，许多共产党人、社会民主党人、左翼人士纷纷融入绿党形成了红绿联盟的局面。

---

① 姜辉：《西欧传统左翼政党与新社会运动的关系》，《当代世界与社会主义》2003 年第 5 期。

② 陆海燕：《新社会运动与当代西方政治变革》，武汉大学出版社 2011 年版，第 75 页。

③ 郇庆治：《欧洲绿党研究》，山东人民出版社 2003 年版，第 1 页。

④ 陈林、侯玉兰等：《激进，温和，还是僭越？——当代欧洲左翼政治现象审视》，中央编译出版社 1998 年版，第 379 页。

⑤ 陈林、侯玉兰等：《激进，温和，还是僭越？——当代欧洲左翼政治现象审视》，中央编译出版社 1998 年版，第 72 页。

⑥ 陆海燕：《新社会运动与当代西方政治变革》，武汉大学出版社 2011 年版，第 76 页。

第三个时期：进入90年代，欧洲左翼受到重创，生态运动内部发生了分化组合，也促使新的政治分野出现。随着全球化的兴起，一股反全球化的力量在世界各地蔓延，成为国际政治舞台上一支极为活跃的力量。新的运动兴起与以前新社会运动保持联系，比如，各地举行的反全球化运动还有环保运动、女权运动的身影。新社会运动并不会随着其体制化而逐渐衰落，反而会随着时代的变化而出现新主题，并且呈现跨国化发展的趋势。[①]

第二节 欧洲议会党团的概念和左翼党团分类

欧洲国家有长期实行代议制的传统，对于欧盟来说，多层面治理是其特征之一，主要有三种类型的组织，民族国家党派、跨国政党联盟和欧洲议会党团。在欧洲选举中，公众为国家候选人投票，当选者通过政党在欧洲一级的联盟相互联系。欧洲议会党团负责“上联下达”，议会小组负责“发布定期审议的议题”，他们属于若干专门委员会，每个专门委员会在提出和审查立法建议时都受委托。党团与欧盟其他机构之间也会发生种种联系，议会的民主化模式显然是协商性的。党团之间不断地对一个问题进行合作和妥协。议会对委员会的监督作用加强，党团通过其与民族国家党派、跨国政党联盟的天然关系形成欧盟机构间背后的政治联系。而党团中的精英阶层和国内的政治精英阶层，以及欧盟其他国家的人实际上都是一个圈子。[②] 欧洲议会的党团基本上是按照政党家族普遍分类，政策相对偏近的政党集中达成一致，目前欧洲议会中的左翼党团共有三个。

一、欧洲议会党团的概念和成立党团的原因

欧洲各国国内的代议制度就是以意识形态为政治分野而展开的，在欧洲层面引入议员们驾轻就熟的代议制，成立党团的原因可以从几个角度来

① 陆海燕：《新社会运动与当代西方政治变革》，武汉大学出版社2011年版，第77页。

② 阎小冰、邝阳：《欧洲议会：对世界上第一个跨国议会的概述与探讨》，世界知识出版社1997年版，第14页；李景治、张小劲：《政党政治视角下的欧洲一体化》，法律出版社2003年版，第217页。

分析。总而言之，党团的成立对于欧洲议会来说，一方面减少了新制度产生的成本，另一方面也维护了欧洲的代议制民主传统。

（一）议会党团的概念

“目前欧洲议会是一个实体性机构。它在布鲁塞尔占据一百多万平方米的办公面积，除拥有751名议员外，还雇用了约1万名官员、助理和翻译。”① “可以毫不夸张地说，政党是欧洲议会的‘灵魂’”。没有了政党政治这条线索，欧洲政治很可能沦为新瓶旧酒式的跨国政治；同样，如果没有党团这种组织形式，欧洲议会也很可能只停留在纸上。”② 议会党团由一个或多个政党组成，以一党或几党联盟的形式来命名。在欧洲，英国最早出现了政党中政治倾向相同的议员组成的集团。1832年英国议会改革后，出现党内全体党员组成的组织，这就是所谓的国内议会党团。从那以后，在许多国家，政党在议会中有一定数量的议会议员时，就会形成一个议会集团，并制定一部法律或法律的惯例来约束。③ 根据不同的标准，议会党团可以分为不同的类型。根据成立的政党数量，议会党团大致可以分为三类：一个是由一个政党组成的议会党团。在多数政党中，一定数量的党员会采取这种组织形式，以党的名字命名。由两个以上的议员组成了议会党团，如德国基督教民主联盟和基督教社会联盟组成了一个基督教党团。在一些国际组织的区域议会（如欧洲议会）中，议会党团就由各成员国的政党成员组成。

国内议会制度存在党团机制，把它引入到欧洲层面政治中是一种创新；欧洲议会党团有相近意识形态，以跨国政党形式进行民主决策。欧洲议会采取以跨国集团为核心的政治单位，也打破了国家代表团的传统。也就是说，欧洲议会党团不仅跨国界，还跨党派。每个党团结构都相似，每个党团都有一个执委会（执行局），有一个或多个主席、副主席和秘书长。执行局还包括一些重要的本党团议员，党团主席是关键人物，他在议会中

---

① ［美］苏珊·沃特金斯著，刘介然译：《欧盟的政治危机与欧洲一体化》，《国外理论动态》2015年12期。

② 李景治、张小劲等：《政治视角下的欧洲一体化》，法律出版社2003年版，第55页。

③ 林勋健：《政党与欧洲一体化》，当代世界出版社2000年版，第550页。

也占有重要地位，对外代表本党团的立场。议会最高决策机构是负责选举议会主席、副主席和各类工委会负责人的全体会议。一方面，议会党团的成员是跨国的，包括来自所有成员国的成员。例如，在议会中各成员国均有代表的是2004年选举后的欧洲人民党党团。另一方面，欧洲议会党团的组成并不与议会外党派家族形成严格对应。2004年议会选举之后，欧洲社会党党团组成仍然单一。欧洲议会的选举制度为越来越多的小党派，包括一些长期被边缘化的极左政党提供了影响欧洲政治的平台。欧洲议会采取议员在各选区直选和按政治派别划分党团进行议会活动的方式，而不是按照国别分配议员名额及按国别进行议会活动，这本身说明了欧洲政治的一体化的程度。①

（二）议会党团成立的原因

欧洲议会中的政党研究指出了党团形成的主要原因，即为什么要建立党团？现在学界研究基本给出了以下几种解释。

一是受国际形势所迫，反对民族主义。可以从国际关系史分析欧洲议会党团的起源，二战后，煤钢共同体成立，欧洲国家纷纷表示希望能克服欧洲民族主义分歧，通过共同管理煤钢生产来重建和平。当时，非常强烈的反民族主义情绪在欧洲大陆蔓延。共同会议中的党团的形成象征着反民族主义，这是在欧洲新机构中成立类似联邦形式的政治组织的自觉行为。目的就是要实现欧洲的和平与稳定，赢得欧洲的国际地位。

二是有类似的意识形态，联盟交易成本低廉。每个立法者都需要与他人合作。建立正式党组织使议员们能集中起来，共同形成一个政党立场，从而降低联盟的交易成本。因此，议会中分工明确，普通议员和政党的领导人分别负责提供劳动和技能，分配专门委员会职位。党组织一旦建立，脱离的代价是很高的。《欧洲联盟条约》第138A款规定：作为联盟内部一体化因素的欧洲政党是至关重要的，欧洲政党应为欧洲意识的形成和联盟公民政治意愿的表达作出贡献。学者麦克尔·罗伊和伯努瓦在2010年提出了民族国家政党加入与其政策范围最相近的立场的党团的政策一致性理论。他们的研究结果也很好地解释了大多数议会党团的构成成分。一个民族国家的政党越

① 李景治、张小劲等：《政治视角下的欧洲一体化》，法律出版社2003年版，第52页。

大，加入一个更大的团体而不是更小的团体的可能性就越大。

三是独特的政治文化传统，经验往往具有传承性。最初的欧洲煤钢共同体成员国的国内政治经验对新成立的欧洲机构具有较大影响。欧洲国内独特的政治文化传统对于欧洲范围成立的组织来说，议会党团的研究为新制度主义理论框架提供依据。决定议会党团的生成要素包括政党结构，如政党成立之初所创立的内部关系框架、宪法文本、选举规则、议会议事程序等。这是影响党团内部运作的因素，但是议会党团自身发生的变化还跟以往与其他组织机构进行的政治斗争有关联，所以说，党团可以在一定程度上有支配权力，但它仍受本国国内政治系统中许多要素的支配，它是在内外政治经验不断积累条件下向前发展的。

二、欧洲议会左翼党团的分类

经过多次的欧洲选举之后，党团在欧洲议会中发生了变迁，欧洲议会党团数量总体保持在一个比较稳定的区间。目前，欧洲议会党团共 7 个，分别是：欧洲人民党党团（EPP，Group of the European People's Party - Christian Democrats）、社会党和民主主义者进步联盟党团（S&D，Group of the Progressive Alliance of Socialists and Democrats in the European Parliament）、欧洲保守主义者和进步主义者党团（ECR，European Conservatives and Reformists Group）、欧洲联合左翼—北欧绿党左翼联盟党团（GUE/NGL，Confederal Group of the European United Left - Nordic Green Left）、原欧洲自由和民主联盟党团（ALDE，现在更改为 RENEW，Renew Europe）、绿党与欧洲自由联盟党团（Greens/EFA，Group of the Greens/European Free Alliance）、原欧洲民族与自由党团（ENF，现在更改为 ID，Identity and Democracy）。截至 2019 年 10 月 1 日，各党团议员人数所占比例分别为：复兴欧洲党团 14.4%、人民党党团 24.3%、绿党党团 9.9%、社会党党团 20.6%、激进左翼党团 5.5%、保守党党团 8.3%。无附属议员 7.2%。①

学者汪卫华曾大致将这些出现的党团分为三大类，第一类是那些可以

① Giulio Sabbati, "European Parliament: Facts and Figures," EPRS (European Parliamentary Research Service Members' Research Service), PE 640.146, p. 1.

被称作“欧洲议会持久特色”的传统党团，主要包括社会党党团（S&D）、人民党党团（EPP）等；第二类是在某几届突出表现，可能会持续下去的党团，这其中有欧洲联合左翼—北欧绿党左翼联盟党团、绿党党团；第三类是议会选举过后出现的新党团。比如，1999年议会选举后出现的欧洲激进联盟党团。李景治等学者将党团分为三类：第一类是从1952年共同体大会成立开始，在每一届欧洲议会中都存在的党团，它们是欧洲社会党党团、欧洲人民党党团、欧洲自由民主改良党党团；第二类仅仅存在于几届议会，并且不能保证今后能否继续存在；第三类是仅仅在1994年欧洲选举后新成立的2个跨国党团，它们是民族欧洲党团、欧洲激进联盟党团。①

从历史的维度来看，欧洲议会党团名称虽然不断发生变化，但是按照意识形态来分类，大体可以分为左翼党团、右翼党团和中立党团三类。左翼党团主要有三个：社会党党团（S&D）、欧洲联合左翼—北欧绿党左翼联盟党团（GUE/NGL）和绿党党团（Greens/EFA），他们均可以追溯至20世纪70年代。主要的右翼党团有人民党党团（EPP）和保守党党团（ECR），中间派党团有复兴欧洲党团（RE）（原欧洲自由民主联盟党团，ALDE）。在欧洲左翼政党分类中，温和左翼主要代表社会民主党，激进左翼主要代表共产主义政党。而社会党和民主主义者进步联盟党团（S&D）包含众多的社会民主党，欧洲联合左翼—北欧绿党左翼联盟党团（GUE/NGL）包含众多的共产主义政党，且为了行文方便，笔者将社会党和民主主义者进步联盟党团（S&D）简称为“社会党党团（S&D）”、欧洲联合左翼—北欧绿党左翼联盟党团（GUE/NGL）简称为“激进左翼党团（GUE/NGL）”、绿党与欧洲自由联盟党团（Greens/EFA）简称为“绿党党团（Greens/EFA）”。在2019年的欧洲议会选举中，社会党党团损失37个席位，激进左翼党团损失11个席位，绿党党团席位增加了24个。这样的选举结果反映出欧洲政治碎片化以及总体右倾化的持续性特征，传统主流政党地位继续下滑，激进左翼的影响力下降，同时中小新兴政党活跃，尤其是年青一代进一步呼吁更有力的环保举措，绿党党团努力将自己塑造为追求进步改革、经济平衡和社会公正的代表，强调要努力提高欧盟的透明

---

① 李景治、张小劲等：《政治视角下的欧洲一体化》，法律出版社2003年版，第250页。

度、可靠性和民主控局能力。①

（一）社会党党团（S&D）

社会党党团（S&D）是由各成员国议员代表团组成的，根据欧共体社会党联盟的规定，社会党党团有义务贯彻执行联盟制度的纲领及政策。它既是一个独立的组织，又是联盟直接领导下的重要机构。② 它是跨国政党联盟活动的重要机构在议会内的体现，它成立于1953年，是欧洲议会中三个最早的党团之一，初创时期由6个国家的6个主要社会党组成，其议员来自12个成员国。从1979—1994年欧洲议会四次选举中，社会党党团一直居第一大党团的地位。在1999年大选时位居第二名，败给了人民党党团。该党团中实力比较强大的政党是英国工党、德国社会民主党、法国社会党等。社会党党团向来具有很强的内聚力，这与其严格的组织原则有关，也与其成员均坚持中左翼的意识形态有关。该党团内部多数派均赞成和推进欧洲一体化，政治同一性比较强。2019年欧洲议会选举包含25个国家。社会党党团所属的中左翼政党在各国的席位总数从2014年的191个下降到153个。德国、法国、意大利和英国这四个最大的成员国人数都有所下降。在德国，社民党的衰落比基民盟更为剧烈，排在绿党之后，位列第三。在意大利，民主党（Democratics，PD）曾是社会党党团最大的国家代表团，2019年席位数减少。在罗马尼亚，执政的社会民主党席位失去了一半。在其他国家，特别是在西班牙，社会党以20个席位成为社会党党团内最大的国家代表团。在荷兰，工党成为领先党，其政治表现有所增加。

自2009年欧洲议会选举以来，社会党党团就提倡要保护强大的社会正义的欧洲。社会党党团在金融交易税方面有强硬立场，作为遏制金融机构过度行使的重要手段，提倡确保公平分享税收、减轻公众的税收负担。该党团通过委托三家独立经济研究所制定了独立的年度增长调查。社会党党团注重加强监管工作，包括监管信用评级机构，限制银行奖金，提高银行的资本和稳定性要求，禁止一些风险较高的投机活动。从金融危机开始以

---

① 林德山：《2019年欧洲议会选举及其影响评析》，《当代世界》2019年第7期，第16—21页。

② 林勋健：《政党与欧洲一体化》，当代世界出版社2000年版，第62页。

来，社会党党团就认识到欧洲经济的协调需要更加有效的民主审查。2010年，社会党党团成立了针对极端主义、民粹主义、民族主义、仇外心理工作小组，对极右翼的崛起进行监测和分析。社会党党团认为欧盟凝聚政策应该是欧盟范围内的政策，为所有地区提供资源、经验和援助。基于这个观念，他支持设立一个新的地区类别，即所谓的过渡地区（国内生产总值为75%至90%的地区），过渡地区将能够得到欧洲持续的支持。2010年，欧盟通过了“欧盟2020年”可持续和包容性增长战略。通过这一战略，欧盟制定了雄心勃勃的目标，即在整个联盟内用十年创造繁荣。重点放在11个方面，如增加对研究和创新的投资，实施数字议程，推动低碳能源，减少贫困和社会排斥等。具有投资能力的凝聚政策是联盟长期的团结支柱。他使欧盟地区更加紧密地联系起来，为所有公民的福祉提供了联合的力量。实现持续的经济增长和更高质量的工作仍然是社会党党团的优先事项和目标。2013年5月，欧洲议会通过了打击逃税和避税的建议，社会党党团为维护行动自由而努力，尽管几个右翼政府企图破坏申根制度，但他们还是通过谈判把申根制度变成了透明的、真正的欧洲体系。社会党党团也支持签证自由化，同时坚持在欧洲层面进行充分的民主控制和审查。

社会党党团提倡要促进包容性欧洲，必须培训学生拥有关于所谓欧洲民主价值观和发展他们的批判性思维。使得社会拥有一套所谓的广泛民主工具和机构，可以用来监测、评估和采取行动打击极端主义和暴力行为。该党团认为还需要一个明确而有力的法律框架，有效地反对歧视、仇恨犯罪。当极端主义和民粹主义倾向煽动仇恨等违法行为时，应充分运用刑法和司法程序对其进行适当的调查和制裁。欧盟及其成员国应在明确和严格的监管下，协助收集和发布有关仇恨犯罪的统计数据，以便更好地适用现有的法律。保护欧盟的基本原则和公民自由，但这些基本价值目前受到威胁，直接受到极右势力的挑战。该党团认为作为欧洲领先的进步力量，社会党党团有责任更加努力地推动作为社会核心原则的“多元化、非歧视、宽容、公正、团结和男女平等”的文化传承。需要继续争取更好的机制来保护欧盟的民主、法治及基本权利和自由。

（二）激进左翼党团（GUE/NGL）

小党团的存在本身就不稳定，它经常要被选举所左右，共产党党团

（COM）在历史上曾经是最弱小的欧洲议会党团之一。[①] 共产党党团自从1973年以来不断演变，1973年10月16日，意共和法共组建了议会党团，称“共产党和联盟党团”（COM），它在当时是最小的党团。自1989年欧洲议会选举之后，共产党党团（COM）名义上不复存在了，但出现了两个新的党团，欧洲统一左翼党团（GUE）是意共领导的，另一个是法共领导的左翼团结党团（CG）。欧洲统一左翼党团（GUE）拥有28个席位，由于这个党团的主要成员意大利共产党于1991年更名为左翼民主党，之后不久加入社会党国际和社会党党团，欧洲统一左翼党团（GUE）便消失了。这个党团的其他力量要么加入左翼团结党团（CG）（如，意重建共），要么加入了绿党党团（如，丹麦社会主义人民党）。左翼团结党团（CG）在1989年选举后只有14个席位，由4个国家的4个党派组成。1994年，欧洲统一左翼党团（GUE）解散后因剩余力量加入，其席位增加了一倍。1995年，改名为欧洲联合左翼及北欧绿党左翼联盟党团（GUE/NGL），下文简称“激进左翼党团”。自此，它不再由意共和法共统治，而是发展成为一个更具多样性的团体。在1999年的欧洲选举中，激进左翼党团（GUE/NGL）共取得35个席位。[②] 现在学术研究经常将其称为“激进左翼”党团，其北欧代表构成了一个特定的组成部分。这种建设性的合作友善和尊重差异，被视为非常有益的政治经验。激进左翼党团（GUE/NGL）的成员来自多个欧洲国家的左翼政党，其中主要有：法国共产党、希腊共产党、塞浦路斯劳动人民进步党、波希米亚和摩拉维亚共产党等。

目前，主要的共产党仍然保持原来的名称和身份，如意大利重建共产党、希腊共产党、西班牙共产党等。[③] 在共产党党团中，形成以法共为领导的一派，强调民族主权，对欧洲一体化持反对态度；而另一派以意共和西共为领导，对欧洲一体化持现实主义的态度。之后，共产党党团中派系之间的分歧已逐步转变为民族主义和联邦主义之争。同时，在议会中，共

① 岳强：《金融危机后欧洲激进左翼共产主义政党该如何发展》，《党团建设》2013年第1期。

② Robert Taylor, “Europe’s divided Left,” Dissent Vol. 56, 2009, p. 5 – 9.

③ 轩传树、朱美荣：《全球金融危机背景下的欧洲极左政党现状分析》，《科学社会主义》2010年第6期。

产党党团本来就属于边缘性党团，受到社会党党团和人民党党团的排挤。[①]冷战时期，各成员对欧共体持反对态度。该党团成员的民族主义意识较强，在行动上也更加务实。激进左翼党团越来越成为一个国际合作论坛，成为政党领袖间发表政策声明的场所。有学者指出，激进左翼党团已远不及1989年之前在欧洲的实力。尤其是在2004年欧盟东扩后，东欧地区的弱势令其从议会第四位下滑到第六位。因其在议会中缺乏分量，只能与社会党党团、绿党党团合作使得左翼议程得到发展，但是这三个党团的联合从未占过多数席位。[②] 在2019年欧洲议会选举中，激进左翼党团遭受损失，希腊激进左翼联盟党保住了6个欧洲议会议员的席位。与2015年的全国大选相比，他的选票比例不断下降，导致总理齐普拉斯（Alexis Tsipras）宣布提前举行大选。在西班牙，联合左翼（United Left Podemos）的投票率下降。在荷兰，社会党失去了2个席位。爱尔兰的新芬党也失去了席位。在葡萄牙，左翼阵营增加了投票份额，而共产党—绿色基民盟的联合也失去了选票。

1994年，共产党党团发表声明，反对现有的欧洲政治秩序，提出建设另一种不同的欧洲目标：改变欧盟的现有结构，从而实现真正的民主；终止新自由主义货币政策；与其他党团共同发展，公平且全方位地进行合作。该党团希望兼顾平衡，希望党团内部多方的意愿达成一致。所以，该党团把自己定位为使欧盟机构能做出决定的“业内人士”。激进左翼党团党团（GUE/NGL）是松散的政治联盟，因为他由多国的全国性政党党员担任欧洲议会议员。党团内成员定期举行会议，同时，党团在各种议题上阐述自己的政见，并且参与选举投票活动。激进左翼党团（GUE/NGL）批评当前的欧盟及其成员国政策，以激进的市场导向的竞争逻辑为基础，希望在欧洲议会发出另一种声音，关注经济和社会正义、人权和公民自由、性别、生态和全球正义。从坚持暴力革命发展到认同议会民主制、思想多元化，强调放弃民主集中制，强调党内的开放原则以实现多样性，在

---

① 李景治、张小劲等：《政治视角下的欧洲一体化》，法律出版社2003年版，第185页。

② ［英］卢克·马奇，于海青、王静译：《欧洲激进左翼政党》，社会科学文献出版社2014年版，第246—247页。

政治策略上坚持对联盟政策进行变革。激进左翼党团（GUE/NGL）作为一个左翼组织，强调追求国际和平，实现社会和环境正义，并要求严格执行《联合国宪章》和其他一切国际法的文件规定，尊重各国主权和领土完整，努力建立公平和平等的国际关系。

激进左翼党团（GUE/NGL）呼吁必须保证所有人的基本人权和民主自由，希望欧盟以强有力的行动来继续民主自由的斗争，以确保人民获得更多经济和社会权利；拒绝放松管制和自由贸易协定，支持进行公平贸易。反对进行投机活动，提出要加强欧盟与发展中国家的联系，建立强大的联盟，建立和实施保障社会权利、发展、文化多样性和环境保护的国际规则。欧盟成员国在全球范围内参与了许多战争和军事干预，认为尊重人权和基本自由是欧盟的核心价值观，但却执行着双重标准。激进左翼党团（GUE/NGL）反对欧盟的外交和安全政策，强烈批评在这个政策领域缺乏民主控制和议会影响力。该党团坚持尊重人民来确定自己未来的权利，为实施危机预防的战略而努力。激进左翼党团（GUE/NGL）认为，一个和平的欧洲是可能的，要严格执行欧盟的平民外交政策，坚决反对利用欧洲干涉力量参战，因为没有任何危机可以通过军事手段来解决。只解决危机的根源，才能找到可持续的解决办法。如果花在战争上的钱用于经济重建、教育和健康发展，那么人们将生活在一个更美好和更安全的世界。反对在各个领域进行军民合作，因为这会涉及到利用平民进行军事行动，会具有不可估量的风险。该党团主张解散所有欧盟成员国的外国军事基地，欧盟成员国的军队撤出阿富汗、伊拉克和其他国际战区。欧盟成员国不应该在战斗组织和军事任务上浪费金钱，而应该履行承诺，将国民生产总值的0.7%用于发展援助，所有成员国的军费都应减少。然后，这些储蓄可以用来处理社会和经济问题。这将对解决欧洲金融危机和日益严重的社会问题起到决定性的作用。该党团认为欧洲不需要反导弹系统，拒绝一切为全球军事干预建立机制的举措，争取核裁军和无核武器的欧洲。鼓励公民有效参与欧洲政策制定过程。本着这种精神，同全世界范围内的进步伙伴进行合作。支持移民，但必须捍卫所有移民和寻求庇护者的权利。不能对那些在欧盟寻求更好生活的人的处境置若罔闻，不能忽视他们被迫逃离的原因。激进左翼党团（GUE/NGL）宣称要为自由行动而斗争，认为欧洲需要修补其移民和庇护体系，确保移民和寻求庇护者的安全能够合法获得。

（三）绿党党团（Greens/EFA）

这个党团是欧洲议会中包含绿党、地区主义和左派民族主义政党的政治集团，该组织是在1999年欧洲第五届欧洲议会选举后成立的。绿党党团包括两个不同的欧洲政党集团，欧洲绿党（EGP）和欧洲自由联盟（EFA）。欧洲地区是绿党发展最为成功的地区，绿党逐渐具有了现实影响力。郇庆治认为："绿党政治首先是而且依然主要是一种欧洲现象。"欧洲绿党以生态环境关心和其他新政治议题为主旨，在20世纪70年代后才迅速兴起的新型政党。1980—1984年间，12个西欧国家建立了绿党。到80年代后期，这些政党已经获得重要的选举成功。① 从20世纪80年代开始，欧洲议会有2个绿党党团，1994年选举后变为1个，绿党党团中并非都是名副其实的绿党成员，也有其他政党组成，该党团主张走渐进的社会主义道路。在2004年6月选举中，绿党党团在欧洲议会仅仅赢得34个席位，在10个新成员国中丧失了席位。绿党（EGP）只得再次和欧洲自由联盟（EFA）联合，包括一些独立的欧洲议会议员，以在欧洲议会继续维持第四大党团的影响力。欧洲自由联盟（EFA）由来自欧盟的无国籍的国家、地区和少数民族的议员组成。欧盟自由联盟于1981年由观点近似的政党在布鲁塞尔成立为联盟，自1999年以来，就在欧洲议会中与绿党形成共同体。欧洲自由联盟（EFA）工作目的是实现国家和地区的自决权、进行决策分散、保护人权、保持强大的可持续经济和国际团结。2004年，在巴塞罗那举行的一次会议上遵循新的欧盟党派登记规定，其成为首批登记的政党团体之一。②

在2014—2019年，该党团由来自加泰罗尼亚、加利西亚、拉脱维亚、苏格兰、瓦伦西亚、威尔士和巴斯克地区的议员当选。绿党党团（Greens/

---

① ［德］得斐迪南·穆勒—罗密尔、［英］托马斯·波古特克，郇庆治译：《欧洲执政绿党》，山东大学出版社2005年版，第1页。

② Greens/EFA, "About the Group," Jan. 5th, 2018, https://www.greens-efa.eu/en/our-group/about-greens-efa/.（上网时间：2018年1月5日）

EFA）包括联合主席、执行局和成员。由秘书长和副秘书长、中央秘书处（包括信息技术、会计和人力资源）、交流和战略部门（包括新闻、网络、视听等）与政策顾问（专题和跨专题顾问）组成。绿党党团（Greens/EFA）的目标是建立尊重人权和追求环境正义的社会，要拥有自决权，崇尚健康的和高质量的生活。该党团认为在理事会和委员会中要注重加强政府的开放性，使委员会充分向议会负责；建立自由的欧洲联盟；重新定位欧盟，认为欧盟目前过分强调经济理念，牺牲了社会、文化和生态价值。在2019年欧洲议会选举中，绿党党团在多个成员国中取得新业绩，特别是德国绿党赢得20.5%的选票，选举出21个议员，第二名是卢森堡18.9%，第三名是芬兰16.0%。第二大和第三大国家代表团分别来自法国的12名议员和英国的7名议员。但绿党没有赢得意大利、希腊和中东欧国家的席位，2014年在表现良好的国家奥地利和瑞典也有所回落。[①]

绿党党团（Greens/EFA）关注贸易、安全、经济和社会问题，推进环境、文化和民主权利相联系的民主进程旨在通过和平手段解决问题，改善民主参与政治决策的结构，采取措施确保妇女平等参与；保障平等的权利和机会，保持文化和语言的多样性。采取就业和重新分配工作的政策，特别关注性别问题，以便结束现有的劳动分工不均衡现象，更公平地分担男女之间的工作量。该党团认为政府拥有宪法权力来决定涉及其权限范围内的事项。针对金融危机带来的失业率上升以及经济和社会危机，绿党党团（Greens/EFA）要求对全球金融领域进行监管，大大提高市场的透明度。

绿党党团（Greens/EFA）声称，要为一个社会包容的欧洲而战，欧盟推动的经济全球化大大增加了社会不平等，同时将基本服务的社会标准和公共财政置于风险中。绿党党团（Greens/EFA）认为绝不允许市场规则超越基本的社会权利。要保护社会和健康服务免受欧盟自由市场立法的影响，承认社会政策优先于经济政策。成员国仍然可以通过提供最低的工作和生活标准来鼓励投资，每个人在任何特定的工作场所都必须有同工同酬的权利。绿党党团（Greens/EFA）向有需要的人士提供庇护，也有道义上

① House of Commons, "European Parliament elections 2019: Results and Analysis," London: House of Commons Library, 2019.

的责任，希望成立让移民进入开放机制，在法律上拥有有效的庇护程序。欧盟应该承认移民的需要，并赋予合法移民与欧盟居民相同的权利。绿党党团（Greens/EFA）要求欧盟委员会对未完全执行欧盟性别平等指示的成员国实施制裁。欧盟关于在工作场所中男女待遇平等的指令要在所有成员国中得到充分执行。全球信息社会可以成为社会和环境可持续的经济增长模式的基础。绿党党团（Greens/EFA）打击所有企图进一步私有化互联网，并通过过度的专利权知识转让的行为，希望欧洲专利局成为欧共体的机构。绿党党团（Greens/EFA）希望通过确保欧盟立法，让公民能够轻易地了解谁负责；控制游说的影响，保护欧盟内外的个人权利和自由。绿党党团要在欧盟的理论政策和实践中建立真正的人权文化，要求在所有的欧盟协议和欧盟成员国中系统地纳入和执行有约束力的人权条款，让欧盟对人权实践进行审查。要制定有效的外交政策，排除军事干预的必要性，提议对所有安全问题进行监督和审查。

第二章

欧洲议会左翼党团的发展和演变

欧洲议会党团是个紧密关联的有机整体，是投票人的需求转化为现实公共政策的关键环节。在政党政治光谱中，欧洲的共产主义政党、社会民主党、绿党都位于政治谱系的左边，隶属于大左翼阵营。欧洲的议会党团发展有一个历史过程，党团随着时间发展和形势变化，不断地进行分化、组合，从而出现新的党团。三大左翼党团的内部变化形势反映了社会发展潮流的变化趋势。本章主要讲述左翼党团的发展历史，总结议会党团变化的总体特征，并对这变化所反映出的问题进行概括。欧洲议会党团逐渐出现了从外生型到内生型的发展模式，而且三大左翼党团的内部也随着社会发展形势和国内政党变革发生了不同变化，概括欧洲议会党团发展变化的四个特征，总结了议会党团格局变化反映的四个问题：选举人热情减退，投票率创新低；新兴左翼民粹化；欧洲极右翼崛起和激进左翼边缘化，主流左翼政党陷入困境。目前，多数欧洲成员国的主流执政左翼政党遭遇不同程度的失利，中右力量全面扩大，欧洲整体“向右转”。

第一节　欧洲议会党团整体格局的变化

在欧洲议会中，议会党团格局从生成演变模式上看，主要体现了从外生型向内生型的变化特点。议会中的政党体系是一种外生型的政党体系，但因为党团内部政党构成受制于议会规则的限定，小党团之间又表现出外生性的特点。而欧洲议会左翼党团格局演变过程又折射出欧洲议会党团的发展历史，而这些又都离不开欧洲议会的发展历史。因此，下文中将三者联系起来，分为直选前后两个大阶段进行阐述。

一、欧洲议会党团生成模式的演变

著名政党研究专家莫里斯·迪韦尔热教授把政党的生成模式分为内生型政党和外生型政党两种，这两种形式分别由议会党团生成和由工会之类的议会外组织生成。内生型政党由议会内团体或组织演变而来，外生型政党由议会外的机构或团体组建而成。决定议会党团的生成要素包括政党结构、政党在成立之初所创立的内部关系框架等。[①] 因此，党团与其内部政党结构有很大的关系。

欧洲议会中的政党体系是外生型的，党团的力量是由欧洲议会外的组织决定的，欧洲议会党团的外生型特点因欧洲选举的“次等选举”特征而增强。欧洲议会党团的构成是比较恒定的，但党团内部又可存在不同政党家族的政党，所以欧洲议会党团的构成受制于欧洲议会本身权力机构和规则的影响，从而又表现出内生型的特点。一个党团的内生性主要体现为一种影响力，这种影响力来自于党团组成最低限额的规则对小党团所产生的影响。为了组成议会党团，少数政党和政党家族不得不与其他政党合作。《单一欧洲法令》和《马斯特里赫特条约》大大增加了欧洲议会的权力。而要达到目的，要获得欧洲议员的绝对多数支持才行。但要获得绝对多数较难，例如，1989 年欧洲议员选举规定，即使只有 20% 的缺勤率，欧洲议会也需要以 61% 的出席率行使权力，相比之下，欧洲议会通常缺席 30% 。这就是说，为了行使欧洲议会的权力，人民党党团和社会党党团必须达到议会议席总数的 66. 5% 。除了社会党党团外，其余党团的组成都不是由单一类型政党的代表组成。欧洲议会党团呈现出内生型的发展趋势。[②] 党团的生成模式变化主要分两个时期：

第一个时期：20 世纪 80 年代以前，党团表现出外生型政党模式，欧洲议会中的党团由内生型发展模式向外生型发展模式转变，内生型的发展模式严重影响小党团的稳定性。党团规模太小，不可能组织欧洲议会权力

---

① 王明进：《欧洲联合背景下的跨国政党》，当代世界出版社 2007 年版，第 109—117 页。

② 王明进：《欧盟的跨国政党网络》，《国际关系学院学报》2003 年第 1 期。

的绝对多数。小党团含有反体制的因素，不关心欧洲议会如何运作，还会有一个核心。中等党团的组成也受议会规则的影响，而出现内生型发展趋势，中等党团在两大党团达不到绝对多数的情况下，加入两大党团的联盟，以达到行使权力所必须的绝对多数，也可以迫使两个最大的党团认真考虑组成中间联盟，而不是组成大左翼或大右翼联盟。因为大左翼或大右翼联盟不稳定，并且可能破坏中间政治力量为行使欧洲议会的权力而进行的合作。

第二个时期：1986 年后，欧洲议会党团不同程度地面临着从外生型向内生型转变的压力。比如，绿党党团一直是比较薄弱的政党，为了达到党团的最低人数，会与其他自由联盟成员结合。对由保守派组成的欧洲民主党团来说，既不想看到两个主要党团的继续垄断，也不想看到人民党党团的崩溃。社会民主党党团在 2009 年吸纳了意大利民主党这个新成员，其异质化程度增强。内生型模式对大党团产生了影响，进入 90 年代后，欧洲人民党党团内部也出现了内生型政党的转型模式。

二、欧洲议会党团格局演变过程

欧洲议会缘起 20 世纪 50 年代，它的前身是成立于 1952 年的煤钢共同体的代表机构—共同大会。1957 年 3 月，6 个创始国签署《罗马条约》，建立了欧共体以及欧洲原子能共同体（EURATOM）两个组织。[①] 欧洲煤钢共同体，这个历史上第一个超国家组织，使得欧洲四分五裂的现象暂时实现了联合统一。欧洲议会在 20 世纪 50 年代的名称是“欧洲煤钢共同体共同大会”。1958 年 3 月，更名为“欧洲议会大会”，其代表席位由 78 个增至 142 个。1962 年 3 月，正式叫作“欧洲议会”。欧洲议会是欧洲层面政治辩论和政策制定最为重要的机构，经过所有成员国选民直接选举出议会成员，通过欧盟法律的制定来代表人民利益，确保其他欧盟机构正常运行。欧洲议会建立后，议会决议发生了许多新变化，议会不断扩权。除监督权外，在 1970 年，通过《卢森堡条约》获得预算权力；到 1973 年，英

① ［英］唐纳德·萨松：《欧洲社会主义百年史》，社会科学文献出版社 2008 年版，第 263 页。

国、爱尔兰和丹麦加入欧共体，欧洲议会取得部分预算决定权。

从 1979 年开始，欧洲议会改变了产生方式，在欧共体范围内进行了第一次直接选举，从而成为一个民选代表机构，议会的直接选举也叫“欧洲选举”。[①] 1986 年，又通过《单一欧洲法案》获得立法权；1992 年，《欧洲联盟条约》签署后，欧洲议会有了更新的发展动力；2008 年，欧洲议会通过了《里斯本条约》，这标志着欧洲议会的主要职权—立法和预算权、监督权等都有了较大提高，其也从最初的辅助性机构发展壮大，职能的增强使得欧盟内成员国间能更好地相互监督和制衡。欧洲议会的发展影响着欧洲议会党团的发展，下面分三个阶段阐述欧洲议会党团的发展历程：

（一）第一个阶段，1953—1965 年是党团的创立期

这阶段的党团发展处于初级阶段。在 1953 年 6 月，开始组建新的党团，可根据各自的政治倾向进行党团的选择，按照规定需要有 12%、9 名以上议员才能组成党团。首批只成立了基督教民主党党团、自由党及联盟党团和社会党党团 3 个党团，这 3 个党团至今还活跃在欧洲议会的舞台上。自此之后，座位安排都按照党团分布来定，这种打破国界的新形式进一步地促进会议决策的形成。1958 年 3 月，欧洲大会名字生成，大会议席增加了一倍多，组成党团规模的最低人数增至 17 个，组建了欧洲民主联盟党团。1962 年 3 月 30 日，欧洲议会成为“欧洲级立宪议会”。[②] 1965 年，生成党团的最低人数下降到 14 个。

1965—1979 年是党团的初步发展期，1973 年，欧共体增加了英国、爱尔兰和丹麦 3 个新成员，议员数量增加到近 200 个。其中，英国议员 36 个、爱尔兰 10 个、丹麦 10 个。两个新党团于 1973 年建立，分别是拥有 14 名议员的共产党和联盟党团（COM）以及拥有 20 名议员的欧洲民主联盟党团（UDE）。共产党党团（COM）开始在欧洲议会中扮演反对派的角色，其对待共同体持消极态度。在这个时期，欧洲民主联盟党团（UDE）又改

---

① 李景治、张小劲等：《政治视角下的欧洲一体化》，法律出版社 2003 年版，第 244—245 页。

② 阎小兵、邝杨：《欧洲议会——对世界上第一个跨国议会的概述与探讨》，世界知识出版社 1997 年版，第 11 页。

成“欧洲进步民主党团（DEP）”。欧洲议会还在这个时期获得预算、选举两项重大权力，欧洲党团的地位已经在欧洲议会牢固确立下来。1965—1979年，党团中具有不同意识形态背景的议员自发组成的政治小组演变成根据欧洲议会选举条例成立的议会内组织。[①] 直选之前的党团体制还不够完善且数量少，但之后它有了比较固定的体系，形成初步的运行机制。

（二）第二个阶段，从欧洲议会直接选举至20世纪末的调整发展期

1979年是欧洲议会历史上的重大节点，欧洲议会首次进行直接选举，政党数量和党团数量都增加了，议员总数增加到410人。欧洲绿党参加了1979年议会选举，结果，未能赢得任何议席。此次选举因希腊在1981年加入欧共体，又进行了补选。结果，社会主义者党党团（PES）仍然保持第一名，人民党党团（EPP，原基督教民主党党团，于1978年更名）是第二名，欧洲民主党团（DE）是第三名，共产党党团（COM）位于第四名，自由党和民主党团（LD）位居第五，欧洲进步民主党团（DEP）位居第六名，第七名是绿党和部分小党派形成了“技术协调和保护独立团体和成员党团（TCI）”。

1984年6月，第二次直选后，欧洲议会党团增加到8个。绿党与欧洲自由联盟和丹麦的反欧共体运动组成了“彩虹党团”（the Rainbow Group，RG）。它拥有20名议员，在8个议会党团中排倒数第二。1986年，葡萄牙和西班牙加入欧共体，于1987年进行补选，社会党党团新增了42名议员。这个时期，欧洲议会党团中出现了第一个右翼党团，欧洲自由、民主和改革者党团（European Liberal，Democratic and Reformist Group，ELDR），其原来是自由党及民主党团（LD）。1989年的欧洲选举在很大意义上是一个“绿色选举”，此时，党团数量增加至10个。“彩虹党团”（RG）解体后，又组建了“绿党党团”（The Green Group，G），此时，它变成一个更加具有政治性色彩的组织，并扩大了政治影响。共产党党团（COM）分裂为欧洲左翼团结党团（Left Unity，LU）和欧洲联合左翼党团（Group of the United European Left，GUE），前者以法共为核心，后者以意大利改革分子为核心。1993年，因意大利共产党加入到社会党党团（PES），欧洲联合

---

① 张磊：《欧洲议会中的党团政治》，北京大学出版社2013年版，第76页。

左翼党团（GUE）宣告终结。此时，社会党党团（PES）增到到198人，人民党党团（EPP）力量也逐步扩大，增加到162人。

1994年欧洲议会选举，就业、竞争力和制度性变革成为主要议题。组成党团的最低限额为26名来自一个国家的议员，或21名来自两个国家的议员，或者是16名来自三个国家的议员，或13名来自四个国家的议员。社会党党团（PES）和人民党党团（EPP）随着议会总人数的增加而增加。选举结束后，绿党议员与意大利的区域主义者和丹麦的左翼绿党成员组成第二个绿党党团，是由德国绿党主导的团体。绿党党团仍成功地参加了18个委员会，并获得其中的四个主席或副主席职位，体现了绿党议员在欧洲议会中扩大的政治影响。同时，还出现了其他小党团，如欧洲激进联盟党团（Europe Radical Alliance，ERA）、民族欧洲党团（Europe of Nations，FE）和欧洲力量党团（Forza Europe，FE）。此外，还有27名议员属于无党团议员。1995年，欧洲联合左翼党团（GUE）吸收了部分其他成员，而改成了“欧洲联合左翼—北欧绿党左翼团体联盟党团”（GUE/NGL）。此后，欧洲力量党团（FE）又加入到人民党党团（EPP）。

1999年，党团组成人数改成必须由2个国家以上的议员组成，23名来自两个成员国的议员，或18名来自三个成员国的议员，或14名来自四个国家及以上的议员。人民党党团（EPP）首次超越了社会党党团（PES），成为第一大党团，这两大党团的人数占到总人数的66%。此时，欧洲激进联盟党团（ERA）解散了。民族欧洲独立党团（I-EN）分裂为两个，民族欧洲联盟（Union for a Europe of nations，UEN）和民主和多样化的欧洲（Europe of Democracies and Diversities Group，EDD）。欧洲绿党（G）在此次选举中获得7.72%选票。之后，绿党议员与10名区域主义政党成员组成“欧洲绿党/欧洲自由联盟（Greens/EFA）”党团。

（三）第三个阶段，21世纪初至今

2004年欧洲议会选举，社会党党团仍然居于第二位，欧洲自由民主联盟党团（ALDE）第三名，绿党党团（Greens/EFA）第四名，欧洲联合左翼—北欧绿党左翼联盟党团（GUE/NGL）排第五名。民主和多样化的欧洲党团（EDD）改名为独立与民主党团（Independence and Democracy Group，IND/DEM）位居第六，还有29名无党团议员。组成党团的要求在

不断地变化完善，《欧洲议会程序条例》规定，从2004年7月1日起，议员们可依照政治亲合性组成团体，党团至少由16个来自5个成员国的议员组成。一个议员只能属于一个政治团体。[①] 2007年，一个新的极右翼党团“认同、传统与主权党团（Identity，Tradition and Sovereignty Group，ITS）”如昙花一现，成立不到11个月就消失了。同年12月，人民党党团（EPP）拥有288名议员，成为拥有27个成员国的最大的党团。绿党党团（Greens/EFA）有14个成员国的43名议员。独立与民主党团（IND/DEM）拥有9个成员国，22个议员。民族欧洲联盟党团（UEN）拥有6个成员国的43名议员。

2009年欧洲选举后的议席分布为：人民党党团（265）、社会党党团（184）、自由民主联盟党团（84）、绿党党团（55）、保守党党团（55）、激进左翼党团（35）、欧洲自由民主党团（32），其他（26）。共有议员736人，相对上一届减少49人。在2009年，新修改了条例规定的党团至少要由来自1/4成员国的25名议员组成，且党团必须具有相同的意识形态。很难说绿党党团在新一届议会中的政治影响会提高。这部分是由于欧洲议会重组过程中复杂的政治数学运算，更主要的是由于欧洲人民党和欧洲社会党的两大党团的政治垄断。[②] 2009年，社会党党团（PES）改为“欧洲议会社会党和民主主义者进步联盟党团（S&D）”。最大的党团欧洲人民党党团（EPP）拥有36%的席位；社会党党团（S&D）占1/4席位；欧洲自由民主联盟（ALDE）和其他团体得到的席位都比较少。

2014年的选举是在《里斯本条约》正式生效后的第一次大选。在751个席位中，人民党党团（EPP）得票数最多，总体投票率为43.1%，且疑欧政党获得1/5的议席。在本届议会选举中，左翼党团—社会党党团（S&D）、激进左翼党团（GUE/NGL）、绿党党团（Greens/EFA）分别获得191个、52个和50个席位。本次欧洲议会中东欧11国选出199名议员。

---

① Knut Heidar, Ruud Koole, “Parliamentary Party Groups in European Democracies Political parties behind closed doors,” London and New York: Routledge, 2000, p. 233.

② 郇庆治：《作为欧洲党的欧洲绿党：以2009年欧洲议会选举为例》，《欧洲研究》2009年第6期。

但中东欧投票率均低于欧盟平均水平（43.1%），中东欧对欧盟的归属感仍旧不强。此时，在欧洲议会有8个党团，已经成立并且正在运行的7个党团是：人民党党团（EPP）、社会党党团（S&D）、保守者党团（ECR）、自由民主联盟党团（ALDE）、激进左翼党团（GUE/NGL）、绿党党团（Greens/EFA）及自由和直接民主欧洲党团（FDD）。还有一个在2015年新成立的党团是欧洲民族与自由党团（Europe of Nations and Freedom）。

2017年第一季度，欧洲议会举行了领导层中期换届选举，其结果展示了欧洲当下的政治生态，并对政党格局产生了影响，也对未来欧盟的政策和立法走向产生了影响。欧洲议会党团分散化，权力下放和政党分裂已成为共同的趋势。中右政党保持优势，如中东欧的右翼政党独立赢得选举，获得多数席位。一些中右派政党也形成了联盟，与中左派政党进行竞争。[①] 传统大党在欧洲占据主导地位的趋势，逐渐向中等偏上的政党发展，主流政党的影响受到更大挑战，欧洲政党竞争的本质已经重新形成。

第二节　欧洲议会左翼党团内部发展变化和构成

社会党党团（S&D）、激进左翼党团（GUE/NGL）、绿党党团（Greens/EFA）起源于20世纪70年代，这三大左翼党团在欧洲一体化的进程中，各自内部也发生着不同的变化，这些变化也各有特点，下面依次进行介绍：

一、社会党党团（S&D）内部发展变化

社会党党团（S&D）的议员涵盖了所有成员国，尽管该党团内部的党派来自众多成员国，但由于具有很强的内聚力，却不松散。该党团的构成并不复杂，由欧盟各成员国的主流社会党和社会民主党组成。值得注意的是意大利的两个政党，社会党和社会民主党都是社会党国际的老成员，在党团内长期存在。在直选之前，社会党党团的影响力是最大的。社会党党团中成员们以强烈的政治认同感为基础，但社会党党团具有一定的流动

① 贾瑞霞：《2014年欧洲议会选举对中东欧国家政局的影响》，《当代世界》2014年第7期。

性，要不断地根据欧洲议会的选举结果调整变化。

该党团从 1953 年成立到 1976 年，一直处于第二大党团的位置，从 1976 年起到 1999 年 6 月，超越欧洲人民党党团（EPP），一直与社会党国际、欧洲社会党联盟保持联系。社会党党团自 1979 年以来，获得 122 个席位。1984 年，获得 165 席，在 1989 年，社会党党团占 180 席。1994 年，它获得 198 席。1995 年，瑞典、芬兰和奥地利的社民党加入欧洲议会中，社会党党团力量增强。欧洲社会党大部分与第一国际和第二国际有关联，有许多是他们的成员党，继承了两个国际所倡导的无产阶级联合和国际主义精神，早在两个国际中开始有效的政治合作。[①] 1999 年，社会党党团拥有 180 名成员，人数上的优势受到削弱。党团内来自英国的议员减少了 33 名。英国工党仅拥有 29 席，比上届议会减少了一半还多。德国社会民主党、西班牙社会工人党、法国社会党、意大利左翼民主党一直是拥有更多席位的主要政党。在 2004 年选举中，党团权力结构的平衡发生了变化。英国工党和德国社会民主党落后，西班牙社会党和法国社会党盛行。党团共获得 200 个席位，其中 33 个议员来自 8 个新的成员国。

2007 年，罗马尼亚和保加利亚加入欧盟，社会党党团人数增加到 218 名。2009 年，欧洲议会选举受挫，选举结果低于预期。仅获得 159 个议席，比人民党党团少 100 个议席。之后，社会党党团吸纳新成员意大利民主党的部分成员，议席增加到 185 个。社会党党团也改名为“欧洲议会社会党和民主主义者进步联盟党团”。此次选举过后，党团内的自由民主党成分增多，异质化程度提高。2014 年欧洲议会进行选举，社会党党团获得 191 个席位，占总席位的 25. 43%。该党团组织原则严格，只允许成员国中最有影响的社会民主党加入。直到 1979 年直选前，该党团为了扩大阵容，才允许更多党派加入，但是仍然阻拦“非正宗”的社会党加入。2019 年欧洲议会选举，该党团获得席位数减少到 154 个。

长期以来，欧洲社会党党团提出了他们的使命、愿景与价值观，社会党党团代表了以自由、平等、团结、多样性和公平性为原则的包容性的欧洲社会。社会党党团的议会议员致力于争取社会正义、就业增长、消费者

---

① 林勋健：《政党与欧洲一体化》，当代世界出版社 2000 年版，第 65 页。

权益、可持续发展、金融市场改革和人权，以创造一个更强大、更民主的欧洲和更美好的未来。社会党党团在官方网站上的政策分类共涵盖 11 项，税收和欧盟预算；就业、社会事务和性别平等；环境、健康、农业和渔业；外交，人权，安全和防务，工业、研究和能源；内部市场和消费者保护；国际贸易与全球化；正义、自由、公民身份和家庭事务；运输、旅游和地区。在当今危机时期，社会党党团的重点是消除失业，确保社会和市场变得更加公平，希望给予人们对欧盟的信任，希望能够拥有美好的未来。这些原则激发了社会党党团在欧洲议会及以外开展日常工作。

社会党党团提出“必须听到欧洲选民的声音”的口号，社会党党团对欧盟委员会主席的候选人有一个中心要求：他或她领导的新委员会必须致力于改善那些经济衰退最严重的人们的日常生活，尤其是失业者和社会中的弱势群体。社会党党团由 27 个国家组织的议员组成，在欧洲议会中为欧洲社会民主主义者的目标和关切而发声。然而，它也与欧盟机构之外的组织密切合作，如欧洲社会主义党和欧洲进步研究基金会。社会党党团由分享社会民主价值观并属于欧洲社会主义党派成员国家的议会议员组成，并且在欧洲议会、欧洲理事会和部长理事会以及区域委员会中都有政治代表。欧洲进步研究基金会（FEPS）是一个类似于生态系统服务的独立智库，鼓励在欧洲范围内的社会民主、社会主义的组织和劳工届交流思想和提供新思路。社会党党团自己的价值观是多文化的、尊重所有宗教信仰的自由、不同信仰开展对话，并在世界各地扩展影响。

针对 2019 年欧洲议会选举，社会党党团发布了题为《欧洲的新社会契约》（A New Social Contract for Europe）的纲领，社会党党团关注多个领域问题。在人权与价值观问题上，主张建立自由民主的欧洲，积极促进民主，增强公民的政治参与水平。在经济领域，主张对欧元区进行实质性的改革；确保在未来贸易协定中加入具有约束力的社会和环保标准、人权、消费者保护和工人权利等条款；在社会领域，主张建立一个为了多数人团结的欧洲，一个平等和公正的欧洲，保障公民的健康。在环保领域，主张应对气候变化，促进欧洲的可持续发展，欧盟到 2050 年要实现碳中和，同时对整个欧盟范围内的二氧化碳排放征税。在外交领域，主张推动联合国改革，欧洲必须成为全世界民主、和平与稳定的灯塔，成为全球社会正义、多边主义、人权、法治、可持续发展和性别平等的基准。在移民和难民问题上，认为欧盟需要一个公平的共同庇护制度和移民政策，确保以公正和有序的方式接纳移民，保持欧盟对边界的有效控制，加强欧盟的警察和司法合作，打击恐怖主义和跨国犯罪，且与北约和其他国际组织进行合作，确保和平与安全。①

二、激进左翼党团（GUE/NGL）内部发展变化

欧洲联合左翼/北欧绿色左翼联盟党团（GUE/NGL）的前身是共产党及联盟党团（COM），是典型的带有激进色彩的左翼党团。1973 年，共产党党团成立，其中意大利共产党影响力最大，其对待欧共体的态度比较消极，在欧洲议会中充当着反对党的角色。在 1979 年的选举中，意共是党团内最大的党，占了 25 个席位，而且其成员一直是党团主席，法共占了 19 个席位。两党一直拥有大多数席位，这两个党派长期以来存在政治分歧。在欧共体创立初期，各成员国的共产党深受苏联共产党的影响，对欧洲联合采取敌对态度。② 欧洲共产党与传统的亲苏派之间产生矛盾，1989 年选举后，两个党派正式分裂，组成了两个新党团。意大利共产党领导的党团，包括西班牙联合左翼和希腊的激进左翼联盟等成员，被称为统一左翼党团（GUE），另一党团则称为左翼团结（CG），主要包括法国、葡萄牙、希腊和来自爱尔兰共产党和工人党的成员。1993 年初，意大利共产党更名为左翼民主党，其部分成员与意大利劳工民主党组成“重建共产党”。

在 1994 年 6 月的欧洲选举之后，欧洲统一左翼党团（GUE）成为政治集团。成员国有西班牙联合左翼、法国共产党、意大利复兴共产主义者、葡萄牙共产党、希腊共产党和希腊的运动和生态左翼联盟。该党团的第一任主席是阿隆索·普埃尔塔（Alonso Puerta）。随着欧盟于 1995 年 1 月扩大到北欧国家和奥地利，激进左翼党团新增加了瑞典绿党（VP）和芬兰左

---

① PES Manifesto 2019，“A New Social Contract for Europe，” Mar. 3rd，2020，https：//www.pes.eu/export/sites/default/.galleries/Documents - gallery/PES - Manifesto - 2019 _ EN. pdf _ 2063069299. pdf.（2020 年 3 月 3 日）

② 李景治、张小劲等：《政党政治视角下的欧洲一体化》，法律出版社 2003 年版，第 261 页。

派联盟（Vas）。与此同时，丹麦的社会主义人民党（SF）又重新加入了该党团，并与瑞典和芬兰共同组成了北欧绿色左派（NGL）组织。该党团更名为欧洲左翼—北欧绿色左翼联盟党团（GUE/NGL）。1998 年，这个党团拥有来自 8 个国家的 34 个成员。1999 年选举后，党团规模扩大，包括 6 名德国民社党成员和 1 名荷兰左翼社会党成员。在意大利，两个经久不衰的共产党—重建共产党和意大利共产党在欧洲议会获得席位，同时加入该党团。

在 1999 年的欧洲选举中，共有 8 个成员从其他党团加入激进左翼党团中。这使得来自 10 个国家的数量达到 49 个议会议员，激进左翼党团在欧洲议会中成为第四大党团。2003 年，作为 10 个新成员国，观察员塞浦路斯（2 个），捷克共和国（3 个），拉脱维亚（1 个）和斯洛伐克（1 个）加入了该党团，并于2004 年5 月 1 日成为正式的议会议员。2004 年6 月的欧洲选举，该党团共有来自 14 个国家的 41 个成员。2009 年以来，激进左翼党团获得 35 个席位，议员来自 12 个国家。激进左翼党团批判激进的市场导向，希望欧洲议会发出一种声音，多关注经济和社会正义、人权和公民自由、性别平等、生态和全球正义。① 自 2012 年3 月 15 日起，德国左派党（DIE. LINKE）的齐默尔（Gabriele Zimmer）一直是党团主席。她是欧洲议会唯一的党团女主席，并在 2014 年的选举中再次当选主席。自 2004 年以来，她一直担任欧洲议会议员。该党团规模增长了 50%，达到 52 个议员。该党团还从芬兰左派联盟（Vas）重新获得芬兰代表，激进左翼党团的 26 名女性和 26 名男子使其成为议会中唯一的男女平等代表团体。在 2019 年欧洲议会选举中，激进左翼党团遭受损失，希腊激进左翼联盟保住了 6 个欧洲议会议员的席位，但与 2015 年的全国大选相比，选票比例不断下降，导致总理齐普拉斯宣布提前举行大选。在西班牙，联合左翼的投票率下降。在荷兰，社会党失去了两个席位。爱尔兰的新芬党也失去了席位。在葡萄牙，左翼阵营增加了投票份额，而共产党—绿色基民盟的联合也失去了选票。

---

① GUE/NGL, “Another Voice in the European Parliament,” June. 1st, 2017, http://www.guengl.eu/showPage.php? ID = 10218 $ LANG = 1&GLANG = 1.（上网时间 2017 年 6 月 1 日）

激进左翼党团拥有广泛的出版物，在宣传页上也会列出有关重要问题的立场，主要政治目标是在欧盟内外打击饥饿、贫穷和社会排斥现象。该党团的立场主要有以下几个方面：一是经济正义，即经济必须为人民服务，必须确保在整个社会、国家和地区公平分配财富；二是环境可持续，即要应对气候变化，争取可持续和公正的环境；三是女权主义，要致力于性别平等，争取同工同酬，确保少数群体享有平等权利；四是权利与自由，确保公民的权利与自由，同时确保公民的信息安全和隐私权；五是和平与团结，认为外交和安全战略必须以和平为基础；六是保障民主，需要提高欧盟机构的透明度，保证民众对欧盟机构和政策的参与和监督。① 在激进左翼党团看来，欧盟必须成为人民的欧盟，不能成为精英的欧盟。②

激进左翼党团呼吁制定保护社会服务的政策，帮助创造新的就业机会，希望关注创造就业的经济政策。而且，该党团正在为欧盟就业政策的新方向而努力，并继续削弱攻击工人权利、工资和工作条件的政策。激进左翼党团作为左翼团体，强调了国际和平与社会和环境正义的关键问题，严格执行“联合国宪章”和其他一切国际法文书。以真正的伙伴关系、互利合作、尊重各国的主权和领土完整为基础，努力建立公正友好的国际关系。欧洲的外交和安全政策应该为世界和平而努力，这意味着激进左翼党团要与世界上所有的国家进行合作。欧洲的外交政策必须建立在人民的需要之上。必须为所有人保证基本的人权和民主自由，谴责欧盟将人权问题置于地缘战略和经济利益之上。该党团认为必须改变国际贸易规则，拒绝放松管制和自由贸易协定。激进左翼党团注重平等，为每个人寻求平等的机会。该党团认为，欧洲各国政府花费数十亿美元用于破坏性军事武器，这笔钱可用于健康、教育和消除贫困。他们反对增加欧盟武器的发展，欧盟应该成为欧洲内外裁军特别是核裁军的力量。激进左翼党团致力于建立平衡的经济关系、进行公平贸易和公平分配世界资源和财富，以确保欧盟

---

① GUE/NGL European United Left/Nordic Green Left,“what we stand for!” Mar. 3rd, 2020, https: //www. guengl. eu/what – we – stand – for/.（2020 年 3 月 3 日）

② GUE/NGL European United Left/Nordic Green Left,“About the group”, Mar. 3rd, 2020, https: //www. guengl. eu/about – the – group/.（2020 年 3 月 3 日）

和世界的稳定和繁荣。呼吁加强欧盟与发展中国家的联系，建立和实施保障社会权利、发展、文化多样性和环境保护的国际规则。激进左翼党团的气候变化愿景是基于历史共同但有区别的责任原则，认为有必要独立设立适应性基金来应对气候变化，这也是对所有国家以透明和公平的方式进行财务管理的一部分。该基金注重评估气候变化的影响和成本，注重发展中国家生物多样性。

三、绿党党团（Greens/EFA）内部发展变化

创建一个欧盟范围内的绿党组织的尝试始于1979年欧洲议会选举，但是没有成功。在1984年选举前，欧洲国家的绿党和绿色组织在布鲁塞尔成立了“欧洲绿党协调”（European Coordinationof Green Parties）。1984—1989年，绿党是政治舞台上的新兴政治力量。1984年，它第一次在直选中进入欧洲政治舞台。德国绿党选举了7名议会议员，另外2个来自比利时，还有2个来自荷兰。由于这些议会议员没有权利让绿党自行组建议会党团，他们与来自意大利、丹麦和爱尔兰等地区的区域主义者的议会议员结盟，组成了“绿色代替欧洲联盟”（GRAEL，Federation of the Green Alternative European Left）。在政治上，他们从事与环境污染和核能源的斗争，通过欧洲机构来促进动物保护等运动。从1984—1989年，欧洲议会中出现了彩虹集团（Rainbow Group，RBW），由3个团体的20名议员构成，一是“绿色代替欧洲联盟（GRAEL，Federation of the Green Alternative European Left）”，二是由一些地方主义团体组成的“欧洲自由联盟（the European Free Alliance）”，三是丹麦反对欧共体人民运动（Agalev - Ecolo，the Danish People’s Movement against Membership of the European Community），在当时欧洲议会的8个党团中，彩虹党团（RBW）组织松散，三个机构从不一起开会。“绿色代替欧洲联盟（GRAEL）”是代表性较强的一个分支，占主导地位，由德国绿党、比利时弗拉芒绿党、荷兰绿党和意大利无产阶级民主党组成。在议会内，通过行使质询权吸引注意力。虽然取得一定的成绩，但内部仍存在一定的问题，如组织结构缺乏效率，轮换制存在缺陷。

1989—1994年：第一个绿党党团。1989年，第一个绿党党团成员有29个。法国、意大利和葡萄牙的绿党成员加入到德国、比利时和荷兰的议

会议员中，该党团还包括来自意大利激进党的一些党员。英国绿党获得最高的整体上的投票权，但是因为英国的多数选举制度而无法获得席位，未能进入议会。为了促进性别平等，绿党党团（G）规定两位联合主席中，至少必须有一名女性，因此采用了创新性的机制。玛丽亚·桑托斯（葡萄牙）和亚历山大·兰格（意大利）当选为第一届联合主席。到议会任期的一半时，他们被阿德莱德·阿格雷塔（意大利）和保罗·兰诺耶（比利时）替换了。绿色党团（Greens/EFA）努力保护欧洲环境、维护世界和平与社会正义，公正地实现全球化。气候变化议题成为绿党政策优先事项的前沿，绿党于1992年在里约参加了地球首脑会议，这也为后来的《京都议定书》奠定了基础。随着1991年发生了第一次海湾战争，和平政策转移到绿色议程的中心。在铁幕垮台后，绿党党团（G）积极迅速推动其与中东欧国家关系的深化。越来越多对转基因生物（GMO）对环境和健康的影响的担忧推动绿党去解决这个问题。1993年，东西欧各国绿党将“欧洲绿党协调”改为欧洲绿党联盟（EFGP），到第四届，他们是议会中最具有凝聚力的团体。党团凝聚力的这些变化影响着政党变化，并不意味着那些在党团之间来回流动的政党对凝聚力没有影响。如前所述，绿党党团凝聚力在第四届任期内增至议会最高。这可能反映出由于德国和欧盟的选举结果，该党团的成员国也发生了变化。

1994—1999年：动荡的时代。1994年欧洲议会选举后，绿党党团（Greens/EFA）的成员由29名减少为23名。当奥地利、芬兰和瑞典于1995年加入欧盟时，该党团又增加了4名成员，共有27名成员。亚历山大·兰格连同德国绿党克劳迪娅·罗斯再次当选联合主席。1995年6月，绿党在新一届法国总统希拉克在斯特拉斯堡举行的欧洲议会全会上发表讲话，于1995年6月举行了一场壮观的反核行动，抗议在穆鲁进行的核试验。反军国主义、和平主义仍然是绿党议程的核心内容。绿党党团成立了维罗纳论坛，旨在促进巴尔干地区和平解决方案。1995年，联合主席亚历山大·兰格悲剧地自杀了。比利时议会议员马格达·阿尔维特与1997年担任联席主席的克劳迪娅·罗斯结伴成联合主席。1998年，欧盟委员会主席保罗·范·布蒂宁向欧盟委员会递交了关于管理不善和裙带关系的文件，特别是针对法国专员伊迪丝·克雷松的问题。由雅克·桑特领导的委员会终于在 1999 年 3 月被迫下台。

1999—2004 年：欧洲绿党的全盛时期。1999 年，绿党党团议员增加到 38 个。海蒂・胡塔拉（芬兰）和保罗・兰诺耶（比利时）当选为该党团的联合主席。同年，德国米夏埃尔・施赖尔成为第一位绿党的欧盟专员，负责预算和反诈骗工作。气候变化成为绿色政策的核心，与美国新任布什政府的运动相呼应，并呼吁抵制任何阻止气候变化措施的美国石油公司。绿党党团长期以来的优先事项是通过更好地保护环境来增加对人类健康的保护，还有对抗转基因生物，促进无转基因生物区和有机农业、粮食安全的发展。为此，该党团于 2003 年推出了食品运动。尽管不同的国家政党之间存在差异，但在欧洲一体化辩论中，绿色运动变得非常突出。绿党党员们非常积极地参与了《基本权利宪章》草案的修订，并积极修订《欧洲公约》。2002 年，丹尼尔・科恩—本迪特和莫妮卡・弗拉索尼成为该党团的共同主席，加强了亲欧立场。与 1989—2014 那届议会一样，绿党党团（Greens/EFA）有两名联合主席：海蒂・奥塔拉和保罗・兰诺伊。

2004—2008 年：适应新的现实。在 2004 年 6 月的选举中，绿党党团（Greens/EFA）赢得 34 个席位，但在 10 个新成员国中绿党并没有赢得任何席位。绿党党团率先在欧盟立法方面进行了一系列战斗，该党团与来自不同行业的游说团体发生冲突。2004 年 6 月，他成为第四大党团。该党团在欧洲议会反对拟议的“软件专利”采取先锋行动，认为欧盟引进美式软件专利将对较小的开源软件开发商带来破坏性的后果。绿党与一个小型非政府组织合作，他们通过了 2005 年 6 月欧洲议会暂停的法律，结束了为期 3 年的立法过程。绿党也在欧盟争取更严格的化学品管制方面发挥了突出作用。以前的立法机关也提出了以化学品注册、评估和授权（REACH）为首字母缩写的欧盟立法建议，目的在于规范欧洲的化学品使用。面对化学工业密集游说，淡化拟议的法律，绿党于 2005 年推出了一项运动。议会最终妥协通过的决定虽然落后于绿党所要求的保护水平，但在保护消费者和环境免受有毒物质方面迈出了重大一步。绿党党团于 2006 年 2 月发起泛欧气候变化运动，该运动呼吁采取更严厉的措施应对气候变化，着眼于减排，特别注重运输和“流动性”。进行核工业重启核能力的斗争，也是绿党党团在这个立法期间的重要课题。该党团于 2006 年 4 月在基辅组织了一次关于切尔诺贝利灾难二十周年的会议，并出版了关于核能的危险和不可行性的研究报告。2005 年，在议会党团进行中期洗牌之后，右翼民族欧洲联盟党团超过了绿党党团，成为第四大党团。

在 2009 年欧洲议会选举之后，绿党党团积极致力于解决欧盟面临的各种问题，提出可持续的解决方案。为应对经济金融危机，该党团一直在推动对全球金融业的有效监管，提高市场透明度，同时确保社会正义和平等。绿党党团一直是欧盟一级的主要参与者，推动将资源效率低、化石燃料依赖型经济转型为更可持续发展的模式。该党团努力确保欧盟在联合国气候谈判中成为国际应对气候变化的领导者，引导欧洲逐步淘汰核电。该党团还指出页岩气提取的固有危险和环境破坏性技术。[①] 对欧盟议程上突出基本权利和自由问题，该党团反对存储乘客数据（PNR）的计划，并确保拒绝有争议的防伪贸易协议（ACTA）来维护个人自由。

绿党党团需要最终解决内部政党的思想分裂问题，在英国采取比例选举制进行欧洲选举之后，英国绿党首次加入该组织。绿党与由 17 个地区党派组成的欧洲自由联盟（EFA）进行合作。欧洲自由联盟（EFA）有 10 个来自威尔士、苏格兰、比利时和西班牙的议员。欧洲自由联盟（EFA）是于 2004 年 3 月在巴塞罗那成立的，它是最早成立的欧洲政党之一，总部设在布鲁塞尔。欧洲自由联盟议员与绿党联合组建了欧洲议会党团，成为第六大党团。欧洲自由联盟（EFA）的议会成员是欧洲议会绿党/欧洲自由联盟小组的成员，自 1999 年欧洲选举以来成立了一个共同的议会小组。欧洲自由联盟（EFA）将无政府主义国家和欧洲地区的政党聚集在一起，致力于使用民主、宪政和和平的手段。他的工作和运动以社会正义和平等的核心原则为基础。对于欧洲无国籍的国家，议员们得到更多的认可，并强调少数民族语言使用者所面临的歧视。该组织是欧洲弱势地区的有力支持者，试图推动欧盟公平使用结构性资金，还特别积极地揭露世界各地的侵犯人权行为。新的绿色代表团和地区主义者加入该党团相对容易，也反映

---

① Greens/EFA, "The EU must become a world leader on renewable," https://www. greens - efa. eu/en/article/press/the - eu - must - become - a - world - leader - on - renewables/.（上网时间：2018 年 1 月 7 日）

了绿党在欧盟内学习妥协与合作的艺术。这个党团的政治发展达到转折点，那就是国家和意识形态派别的转变不再破坏其凝聚力或合作能力。绿党党团的各党派在政治上有一定的认同，总的来说，他们倾向于“左”，该党派的分歧主要是欧洲联合问题。法国和德国的绿党反对联邦目标，比利时和意大利绿党希望深化联合。

针对2019年欧洲议会选举，绿党党团发布了题为《是时候复兴欧洲的承诺了》（Time to Renew the Promise of Europe）的纲领，绿党党团认为环境和气候变化十分重要，制订环境行动计划，并针对环境问题提出一系列具体的措施。在外交领域，主张坚持多边主义，致力于开放和公平的贸易政策，强调《国际劳工标准》和可持续发展目标必须构成贸易条约的基础；欧盟应积极致力于国际裁军，建立共同安全与防务政策。在欧洲经济和科技等问题上，欧盟应抓住人工智能的发展机遇，建立有效且独立的数字部门监管机构；提高金融市场的透明度，征收金融交易税；确保公平的市场竞争环境。该党团认为欧洲议会必须拥有立法权，并将欧洲议会的共同决策权和审查权扩展到所有政策领域；同时主张欧元区结构性改革必须在欧洲议会的充分参与下进行，对欧央行的法律章程进行修改。保障工会和工人权利；建设可持续经济和税收公正的欧洲等。在人权与价值观问题上，该党团认为建立支持两性平等、人权、民主和多样性的欧盟，关注社会公平问题，并且认为应该建立具有约束力的机制，以监测成员国的民主和法制状况。①

在2019年欧洲议会选举中，绿党党团在几个成员国中取得新进展，特别是德国绿党赢得20.5%的选票，选举出21个欧洲议会议员，第二名是卢森堡（18.9%），第三名是芬兰（16.0%）。强劲的绿色表现主要是北欧和西欧的现象，绿党没有赢得意大利、希腊和中东欧国家的席位。绿党在2014年表现良好的国家（奥地利和瑞典）也有所回落。绿党党团旨在建立一个尊重基本人权和环境正义的欧洲社会，认为当前的欧盟过于强调其经

① Manifesto 2019，“Time to renew the promise of Europe，” Mar. 2nd，2020，https：//europeangreens. eu/sites/europeangreens. eu/files/8. % 20PROOFREAD% 20Adopted% 20% 20EGP% 20Manifesto%202019. pdf.（上网时间：2020年3月2日）

济观念，以牺牲社会、文化和生态价值为代价。该党团主张进行经济和社会改革，实现可持续发展；强调将贸易、安全和社会问题与环境，文化和民主权利联系在一起，设立更高的生态、社会和民主标准；改进民主参与政治决策的结构，确保社会各阶层的政治参与，保证女性的平等权利等。①

第三节　欧洲议会左翼党团发展变化特点和反映的问题

欧洲议会党团这个超国家性的组织，具有自身发展特点。欧洲议会党团是欧洲议会一级重要决策组织，欧洲议会党团不断为欧洲政党体系的形成创造条件。这个过程中党团随着时代发展潮流而变化，同时还受到欧洲各国国内形势和政党转型等因素的影响，呈现出几个主要特点，并且反映了当代欧洲政治中凸显出的主要问题。

一、欧洲议会党团变化的特点

党团的变化具有自身的特点，同时欧洲议会党团的格局变化受内外部因素的影响，如今的党团格局依然保持着左右翼党团分明的现象，党团内部的政党也有一定的流动性，各党团实力不同，稳定性不同，影响力也不同。经过分析党团格局变化和左翼党团内部变化情况，总结了欧洲议会党团的变化特点，主要包括以下四个方面：

（一）发展不平衡，但保持稳定的数量变动区间

党团发展具有不平衡性，党团越大，稳定性越强。比如，党团成立之初的三大党团—基督教民主党党团（Christian Democratic Group，CD）、自由民主和联盟党团（Group of Liberals and Allies，L）和社会党党团（Group of the Socialists，S），现在依然稳固存在。党团越小，政党越容易发生更换、分裂、重新组合，不少政党离开小党团而加入到两个最大的党团。比如，意大利共产党离开了激进左翼党团（GUE/NGL）后，加入欧洲社会党党团（S&D）。有些党团昙花一现，也有些党团如激进左翼党团还长期

① The GREENS/EFA in the European Parliament，“About the Group，” Mar. 3rd，2020，https：//www. greens－efa. eu/en/our－group/about－greens－efa/.（上网时间：2020 年 3 月 3 日）

存在。外国学者西蒙·希克斯认为，欧洲议会党团体制就是“两大党团+多个小党团”模式，两大党团是指人民党党团（EPP）和社会党党团（S&D），其他小党团占据3%—10%的议席。两大党团几乎控制了欧洲议会的政治过程。① 长期以来，欧洲议会党团的传统格局没有变，只不过欧洲议会的政党体系变得越来越“极化”。2014年欧洲议会选举，两大党团共获得412个席位。在一个政治体系内，有2—3个中等规模的政党，同时伴随3—5个小党；传统意义的大党已不存在，中等规模的政党成为大党。这一多党体系变动的灵活性在逐渐增强，政党融合与政党分裂同时进行。虽然2014年欧洲议会选举再次体现了“次等选举”的特征：大党失利、小党获胜和低投票率，但是这一趋势在国内大选中业已显现出来。② 分析发现，党团化比例较高，独立议员虽然每次选举参与其中，但比例极小，大党团发展较为稳定。

表2—1体现了2019年欧洲议会选举后最新的党团规模和成员国代表团情况。自1979年第一次直接选举以来，每一个任期都显示了欧洲议会党团的相对规模。这些数据以总席位的百分比表示，是指7月每届议会任期开始时的制宪会议。在欧洲议会迄今的9个任期内，在议会中有代表的成员国政党数目的增加超过了成员国和议会议员人数的连续增加。③ 虽然党团的数量在7到10个之间波动，但随着时间的推移，组建党团的门槛已经提高，党团包括来自更多成员国的更多政党成员，如今有203个政党，而1999年为127个，1979年为57个。2018年选举出现了急剧上升的趋势，2019年欧洲议会选举的投票率增加了8.3个百分点。④ 从1979年至2019

① Hix Simon, Abdul Noury and Gerard Roland, “Democratic Politics in the European Parliament,” Cambridge: Cambridge University Press, 2007, p. 26.

② Cas Mudde, “The European Parliament Elections Show the Increasingly Fragmented Nature of European Party Systems,” June. 12th, 2016, http://blogs.lse.ac.uk/europpblog/2014/06/12/the-european-parliament-elections-show-the-increasingly-fragmented-nature-of-european-party-systems/.（上网时间：2016年6月12日）

③ Giulio Sabbati, “European Parliament: Facts and Figures,” European Parliamentary Research Service Members' Research Service, p. 4.

④ Giulio Sabbati, “European Parliament: Facts and Figures,” European Parliamentary Research Service Members' Research Service, p. 7.

年，党团数量的变化反映了当前欧洲政党政治的基本格局的变化。随着欧洲左翼政党和运动主体变得复杂化，欧洲议会党团发生变化，欧洲议会的发展壮大制约着欧洲议会党团的规模。欧洲议会党团规模的不断变动，又反映出政党间的利益重组。

表2—1　2019年欧洲议会党团规模、各党团主席及各党团最大成员国政党代表团①

党团	党团主席/联合主席	党团人数	党团内最大成员国政党代表团
EPP	Manfred Weber（Germany）	187	德国联盟党（29名）
S&D	Iratxe García（Spain）	147	西班牙工人社会党（21名）
Renew Europe	Dacian Cioloș（Romania）	98	法国中间派（共和国前进党、民主运动等）（23名）
ID	Marco Zanni（Italy）	76	意大利北方联盟（29名）
Greens/EFA	Ska Keller（Germany），PhilippeLamberts（Belgium）	67	德国绿党（25名）
ECR	Ryszard Legutko（Poland），Raffaele Fitto（Italy）	61	波兰法律与公正党（27名）
GUE/NGL	Manon Aubry（France），Martin Schirdewan（Germany）	38	希腊、法国、西班牙左翼政党（各6名）

（二）逐渐呈现出向左转到向右转的趋势

欧洲议会党团总的发展趋势是左右两极势力竞争，但左右翼相比，左翼逐渐不敌右翼。中左翼势力自1989年逐渐下滑，极左力量增长缓慢；非主流政党，包括极右党团和其他（无党团议员）势力增长较快。② 自1979

① "Browse table MEPs by Member State and political group," https：//www.europarl.europa.eu/meps/en/search/table；"Parliament's seven political groups," Mar.3rd，2020，https：//www.europarl.europa.eu/news/en/headlines/eu－affairs/20190612STO54311/parliament－s－seven－political－groups.（上网时间：2020年3月3日）

② 张磊：《2014年欧洲议会选举探析》，《欧洲研究》2014年第4期。

年以来，激进左翼所占比例呈现逐渐下降的趋势，社会民主党保持着逐渐增多再到逐渐减小的趋势，绿党和地区主义者呈现逐年增加的趋势，自由党和激进联盟大体没有发生变化，保守主义者呈现逐渐减少的趋势，人民党党团经历了从逐渐增加到逐渐减小的发展。长期以来，两大党团势均力敌。

目前，从欧洲议会中按照意识形态、政策偏向和组织来源来看，欧洲的左翼政党在自身发展历史上经历了多次转型。而政党的转型必然涉及到相应党团的变化，因为党团中的政党是其组成部分，如果左翼政党发生变化，那么，左翼政党的影响力也会受到一定的影响，左翼党团也会有相应的一些变化。党团与政党相互影响，分析左翼政党的类型变化，可从细节中窥探出其内部出现右转趋势。比如，19 世纪，社会民主党是革命的无产阶级群众党；进入 20 世纪，社会民主党开始发生变革，变为改良主义工人党；20 世纪中叶，社会民主党变成改良主义的全民党。西欧社会民主党共经历三次自由主义化：第一次是伯恩施坦修正主义的泛滥，第二次是 1959 年《哥德斯堡纲领》的诞生，第三次是 90 年代“第三条道路”的出台。可以发现社会民主党在政党转型的过程中逐渐呈现出向右偏移的现象，而这也多少与欧洲议会中的左翼党团向右转的趋势有关联。整个欧洲的政治思潮在第二次世界大战后，先逐渐向左转，又逐渐向右转。二战后，全世界范围内的政治气候普遍向左转。20 世纪 70 年代，随着全球经济化的发展，新自由主义开始渗透，欧洲以至世界政治思潮普遍向右转。共产主义政党社会民主主义化，社会民主党自由主义化，还发生了自由主义与保守主义的结合。西欧整个政治的主趋势就是在政治上持保守的态度，推行新自由主义。到了 20 世纪 80 年代后，右转趋势还在继续进行，经历 90 年代的苏联解体和东欧剧变，部分社会民主党暂时还上台执政。到了 21 世纪，保守党的势力在继续增强，2005 年的德国大选和 2007 年的法国总统大选显示了右翼势力的成功。之后，民粹主义政党纷纷表现出强大的吸引力，尤其是反移民的极右翼政党取得历史性的突破，极右翼崇尚保守主义，具有排外主义与反移民倾向。许多中右翼的支持者转向投靠极右翼政党，极右翼政党对欧洲议会和对各国国内政治的影响逐渐增强，极右翼政党可能间接导致欧盟政策制定更困难，且右翼党团中的成员国政党和政府可能会纷纷接近极右翼政党并调整政策。从长期来看，欧洲政坛右转的趋势一时难以发生逆转。

（三）党团变化带有鲜明的时代特征，有独特的发展方式

欧洲议会左翼党团的内部组成和表现形式随时代发展而发生变化，欧洲议会左翼党团的政党主体成分还是社会民主主义政党、共产主义政党和绿党这三大类。随着世界格局的变化，欧洲左翼的格局变化可以从西欧左翼政党发展过程中窥见：19 世纪下半叶，科学社会主义结合工人运动产生了大规模的社会民主主义运动。在 20 世纪之交，共产党和社会民主党由于基本立场的不同而分离。20 世纪 20 年代，一些独立的知识分子脱离了社会党和共产党。20 世纪 60 年代，新社会运动登上历史舞台，开始了大规模的社会运动。20 世纪 90 年代后，以新自由主义为主的经济全球化应运而生，新形式的大规模社会抗议形成。

左翼政党自身的发展具有鲜明的时代性，那么左翼党团的构成与变化，也同样在不同时代背景下具有独特的特点和时代性。信息社会的全球化和发展改变了传统的生产方式，导致社会结构发生变化。社会流动的加速改变了传统社会结构的稳定，多层次的群体和社会意识形态越来越多元化。然而，欧洲的左翼运动的主体和欧盟的表现必将随着时间的推移而变得更加丰富多彩，反映出时代的最新特点。欧洲左翼党团的各个组成部分从实际出发，创造了独特的发展模式。目前，尽管欧洲各方反对并批判资本主义秩序，主张欧洲左翼发生某种形式的改变或替代，但不同的主体有不同的特点，不同的实践目标和多种形式的斗争决定了发展模式的差异，必须具体问题具体分析，从实际出发，根据新情况和新问题来制定新的斗争战略。如传统的左翼共产主义者和社会民主党人，必须通过议会的政治斗争来限制资本的权力，尽力反映社会公平、保护工人阶级的权益；而新社会运动力量直接表达自己的意愿，采取更为激进的方式，对资本主义统治秩序形成一定影响。欧洲这三类左翼政党在生存和发展的需要下，都纷纷根据自身优势来制定独特的发展策略，而成员党也都在左翼党团中提出不同倡议，给左翼党团添加了新鲜的元素。欧洲左翼运动的实际目标正在向更多样化的方向演变。总之，欧洲左翼的活动方式多种多样，相互交

织，相辅相成，呈现蓬勃发展的态势。①

（四）党团内部都经历过分裂组合的变化

各党团内部不断发生分化、组合，部分名称也发生了变化。以三大左翼党团为例来进行分析：

第一，社会党党团的变化。在西欧，社会民主党已经成为中左翼的主流。从表2—2可以清晰地看到社会主义党团的变化，社会主义者党党团（S）是1953年6月23日在欧洲煤钢共同体大会上成立的第一个党团。同时，各国政党也在欧洲议会之外行动起来，于1974年创立了“欧共体社会党联合会”，于1992年建立“欧洲社会主义党”。因此，党团始终保持“社会主义者党党团（S）”的名称，于1993年4月21日更名为“欧洲社会主义者党团（PES）”，该党团在2004年7月20日恢复了原名“社会主义者党党团（S）”。2009年6月23日，又更为“社会党和民主主义者进步联盟党团（S&D）”。

表2—2　社会主义党团的变化时间表

党团名称	法文简称	英文简称	官方欧洲议会英文名称	时间
社会主义者党	n/a	S	Group of the Socialists	1953年6月23日—1958年
社会主义者党	n/a	SOC	Socialist Group	1958年—1993年4月21日
欧洲社会主义者党团	PSE	PES	Group of the Party of European Socialists（直到2004年7月20日） Socialist Group in the European Parliament（自从2004年7月20日）	1993年4月21日—2009年6月23日

① 姜辉：《西方左右翼政治划分面临的挑战及其继续存在的可能性——兼论西方左翼的发展前途》，《马克思主义研究》2005年第5期。

续表

党团名称	法文简称	英文简称	官方欧洲议会英文名称	时间
欧洲议会社会党和民主主义者进步联盟党团	S&D	S&D	Group of the Progressive Alliance of Socialists and Democrats in the European Parliament	2009 年 6 月 23 日至今

资料来源："Political groups of the European Parliament," Mar. 3rd, 2020, https://en.wikipedia.org/wiki/Political_groups_of_the_European_Parliament#Social_Democrats.

第二，共产主义党团。从表 2—3 可以清楚地看到共产主义党团的变化。第一个共产主义党团是"共产主义者和联盟党团（COM）"，他成立于 1973 年的 10 月 16 日，一直保持到 1989 年 7 月 25 日，之后分成两个党团，"左翼团结（Left Unity，LU）"党团有 14 名成员，"欧洲统一左翼党团（GUE）"，有 28 名成员。在 1993 年 1 月，意大利共产党成为社会民主党后，欧洲统一左翼党团（GUE）就崩溃了，其成员加入了社会党党团（PES），在 1994 年的选举之前，左翼团结（LU）成为唯一的左派党团。1994 年 7 月 19 日，"欧洲联合左翼（GUE）"成立，名称更改。1995 年 1 月 6 日，瑞典和芬兰加入，党团被更名为"欧洲联合左翼/北欧绿党联盟党团（GUE/NGL）"，并一直保持至今。

表 2—3　共产主义党团的变化时间表

党团名字	法文简称	英文简称	官方欧洲议会英文名称	时间
共产党和联盟	n/a	COM	Communist and Allies Group	1973 年 10 月 16 日—1989 年 7 月 25 日
欧洲统一左翼	GUE	EUL	Group for the European United Left	1989 年 7 月 25 日—1993 年 1 月
左翼团结	CG	LU	Left Unity	1989 年 7 月 25 日—1994 年 7 月 19 日

续表

党团名字	法文简称	英文简称	官方欧洲议会英文名称	时间
欧洲联合左翼	GUE	EUL	Confederal Group of the European United Left	1994 年 7 月 19 日—1995 年 1 月 6 日
欧洲联合左翼/北欧绿色左翼	GUE/NGL	EUL/NGL	Confederal Group of the European United Left – Nordic Green Left	1995 年 1 月 6 日至今

资料来源："Political groups of the European Parliament," Mar. 3rd, 2020, https://en.wikipedia.org/wiki/Political_groups_of_the_European_Parliament#S.

第三，绿党党团/地区主义者。从表 2—4 可以看出绿党党团的变化。在 1984 年，绿党和地区主义者共同组成了彩虹党团（RBW）。在 1989 年，彩虹党团（RBW）分裂，绿党分离了出去，组成了"绿党党团（The Green Group in the European Parliament，G）"，地区主义者仍留在彩虹党团（Rainbow Group in the European Parliament，RBW）内。彩虹党团（RBW）于 1994 年崩溃，其成员在法国能源激进派影响下加入"欧洲激进联盟党团（Europe Radical Alliance，ERA）"。绿党和地区主义者在 1999 年前，保持着分裂的状态，之后他们又在"绿党/欧洲自由联盟党团（Green/EFA）"的旗帜下合并。

表 2—4　绿党党团的变化时间表

党团名称	法文简称	英文简称	官方欧洲议会英文名称	时间
彩虹党团	ARC	RBW	Rainbow Group: Federation of the Green Alternative European Left, Agalev – Ecolo, the Danish People's Movement against Membership of the European Community and the European Free Alliance in the European Parliament	1989—1989 年

续表

党团名称	法文简称	英文简称	官方欧洲议会英文名称	时间
彩虹党团	ARC	RBW	Rainbow Group in the European Parliament	1989—1994 年
绿党党团	V	G	The Green Group in the European Parliament	1989—1999 年
绿党和欧洲自由联盟党团	Verts/ALE	Green/EFA	Group of the Greens – European Free Alliance	1999 年至今

资料来源："Political groups of the European Parliament," Mar. 3rd, 2020, https://en.wikipedia.org/wiki/Political_groups_of_the_European_Parliament#S.

二、欧洲议会党团格局变化反映出的问题

党团不断发生变化，可以分为内部原因和外部原因。从外部条件看，主要是欧洲社会出现了民粹主义潮流，极左翼和极右翼崛起抢夺了其他左翼政党的阶级基础，这使得激进左翼边缘化，主流左翼陷入困境。而从内部原因看，主流政党自身的功能日渐衰弱，没有吸引人的选举政策，选民的态度冷漠，使得投票率不断下降。

（一）选举人热情减退，投票率出现浮动

"1979 年欧洲议会举行第一次选举，当时有 61.99% 的选民踊跃投票，但此后历次投票率均有所下滑，到 2004 年，欧洲 25 国的投票率跌至 45.47%。"① 从图 2—1 看出，历次欧洲选举民众的投票率呈下降趋势，到 2014 年，投票率比 1979 年下降了 19.45 个百分点。选举人的热情减退，对主流左翼政党的投票率下跌。可以清楚地看到在欧洲议会各国投票率除 2019 年外，均持下降趋势，社会党党团和人民党党团作为势均力敌的两大党团，获得的议席几乎差不多。人民党党团自 1999 年超过社会党党团的议席后，一直处于领先的位置。除了在欧洲议会选举外，在欧洲国家也是如此，在 2009 年 6 月 4 日至 6 日举行的英国议会选举中，工党只获得了

① 赵伯英：《2009 年欧洲议会选举及其影响》，《当代世界》2009 年第 9 期。

15.3%的选票，比2004年下降了7个百分点。在2010年，匈牙利社会党在议会选举只获得19.3%的选票；2011年，葡萄牙社会党在议会选举中失败。西班牙社会党在2011年11议会选举中只获得了28.67%的选票，而右派人民党则获得44.77%的选票。[①] 越来越多的选民支持右翼势力，从2009年到2015年，希腊共举行了五次议会选举。左翼力量激进左翼联盟的支持率从4.5%上升到36.3%，成为全国最大的政党。2015年12月，西班牙“我们能”党赢得了第一次选举，获得了20.7%的选票。2016年6月，由西班牙“我们能”党领导的左翼联盟以21.2%的得票率获得第三名的好成绩。但在2019年希腊议会选举中，激进左翼联盟不敌右翼政党新民主党，成绩大大下滑，失去了执政机会，其他国家的主流左翼政党也表现平平。

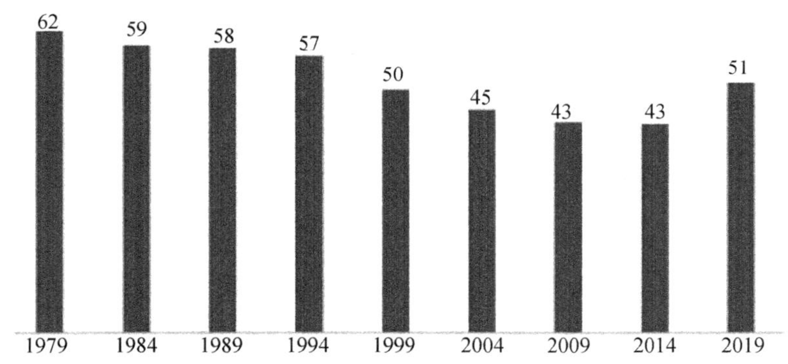

图2—1　历届欧洲议会选举中民众的投票率

资料来源：“Turnout 2014 - European Parliament,” May. 25th, 2016, http://www. Results - elections2014. eu.

（二）欧洲新兴左翼民粹化

新兴左翼政党主要是指除了像主流左翼和激进左翼之外的，具有极端主义色彩的政党，比如，希腊的“激进左翼联盟”和意大利的“五星运

① 蒯正明、蒋苗苗：《主权债务危机背景下欧洲左翼政党发展的状况及其评析》，《江西师范大学学报》2013年第6期。

动”党等。新兴的左翼政党发展速度惊人，且对原有的左翼政党构成了一定的冲击力，比如，成立于 2014 年 3 月的西班牙“我们能”党，起源于伊格莱西亚反腐败的具有左派民粹主义风格的抗议运动。在 2014 年欧洲议会选举中，该党获得欧洲议会 5 个席位。然而，在欧债危机的背景下欧洲新兴左派与传统左翼的最大区别在于，它的主要阶级基础从纯粹的工人阶级转向社会上具有愤怒情绪的人。比如，失业人员和青年学生。在组织结构上，新兴的左翼政党与传统政党结构不同，新兴左翼政党的组织结构分散，他们开展活动很多是通过互联网等社交媒体。新兴左翼政党更关注社交媒体的作用，支持在线加入该党，可以参与捐赠，讨论和计划行动，自由表达意见，也可以参与制定党的方案和政策等。与传统的左翼人士相比，新兴的欧洲左翼政党更加开放和灵活，因此，也得到广泛的民众支持。然而，欧洲新兴左翼政党的缺陷也是很明显的。他们一般缺乏管理国家和政府的经验，解构欧洲政治的能力远远大于其构建能力。治理能力低下是欧洲新兴左派政党进一步发展的最大制约因素。①

（三）欧洲极右翼势力崛起

在 1979 年首次直选后，极右翼政治派别在议会中代表得到了加强。为了能够以统一的声音参加议会工作，右翼势力反复企图组建右翼极端主义党团，并充分利用所涉及的财务和组织利益。例如，1984 年，在法国前国务委员会勒庞的领导下，成立了右翼极端主义政党第一个政治集团—“欧洲右翼”。后来改为“欧洲自由民主党团”，它既包含右翼民粹主义成员，又包含右翼极端成员。一些右翼民粹主义者属于脱离欧洲保守派和欧洲人民党的“改革派”组织。右翼民粹主义和极端主义政党也在寻求通过设立欧洲一级的政党“欧洲党派”来获得议会的财政补贴。2012 年 3 月，欧洲议会批准从欧盟预算向“欧洲国家运动联盟”（AENM）支付约 29 万欧元，其成员包括来自法国阵线（2011 年底离开议会）的成员，还有其他右翼极端主义政党的代表等。“自由民主欧洲运动”（MELD）包括丹麦人民党、希腊人民党、斯洛伐克民族党和意大利议会的代表，它在 2012 年获得了大约 62. 1 万欧元。

---

① 田德文：《欧洲左翼的彷徨与转型》，《人民论坛》2017 年第 5 期。

自20世纪80年代后期以来，欧洲各国的右翼极端主义政党的运动和次级文化逐渐增强。这体现在国家和欧洲层面的选举成就、右翼极端主义运动成员数量的增长以及亚文化群体的吸引力增加上，特别是对青年人的吸引力。德国民主党、瑞典民主党、法国国民阵线、丹麦人民党，荷兰自由党等在地区、国家层面和欧洲方面都取得选举成功。极权在亚文化层面上也不断取得成功。在亚文化层面，互联网在交流和传播宣传方面发挥着核心作用，各国右翼极端主义分子之间的跨国合作成效显著。右翼极端主义分子国外之间的联系加剧，交流渠道有所改善，信息定期交流机制形成。在整个欧洲，右翼民粹主义政党的选举成绩是显而易见的。尤其对于年轻人来说，通过亚文化网络加入极端主义群体比直接参与政党更有吸引力。年轻人通过音乐、时尚和休闲活动引入右翼极端主义思维，然后通过购买某些服装品牌和唱片以及参加音乐会来支持右翼组织。除此之外，音乐和相关意识形态的传播，影响了青年人的态度。在一些国家，可以看到右翼政党增加了对“暴力”有关词汇的使用。尤其是在德国、瑞士、法国和荷兰，右翼极端分子越来越诉诸暴力。极右翼民粹主义者和极端主义者试图采取一种非常简单的叙述，采用侵略性和仇恨的修辞形容社会经历的困难，并提出了明显不太可行的建议。

（四）激进左翼边缘化，主流左翼政党陷入困境

二战后，欧洲主流左翼主要是社会民主党，激进左翼主要是共产主义政党。欧洲激进左翼与中左翼政党相比，是更左的“民主社会主义”，但其比社会民主党更加支持通过激进的方式走社会主义道路。长期以来，由于激进左翼政党势单力薄，一直难以进入政治主流，他更多扮演了“抗议党”和“反体制”的角色。在2008年金融危机背景下，欧洲的债务危机情况严峻。由于“大萧条”的发生，欧洲主流政党在选举中遭遇挫折，挑战者政党在欧洲各国政党体系中实力不断增强。而面对激进左翼与极右翼政党抢夺政治空间，主流左翼陷入困境。为赢得选举，社会民主党等主流左翼政党只能弱化其意识形态色彩，通过吸收一些反建制力量来获得更多的选票。在选举的压力下，效仿激进和极端政党的某些主张。比如，移民问题是当下重要的社会问题，成为欧洲社会发展的热点问题。民粹主义政党的言论就集中在移民问题上，强调移民问题是一种负担，甚至是一种侵

略，并将移民与经济危机的后果联系起来。由于极右翼政党采取了吸引移民的政策，即使右翼极端主义政党在国家或欧洲层面上没有代表的国家，仍然可以在区域和地方层面争取到更多的选票。所以，部分移民转而支持右翼政党，极右翼就赢得越来越多的选票。于是，有些传统中左派政党学习极右翼政党的某些做法，为了讨好选民，开始在移民问题上右倾化。右翼极端主义和民粹主义政党和运动的兴起，反映出右翼民粹主义、极端主义政党和运动的盛行趋势。主流左翼政党推进欧盟一体化的作用也受到影响，激进或极端左翼政党力量上升，民粹主义进一步发展，这都对欧洲议会所塑造的价值观产生了分化，也冲击了欧盟的权力。

第 三 章

欧洲议会左翼党团的理论探索

欧洲议会的左翼党团作为反对右翼保守势力的主要对手，代表着社会进步的新方向，尽管不同的左翼党团的政治理论在意识形态、政策理论纲领等方面存在分歧，甚至有尖锐的斗争，但他们仍具有共性。人们习惯于把社会民主党—民主社会主义、共产党—欧洲共产主义、绿党—生态社会主义等统称为左翼。[①] 这三种类型的左翼政党随着时间的变化，不断进行着政策变革，在制定政策的过程中也相互影响。这三类左翼政党的政策转变有历史节点，十月革命胜利之后，各国革命左派纷纷与社会民主党母体脱离，建立了共产党。[②] 二战后，社会民主党以《哥德斯堡纲领》为标志，放弃了马克思主义的指导地位。20 世纪 80 年代末 90 年代初，欧洲社会民主党再次修正政党纲领与意识形态。英国工党领袖布莱尔提出“第三条道路”。[③] 欧洲的绿党除强调环境议题外，在经济与社会议题上持左翼立场。虽然绿党一直试图超越传统的左右政治分野，但它们还是被划入左翼政治阵营。当今，三大左翼党团纷纷在各自党团内部制定了独具特色的理论政策，从经济、政治、文化、社会、生态、外交六个方面对三大左翼党团的理论政策和优先事项依次进行阐述，并且总结对比了左翼党团之间的理论政策趋同，主要包括农业和渔业、环境和能源、经济和金融、外交和安全、公民权利和义务五个方面，差异有转基因食品、旅行者安全和卫生保

---

① 刘玉安、蒋锐：《从民主社会主义到社会民主主义》，人民出版社 2010 年版，第 246 页。

② 黄宗良、孔寒冰主编：《世界社会主义史论》，北京大学出版社 2005 年版，第 188 页。

③ PES，“PES Fundamental Program，” May. 2nd，2017，http：//www. pes. eu.（上网时间：2017 年 5 月 2 日）

健等方面。对于左翼、右翼党团之间理论政策的趋同主要包括凝聚力政策的制定实施、农业和渔业发展、对民主自由和人权等的认知、对预算问题和外交国际事务方面的认识，另外，主要差异体现在经济政策和社会政策、生态政策上。总体上看，中右党团的政策重点是自由经济、单一市场和工业政策，而左翼党团更加强调的是社会政策、公民自由和环境议程。这对认清和把握左翼党团的主张和实践有一定的作用。

第一节　欧洲议会三大左翼党团的理论政策

欧洲议会三大左翼党团各自制定了建设性的理论政策，每个党团都可以按照政治、经济、文化、生态、社会、外交六大方面来进行阐述。由于左翼党团不断发展和完善，理论政策分别在官网上有所介绍，且许多党团的议员还对党团新出台的理论政策进行解读，以期被欧洲议会采纳，得到社会民众的大力支持。以下对左翼党团的理论政策进行介绍。

一、社会党党团（S&D）的理论探索和政策规定

在官方网站上对社会党党团的政策大致分为以下 11 项：文化和教育；发展合作和人道主义援助；经济事务、税收和欧盟预算；就业、社会事务和性别平等；环境、健康、农业和渔业；外交、人权、安全和防务、工业、研究和能源；内部市场和消费者保护；国际贸易与全球化；正义、自由、公民身份和家庭事务；运输、旅游和地区。[①] 可以分为以下几类进行阐述：

（一）政治上

社会党党团致力于发展合作和实施人道主义援助，立足于帮助世界生活在极度贫困中的人摆脱现状。社会党党团推动欧盟保持全球领导地位，“发展共识”是欧盟发展战略的框架。如果要在实现可持续发展目标方面取得真正进展，需要通过“发展共识”来制定政策，以确定如何消除不平

---

① S&D, “Policies,” May. 2nd, 2017, http: //www. socialistsanddemocrats. eu/policies. （上网时间：2017 年 5 月 2 日）

等现象，并提出激进的新计划来实现目标。社会党党团现在与过去有一套不同的优先事项，但必须非常清楚地认识到，发展政策的作用首先是与贫困作斗争，以解决引起移徙和不稳定等全球问题。社会党党团认为要做好欧盟提供援助的准备，并加强不同援助提供者间协调，是实现有效的人道主义危机管理的必要步骤。更多关注援助人员的安全问题，确保人道主义援助与发展合作间的有效联系，特别是确保能获得长期处于政治冲突的受苦人民的充分支持。①

针对极端主义、民粹主义、民族主义和仇外心理，工作小组在欧洲议会和其成员国、非政府组织和专家间要不断交换意见。有报告显示，欧洲对少数群体的宽容程度较低，特别是对穆斯林的态度。社会党党团一再呼吁成员国解除反歧视的不当措施，2012 年 7 月，反对派设法通过了关于匈牙利基本权利状况的决议。2013 年 3 月 14 日，社会党党团支持并通过加强打击种族主义、仇外心理和仇恨犯罪的决议，要求加强所有的欧洲刑法文书，以便更有效地打击这些罪行，同时遵守言论自由的原则；还请理事会修订《2008/913/JHA 框架决定》，通过刑法打击种族主义和仇外心理的某些表现形式，将其内容扩展到反犹太主义、反吉普赛主义、同性恋恐惧症和反恐怖主义的示威和行为。② 该党团一直在监督并及时应对违背自由和包容的欧洲原则的事件或活动，定期组织与民间社会、记者、专家和不同社区代表的会议和辩论。社会党党团在欧洲议会全体会议上进行辩论，并呼吁欧盟委员会和欧盟理事会采取行动。社会党党团揭示民粹主义和极端主义言论背后的现实，认为决不能屈服于民粹主义，并不断地开展宣传活动，称要揭示民粹主义和极端主义的真面目。

（二）经济上

一是经济事务、税收政策。认为共享货币，而不追求经济和社会目标

---

① S&D, “Development co - operation & humanitarian aid,” May. 2nd, 2017, http: //www. socialistsanddemocrats. eu/policies/development - co - operation - humanitarian - aid - 0. （上网时间：2017 年 5 月 2 日）

② S&D, “EU migration debate: European Socialists and Democrats urge reason and real facts ahead of JHA Council,” Dec. 4th, 2019, http: //www. socialistsanddemocrats. eu/newsroom/eu - migration - debate - european - socialists - and - democrats - urge - reason - and - real - facts - ahead - jha. （上网时间：2019 年 12 月 4 日）

会导致不稳定，并且违背欧洲的共同价值观，社会党党团的愿景是建立更强大的联盟来解决这些不平衡的问题，也在努力争取打击税务欺诈和避税行动。欧洲需要更科学详实的预算，这样才能有资源来应对欧洲面临的诸多挑战。

二是经济和货币联盟工作（EMU）。欧元区初步设计中的缺陷使得全球经济危机的影响越来越深，承受了巨大的经济代价，还造成欧盟成员国内部和欧盟成员国之间的政治紧张局势。如果不进行重大改革来改善经济和货币联盟工作（EMU），欧盟就不可能摆脱金融危机，也不会实现民主的、可持续、有凝聚力、有竞争力的成功模式。为了保证经济和货币联盟工作（EMU）的长期可持续性，经济和货币联盟工作（EMU）改革需要重新启动。社会党党团想要通过欧洲存款担保计划来实现银行业联盟，提高欧元区财政能力工作，协调成员国之间的经济政策。

三是负责任的、受监管的金融部门。社会党党团支持金融部门的分行改革，对银行、对冲基金和金融机构进行有效的监管。支持资本市场联盟计划，通过适当的立法防止出现系统性风险，确保建立强有力的监督机制，对中小企业和公民实行高度保护。修订多边金融框架（2014—2020年）战略，社会党党团关心多年金融框架下可用资源结构不足和资源稀缺的问题。社会党党团在2014—2020年期间强调了资源减少的影响。欧洲议会，特别是社会党党团强烈反对裁减资源，要求对多年筹资框架进行强制性中期审查，然后进行修订，就改革欧盟融资制度的路线图达成一致意见。

四是实施公平的税收。社会党党团批判大型跨国公司利用法律上的漏洞牟取暴利和躲避税收。社会党党团主张在欧洲公平分享税收制度，消除漏洞，从而带来数十亿欧元的就业。社会党党团提出一套公正合理的欧盟立法方案以建立公平和高效的税收制度，提出了几个欧盟国家之间商定的金融交易税（FTT）。①

五是工业和创新性研究。社会党党团提出了“把工业放在心上”的欧

① S&D, “Economic affairs, tax & the EU budget,” Dec. 4th, 2019, http://www.socialistsand-democrats.eu/policies/economic-affairs-tax-eu-budget-0.（上网时间：2019年12月4日）

洲愿景，强调要重振欧洲工业，转向可持续的生产模式，增强欧洲的竞争力。认为欧洲在尖端产业、环境技术、能源效率、设计和创新方面存在优势，必须把研究、开发和教育作为优先事项。欧洲的技术和创新劳动力是其最大的长期竞争优势，应专注于培训，加强管理层与工人之间的对话。物联网、5G、云计算、数据分析等从根本上改变了设计、生产、销售和创造价值的方式，需要确保已制定相关政策，继续挖掘欧洲工业巨大潜力，并使得消费者和工人的利益管理数字化。更好地管理工业变革和重组，通过欧盟立法保障员工得到更好的保护和规划，为员工提供更多的信息和咨询。①

六是内部市场和消费者保护。创建拥有超过 5 亿消费者的综合单一市场，对欧洲来说是巨大的成功。社会党党团长期以来一直注重加强消费者保护，特别是对弱势群体支持者的保护。将继续争取为消费者提供更好的信息保护，确保公民对欧盟的商品和服务有信心。欧盟正经历一场在政治、社会、经济和文化方面影响日常生活的数字革命。需要制定新的数字政策，以挖掘欧洲的真正潜力，确保所有人都能获得数字机遇，而不仅仅是强大而富有的人。社会党党团呼吁在简单而有效的数字环境中构建消费者和企业的跨境合同规则，适当调整“共享经济”，评估在线共享平台在市场中的作用，修订《消费者保障合作条例》，改进包裹交付的欧盟范围标准，改进技术标准，推动电子政务的行动计划，为公民和企业提供更好的服务。②

七是国际贸易与全球化。社会党党团是渐进式贸易政策的推动力量，为全球化定义了新规则。渐进式贸易交易如何帮助每个人从全球化中受益？社会党党团认为可以与欧洲一级和世界各地的伙伴共同工作；需要规则来确保贸易不仅自由而且公平；通过建全全球价值链，改善工人的权利。打击不公平的倾销政策来保护欧洲的就业机会是当务之急。赞成加强

① S&D, “Industry research energy,” Dec. 14th, 2019, http://www.socialistsanddemocrats.eu/policies/industry-research-energy-0.（上网时间：2019 年 12 月 14 日）

② S&D, “Internal market consumer protection,” Dec. 14th, 2019, http://www.socialistsand-democrats.eu/policies/internal-market-consumer-protection-1.（上网时间：2019 年 12 月 14 日）

贸易防御工具，有效处理倾销问题，必须明智地选择贸易伙伴，必须通过改变全球贸易格局，特别是在制造业方面的劣势来帮助适应新的培训和就业机会，要为全球化定义新的规则。①

（三）文化上

社会党党团坚信教育和文化是社会的重要组成部分。教育和培训是促进社会、经济和文化包容，减少不平等和促进经济增长，同时是培养创造力的关键。2017 年，伊拉兹马斯庆祝了 30 年的丰富生活和开放思想。该方案使许多欧洲人能够增加就业机会、提高技能、打开新文化的窗口，充分参与民主生活。迄今为止，已有 900 万人和 12.5 万个机构从欧盟赠款和培训中受益。一是要保护欧洲文化，文化是欧洲身份的核心。欧洲的文化遗产是世界上最伟大的文化遗产之一，也是国际声望的源泉，也涉及成千上万在文化艺术领域工作的人的生计。这就是为什么要维护作者的权利和公平的版权制度，以及确保欧洲文化在国际贸易协议中受到保护。坚信艺术家应该享有体面的工作条件。二是努力拥有同等学历并加强培训，教育是所有欧洲公民的基本权利，是社会、经济和文化融合的驱动力，也是个人和职业需求的必要条件。呼吁欧洲认识正规教育的作用，并制定高质量的教育方案，以确保每个人都能发挥潜力。三是希望听到年轻人的声音。有成千上万的年轻人失业或处于无薪或低薪实习，很少拥有体面的工作。与此同时，一些遭受歧视、孤立和缺乏机会的年轻人变得沮丧，更加容易变得激进化。要给年轻人创造和超越的机会，倾听并与年轻公民进行接触。四是培育媒体多元性和媒体自由，媒体的作用对维护民主、法治和尊重人权至关重要。相信新闻自由，谴责任何限制新闻自由的行为。社会党党团致力于确保新闻界得到尊重并蓬勃发展。因此，需要推动和加强高质量的调查性新闻工作，加强记者与工会的合作。② 五是教育是关键。避免冲突和防止人道主义危机，人道主义紧急情况下的教育是处理欧洲和全球

---

① S&D, "International trade globalization," Dec. 14th, 2019, http://www.socialistsanddemocrats.eu/policies/international－trade－globalisation.（上网时间：2019 年 12 月 14 日）

② S&D, "Culture education," Nov. 24th, 2017, http://www.socialistsanddemocrats.eu/policies/culture－education－1.（上网时间：2017 年 11 月 24 日）

政治关键议程。社会党党团呼吁国际捐助者承诺分配人道主义援助的4%用于教育。如果在资金紧张的情况下，教育方面能得到这笔支出的4%，大约就有700万儿童可以从中受益。同时，这将制定出人道主义援助与发展间联系更紧密的合作政策。到2018年，人道主义援助支出将从2%上升到5%，教育仍然是全球人道主义部门资金拨款最少的。2014年，欧盟机构向人道援助捐款23亿美元。通过举办教育类活动，社会党党团努力使冲突中的教育成为国际优先事项。欧盟同意2017年人道主义援助预算的6%用于资助受到冲突困扰的儿童的教育。这一承诺意味着有47个国家的400多万名儿童获得接受教育的机会。教育可以帮助减少传染病的传播。但是，尽管取得了进展，实现平等机会仍然有很多障碍。①

（四）生态上

社会民主党人的目标是积极应对气候变化，为孩子留下一个污染较少的世界。一是针对能源问题。在2010年，欧洲智库成员雅克·德洛尔（Jacques Delors）和议会主席布泽克（Jerzy Buzek）提出了“欧洲能源共同体”。这个想法后来被2012年担任议会主席的马丁·舒尔茨（Martin Schulz）所接受。克劳德·容克（Claude Juncker）将能源联盟列为参选的五大优先事项之一，欧盟委员会主席和欧洲理事会在2014年6月的会议都同意由法国总统弗朗索瓦所提的能源联盟的想法。欧盟面临的最紧迫和最深远的挑战是迫切需要向可持续的脱碳经济转型。关于可再生能源，欧盟减少温室气体排放的目标是到2050年减少排放量高达95%。能源效率、可再生能源和智能、现代化的基础设施应该成为能源联盟的支柱。通过创造新的高质量就业机会和开拓新的出口市场进一步投资于研究、开发和创新，支持中小企业和提高欧盟的工业竞争力，实现20%的工业化目标。社会党党团提到能源联盟必须以透明和民主的方式进行，充分推进普通立法程序。优先考虑能源效率和可再生能源将减少整体能源需求和进口量，从而大大减少进口支出，进而走向循环经济。社会党党团必须确保社会方面

① S&D，“Development co operation humanitarian aid，” Nov. 24th，2017，http：//www. socialistsanddemocrats. eu/policies/development – co – operation – humanitarian – aid – 0.（上网时间：2017年11月24日）

成为能源联盟的组成部分，包括加强社会对话和支持能源及相关工业部门劳动力的政策，制定强有力的消费者保护措施，特别是侧重于满足最弱势群体的需求，向能源贫困宣战。融资是节能经济之路的瓶颈。社会党党团在欧盟委员会宣布欧洲战略投资基金的政策上发生了重大变化。这个计划有很大的潜力，最终将能源效率和可再生能源等资金不足的欧洲优先事项重新提上日程。

二是针对气候变化问题，欧洲的经济和社会利益与全球气候挑战密切相关。社会党党团提出了对全球的承诺，环境可持续性要求人类认识到自然资源的局限性，保护生物多样性和防止森林砍伐、污染和气候变化。为了实现这一目标，社会党党团鼓励进行国际环境合作，推动新的技术创新，并为政府采取积极的环境政策提供激励措施。2016 年，为了环境保护，社会党党团寻求在巴黎签署一项协议，该协议对所有参与者都具有约束力，允许将全球变暖限制在最高 2 摄氏度。欧洲社会民主党人，将支持与社会主义党派领导的法国政府携手努力，使欧盟成为气候行动的可信赖的领导者。①

三是激励公众参与，各国政府应鼓励欧洲公民将储蓄投资用于建设低碳基础设施。例如，决策者可能要求金融中介机构为主流零售金融产品提供更环保的替代品，并通过提高回报率来激励他们使用；促进规定的顺利实施，确保清洁能源投资基金能够增长。为了确保低碳投资更具吸引力，政府必须同意长期、稳定的政策条件，不损害低碳项目的经济效益。化石燃料补贴应逐步淘汰，以提供清洁能源替代品的公平竞争环境。根据石油市场和价格的不同，可能需要精心制订可再生能源上网电价计划（包括明确的进出时间表）。引入风险分担机制，公共担保和“首次亏损”融资等风险分担机制将加速资本流动。因为每年在欧洲有大约 6 亿吨废弃物被扔掉，这些废弃物可以被重新利用。社会党党团呼吁为实现欧盟目标，要提供新的工具帮助每个国家走向更可持续的资源节约型循环经济。在欧盟资

① S&D, “Environment health agriculture fisheries,” Aug. 15th, 2017, http: //www. socialistsanddemocrats. eu/policies/environment – health – agriculture – fisheries – 0.（上网时间：2017 年 8 月 15 日）

金分配时，优先考虑废物预防、再利用和回收利用。用生态上可持续的替代品替代对环境有害或能源密集型的原材料。积极与地方政府、企业和社会经济部门进行接触，开展有关废物预防的宣传教育活动。

（五）社会上

在就业、社会事务和性别平等问题上，社会党党团相信欧洲将会更有效率、更有竞争力，拥有一支训练有素、待遇良好的员工队伍。呼吁就社会进步、保障体面就业、劳动权利、社会保护、社会对话和组织权利达成新的协议。社会党党团制定了一个强有力的、进步的社会议程，将工人置于欧洲的中心位置，加强经济和货币联盟（EMU）强化社会工作；降低失业率，特别是对年轻人、老年工人和长期失业者进行保护；为保障工人工资、社会标准、集体谈判和工会权利，建立更好的劳动者跨境移民法律框架。社会党党团仍然坚定地致力于打击一切形式的歧视，为所有人争取基本权利。①

一是社会权利与经济自由平衡。为了确保社会权利和经济自由进行同样重要的改革，正如《欧盟运作条约》和《基本权利宪章》第9条所规定的那样。这将使所有新的立法和未来条约修订的社会权利得到保护。② 创造就业机会，解决不平等和社会排斥问题。体面劳动必须成为欧洲经济的中坚力量，才能建设更加强大、更加平等的社会。需要在国家和欧洲层面进行投资，创造体面的就业机会，重点放在基础设施、能源效率和教育方面。欧洲行动计划确定人们获得工作所需的技能，以及雇主和管理人员需要以社会可持续方式管理员工的技能。结束青年失业，增加欧洲青年担保和青年就业倡议的资金。将欧洲青年保障的年龄限制延长至30岁，并将其扩大到包括年轻毕业生和接受过职业培训的年轻人，以及无技能或低技能的年轻人。解决不平等问题，将欧盟生活工资指数作为良好生活水平的指导方针。欧洲关于最低收入计划的框架指令保证每个人都可以良好地生

---

① S&D, "Transport, tourism, regions," Aug. 15th, 2017, http: //www. socialistsanddemocrats. eu/policies/transport – tourism – regions – 0.（上网时间：2017年8月15日）

② S&D, "Employment social affairs gender equality," Aug. 15th, 2017, http: //www. socialistsanddemocrats. eu/policies/employment – social – affairs – gender – equality – 0.（上网时间：2017年8月15日）

活，确保每个处于贫困风险的欧洲儿童都能获得免费的医疗保健、教育和托儿服务，以及体面的住房和营养。保证体面的工作，针对所有类型工人的体面劳动制定相关政策。更好地保护工作人员免受有害物质侵害，特别是那些致癌和损害生殖健康的工作。就业市场公平竞争，设立欧洲劳动监察机构。全面修订工人职务信息发布工作指令，防止社会对农民工的倾销和剥削，确保公平竞争。有针对性地支持弱势群体，建立社会保障体系，普及保健和教育是发展政策、促进更具包容性的经济增长的途径。打击不平等不仅影响发展，也是改善全球安全和解决移民根源的最有效方法。①

二是移民问题。可持续发展目标需要适当关注全球人口 1/7 的移民问题。人为造成的非正常移民呈指数式上升，只能有效地通过发展援助来解决问题。各级移民政策的协调和全面坚定地尊重人权对打击人口贩运至关重要。除了打击被迫移徙和涉及的犯罪活动之外，加强原籍国和目的地国的经济活动。体面劳动原则将适用于全球的移徙工人，需要探索如何更好地利用官方发展援助 3 倍以上的汇款来促进可持续发展。发展政策应有助于在冲突后地区建立有利于移民返回的条件。②

（六）外交和国际事务上

外交和安全政策是欧盟活动不可或缺的一部分，共同努力维护和平、民主价值观、人权和全球安全。必须致力于进行对话和改善合作，进行战略合作和共同行动。必须努力加强世界强国特别是欧盟、美国、俄罗斯、阿拉伯国家和伊朗之间的对话和理解，为解决冲突和稳定，寻求解决办法。欧盟需要长远的眼光，与非洲伙伴一道，共同建设和平稳定的非洲和欧洲。一是社会党党团支持强大而雄心勃勃的欧洲对外行动处（EEAS），支持欧盟高级外交和安全政策代表的工作，促进欧洲对外行动之间以及欧盟机构与成员国之间政策的一致性和协调性。对于社会党党团而言，关于世界发展的战略性和全面的看法是至关重要的，因为欧洲已经准备好对当

---

① S&D，"Employment social affairs gender equality，" Jul. 15th，2017，http：//www. socialistsanddemocrats. eu/policies/employment – social – affairs – gender – equality – 0.（2017 年 7 月 15 日）

② S&D，"Justice liberties citizenship home affairs，" Jul. 15th，2017，http：//www. socialistsanddemocrats. eu/policies/justice – liberties – citizenship – home – affairs – 0.（2017 年 7 月 15 日）

前事件做出更积极主动的反应。积极参与、战略领导和政策协调必须成为欧洲对外行动处的核心原则。

二是给予欧盟更多的政治影响和知名度，同时提高欧洲邻国的经济、社会和政治稳定。欧盟必须始终如一，确保所取得的进展，并履行对候选国的承诺。社会党党团强烈支持欧洲一体化和西欧巴尔干国家的发展。欧盟的扩大政策促进了该地区的稳定和民主，希望这一重要而成功的政策能够继续下去。所有候选国家都必须实施真正的改革，特别是在法治、司法独立、言论自由和反腐败等领域。欧洲必须继续关心并促进其邻里的民主和稳定，尤其是帮助解决冲突，带来和平与繁荣。

三是针对恐怖主义问题，社会党党团对于恐怖主义、种族主义者和极端分子通过暴力来传播他们的仇恨和恐惧表示强烈批评。只有欧洲公民反恐，才能真正解决问题。需要自由、民主、尊重，建立真正的多元和宽容的欧洲，所有公民都有平等的获得成功的机会。恐怖主义行为，有组织的犯罪，说一切恐怖主义是受宗教的启发是错误的，这往往会因种族、地区和政治分歧而加剧。社会党党团认为打击恐怖主义仍然是欧盟和第三国间政治对话的首要任务之一。①

二、激进左翼党团（GUE/NGL）理论探索和政策规定

激进左翼党团在官方网站上有九大优先主题，分别是：农业和渔业；公民自由、数据隐私、保护受害者；打击贫困和社会排外；消费者权利和食品安全；经济和金融危机；就业和工人的权利；环境、气候变化和能源；卫生保健和医疗产品；贸易和外交事务。将这九大主题依次归类政治、经济、文化、生态、社会、外交领域。

（一）政治上

一是激进左翼党团争取制定负责任的移民政策，重视移民和庇护方面的优先事项，制定始终如一的、全面合法的移民战略，放弃单一政策；确

① S&D, "Justice liberties citizenship home affairs," Feb. 11th, 2018, http://www.socialistsanddemocrats.eu/policies/justice－liberties－citizenship－home－affairs－0.（上网时间：2018 年 2 月 11 日）

保经济、文化和社会权利的平等，保障基本的公民权力和政治权力，包括投票权和政治参与权。欧洲议会于2011年11月通过了关于消费者政策的新战略报告。该报告包括消费者面临的问题，特别是经济危机、产品安全、申诉机制、赔偿等，并试图遏制误导性的广告出现。针对2014—2020年消费者计划报告，该党团表示这一计划不会大大加强消费者在单一市场的权利，可能还会留下很多问题。报告强调竞争加剧的重要性，谈判结果也未能令人满意。

二是尊重移民、难民和寻求庇护者的权利，据联合国统计，全世界有2.14亿移民，占世界人口的3%。尽管欧洲移民在欧洲社会以各种方式为欧洲社会作出了积极的贡献，在经济、文化和社会方面，欧盟及其成员国越来越多地将移民问题与犯罪、安全政策联系起来。这只会加剧仇外心理，导致移民被歧视和边缘化。激进左翼党团拒绝了欧盟对移民的压制手段，支持统一欧盟的庇护制度。虽然欧盟随着申根区的建立而放宽了对欧盟的行动自由的规定，同时欧盟的对外边界得到强化，对入境和居留条件进行限制性规定。由于欧盟立法在提供获得庇护程序的合法手段方面有所不足，越来越多的移民没有其他选择，只能通过冒险的旅程进入欧洲。移民拘留已经成为系统性问题，整个欧盟及其边界的拘留中心从2000年的324个增加到2012年的473个。第三国也越来越多地要求签署《重新接纳协议》，以换取与欧盟的合作协议。尽管欧洲的庇护指令已经存在，但绝非寻求庇护者可以从成员国的平等待遇中受益。而针对脱欧问题，2017年7月9日，激进左翼党团脱欧工作小组表示，欧盟公民和英国公民必须关注公民权利、财政安置和爱尔兰边界工作，公民权利必须在英国脱欧谈判中得到紧急处理。①

（二）经济上

一是贸易自由化已经对全世界的社会和生态造成破坏。激进左翼党团提议控制贸易和货物的自由流通，反对所有的国际贸易协定，这些协定是

---

① GUE/NGL's Brexit working Group, "working on behalf of EU citizens and UK citizens on citizen's rights, the financial settlement and the border in Ireland," Feb. 21st, 2018, http://www.guengl.eu/policy/action/gue-ngls-brexit-working-group.（上网时间：2018年2月21日）

由大企业的利益所决定的，必须改变贸易关系。欧盟必须在消除发展中国家的极端贫困和饥饿现象的斗争中发挥积极作用。随着欧盟贸易政策将发展中国家置于一个更加屈从于欧盟贸易要求的地位，那么，就需要制定一个基于发展目标的贸易政策。①

二是防伪商业协议（ACTA）。在欧洲和世界范围内，在议会中进行的重大反击之一是防伪商业协议（ACTA），这是一个多边贸易协定，旨在建立打击假冒商品、仿制药和版权侵权的国际法律框架。欧盟于2012年1月签署了这个协议。对于欧盟与哥伦比亚、秘鲁的贸易协定，该党团反对批准。在危机严重的欧盟国家，采取非民主手段的紧缩措施反映了欧盟新自由主义的失败。激进左翼党团呼吁要扭转这一局面，在服务于非盈利的经济体系内提供创造就业机会。紧缩是可以避免的，紧缩被证明是一种致命的毒药。它既不允许公共账户重新平衡，也不允许经济复苏，因为它会牺牲工人的福利。激进左翼党团提出了几项增长和就业的建议：引入欧盟最低工资和最低收入；通过在欧洲发展与培训有关的社会保障体系来维护公共社会安全；社会和财政倾销的结束；资本税与就业税率相同；真正的金融交易税；通过引进签证反对不平等自由贸易；重大项目方案和新工农业政策的推动；研究、创新和教育的发展；创建欧洲人类、社会和生态发展基金。②

三是批判欧洲周期和财政紧缩。欧洲周期，特别是欧盟和欧元区的经济和财政政策协调周期，以及关于单独的财政联盟条约的协议，被称为《财政契约条约》，也被称为“紧缩式的条约”。该党团批评这是反民主的，认为只有防止市场投机的激进措施，才能够最终制止危机。与此相反，随着《财政契约条约》的通过，单方面的紧缩政策对社会凝聚力的破坏将进一步加剧。

---

① GUE/NGL, “Trade &foreign affairs,” Feb. 11th, 2018, http://www.guengl.eu/policy/priority/trade – foreign – affairs. http://www.guengl.eu/policy/action/gue – ngls – brexit – working – group.（上网时间：2018年2月21日）

② GUE/NGL, “Trade &foreign affairs,” http://www.guengl.eu/policy/priority/trade – foreign – affairs, Feb. 21st, 2018, http://www.guengl.eu/policy/action/gue – ngls – brexit – working – group.（上网时间：2018年2月21日）

四是税收欺诈、逃税和信用违约。应对欧洲任何正在协助逃税的税务规划人员进行类似的处理。明确的规定有助于打击骗税和逃税行为。拒绝税务信息透明的国家必须考虑到，他们会被列入避税天堂的黑名单。激进左翼党团希望通过更为严格的规定来控制金融市场，惩罚某些产品和制裁滥用该系统的人员。2014 年 1 月，激进左翼党团考虑对金融交易征税立法。尽管该党团认为 2013 年 7 月最终通过的方案并不完善，尤其是在衍生产品和养老基金利率下调的情况下，但这仍然代表朝着正确方向迈出一步。该党团认为信用评级机构是金融危机的根源之一，投机被看作是引发危机的主要因素，而信用违约掉期（CDS）是加剧危机的主要因素。这些工具退化为纯粹的投机工具，有些金融界人士似乎错误地把这些工具当作私人印钞票的牌照。①

五是改革欧洲中央银行，该党团认为欧洲议会的作用是制定欧洲政策，特别是在经济危机方面。鉴于欧元区经济衰退和失业率日益扩大，债务恶化没有解决问题，欧洲议会必须对欧洲央行所遵循的路线保持清晰立场。如果议会变得无关紧要，那就意味着允许欧洲央行进行独裁。需要一个有利于经济和社会，而不是进行金融投机的欧洲央行。②

（三）文化上

激进左翼党团认为免费的、高质量的公共教育是每个人的权利。努力确保教育制度不被私有化，保证良好的教育不仅是特权阶层的权利。针对人权问题，联合国人权理事会目前正在制定关于跨国公司和其他商业企业的人权条约。通过引入具有约束力的机制，使公司对《国际法》负责。欧盟及其成员国必须履行自己的国际义务，欧盟不论申请人的国籍如何，都会审查个人的保护和庇护申请。不仅叙利亚人有权申请国际保护和庇护，来自利比亚、阿富汗、伊拉克和尼日利亚等国家也能申请。移民在欧盟的公平迁移是应对当前挑战的唯一途径。一个既不尊重人权，也不尊重新闻

① GUE/NGL, "Economic and financial crisis," http://www.guengl.eu/policy/priority/economic-and-financial-crisis.（上网时间：2016 年 3 月 16 日）

② GUE/NGL, "Economic and financial crisis," http://www.guengl.eu/policy/priority/economic-and-financial-crisis.（上网时间：2016 年 3 月 16 日）

自由的国家，只能被视为一个不安全的原籍国。

（四）生态上

一是针对气候变化问题，现在比以往任何时候都更需要以共同但有区别的责任和分工能力（CBDRRC）为基础的具有法律约束力的协议。该党团认为，应对气候变化的强有力措施能有效地融入欧盟的所有政策领域。气候正义意味着公平分担气候变化造成的不均衡负担。发达国家除了采取有针对性的缓解措施外，还必须建立气候变化不利影响所造成的损害国际机制，以支持最不发达国家和最脆弱的社区应对气候变化日益加剧的破坏，因为这种适应能力与社会和经济发展相关；《联合国气候变化框架公约》为可再生能源和能源效率建立框架，通过充分的财政和技术建设支持，协助发展中国家部署可再生和高效的技术，推广创新的和额外的金融来源，包括国际金融交易税和国际航空和航运融资；该党团认为有必要专门设立基金来解决这个问题，基金应评估气候变化的影响和成本，发展中国家生物多样性和污染的损失，还应该包括一个补偿当前和未来损失的机制，以及极端和渐变的气候事件造成的机会损失。补偿必须是发达国家承诺的直接补充资金，建立可持续模式和争取实现所谓的气候正义。从哥本哈根到坎昆，从德班到华沙，激进左翼党团在国际气候变化大会上活跃起来，但在诸如可再生能源、禁止转基因生物、公共管理和水所有权、废物管理以及反开采等问题与其他组织发生了争执。该党团在全球层面呼吁实现气候变化的宏伟目标和帮助发展中国家应对全球温度升高，呼吁保护欧洲的生物多样性，倡导使用可再生能源。①

二是针对生物燃料和土地使用问题，当环境保护部门支持关于间接利用土地变化（ILUC）对生物燃料生产和促进可再生能源使用的提案时，环境委员会投票表示支持。对于旧的生物燃料，欧盟的生产水平仍然限制在2020年最终运输消费率的5.5%。先进生物燃料的能源份额不得低于2020年最终运输能源消耗量的2.5%，可再生能源的使用将获得优先考虑。在

① GUE/NGL, "Environment, climate change and energy," May. 18th, 2016, http://www.guengl.eu/policy/priority/environment－climate－change－and－energy.（上网时间：2016年5月18日）

对拟议的废弃物和电子设备（WEEE 指令）进行辩论期间，该党团赞同该指令提到了成员国多年来以牺牲较穷国家为代价的生活方式。含有纳米材料的废旧设备应分开处理，这一点至关重要。①

三是针对 2050 年的竞争性低碳经济问题，激进左翼党团强调到 2050 年实现竞争性低碳经济的重要性，该党团批评欧盟在这一领域缺乏信心。欧盟排放交易体系作为气候保护手段，正在破坏欧洲的气候保护政策，表明市场手段并不是应对气候变化的方法，长期气候保护意味着确定可再生能源的约束性目标和减少温室气体排放。实现到 2050 年温室气体减排 95% 的长期目标，并在可再生技术领域创造新的就业机会。该党团向世界各地数百个环保组织呼吁要求终止碳市场，并声称替代解决方案已存在，且现在可以实施。碳市场不仅不能推动温室气体减排，而且本身也是减少化石燃料依赖的障碍。②

（五）社会上

一是消除贫困与社会排斥：激进左翼党团的社会政策工作的核心是把重点转向消除贫困，特别是儿童贫困和社会排斥，并提出缓解弱势和脆弱群体面临的问题的建议。该党团相信人人平等享有社会保护和福利权利。为了应对青年失业率的暴涨，必须摆脱紧缩模式。如果希望为欧洲的年轻人提供可持续的就业机会，那么就需要为青年提供足够的资金。免费医疗保健是一项集体的道德义务，反对保健服务的市场竞争，健康的社会要建立在普及医疗保健的基础上。《里斯本战略》寻求不断改善劳动力市场，委员会在其新的“2020 年战略”框架下提出关于反贫困的目标，到 2020 年，贫困人口将减少 2000 万人左右，比 2008 年下降约 25%。③

二是要求把性别平等放在首位。为了实现欧洲真正的性别平等，需要

---

① GUE/NGL，“Environment，climate change and energy，” May. 18th，2016，http：//www. guengl. eu/policy/priority/environment – climate – change – and – energy.（上网时间：2016 年 5 月 18 日）

② GUE/NGL，“Economic and financial crisis，” May. 28th，2017，http：//www. guengl. eu/policy/priority/economic – and – financial – crisis.（上网时间：2017 年 5 月 28 日）

③ GUE/NGL，“Combating poverty social exclusion，” May. 28th，2017，http：//www. guengl. eu/policy/priority/combating – poverty – social – exclusion.（上网时间：2017 年 5 月 28 日）

消除性别工资差距，争取男女同性恋、双性恋、变性人和双性恋人士（LGBTI）的权利，保障他们能够平等地参与决策，制定打击对妇女暴力行为的战略。激进左翼党团的成员决定在国家、欧洲和国际范围争取更多的妇女权利。这包括促进性权利和生殖权利；终止暴力侵害妇女的斗争；加强妇女的经济权利和独立性；加强妇女的社会权利，确保就业、社会保障、教育和工作与生活平衡的平等。激进左翼党团是确保欧洲议会成为高度重视妇女权利和性别平等的重要力量。它草拟议会报告，在委员会会议和全体会议期间组织听证会、辩论会和研讨会，旨在让党团与社会间进行公开对话。使所有年龄和背景的妇女都有发言权，并让所有女权主义者都能看到妇女创造未来的更多选择。

三是移民问题。要制定真正的循环移民政策，欧盟与第三国的许多伙伴关系现在受到《再入境协议》条件的限制，这些协议有助于移民和难民返回原籍国或过境国。激进左翼党团强烈谴责这些将欧洲堡垒的政策外包的协议，即使这些协议都附有流动协议。议员们拒绝欧盟对移民的压制方式，认为欧洲有历史责任去制定全面合理的人权保障政策。长期以来，它一直反对“欧洲堡垒”的建设，并在“无堡垒欧洲”运动的前列工作，强调移民的积极方面，并提出了促进人权自由流动的政策。[①]

（六）外交和国际事务上

一是激进左翼党团认为欧盟的外交和安全政策必须建立在欧盟建设和平世界的长期愿景的基础之上。这包括优先考虑人权标准，同时，积极与第三国建立伙伴关系和合作关系。激进左翼党团在有关中东问题上特别活跃，一直要求结束以色列对巴勒斯坦领土的占领和提供两国和平解决方案。反对成立欧盟军工企业成为欧洲内外军备的动力。激进左翼党团反对欧盟的外交和安全政策以及《里斯本条约》所建立的结构。强烈批评在这个政策领域缺乏民主控制和议会影响力，呼吁大力修改欧盟的对外政策，并优先考虑下列事项：通过非歧视和符合国际法的和平与公民外交政策，

① GUE/NGL, “Civil liberties, data privacy protecting the vulnerable,” May. 18th, 2016, http: //www. guengl. eu/policy/priority/civil – liberties – data – privacy – protecting – the – vulnerable.（上网时间：2016 年 5 月 18 日）

为维护和平、稳定人权作出贡献。在外交与和平解决冲突方面发挥主导作用，包括调解、和解以及解除武装、复员和重返社会（DDR）举措；消除贫穷、人道主义援助、可持续的经济和社会发展以及执行“联合国17个可持续发展目标”，包括在欧盟邻国和世界其他地区建立有利于平衡的经济关系，进行公平的贸易和财富资源分配；改善、实施和加强国际军控出口，支持全世界的核裁军（通过《核不扩散条约》）；重新调整欧盟的南部和东部邻国战略，建立与这些国家和地区的新关系，以支持邻近地区的发展，促进就业和教育。这种做法将取代主要用于建立有利于自由贸易领域的《协会协议》，促成与邻国和南方国家共同利益的伙伴关系与合作。

二是激进左翼党团认为欧盟的“共同外交与安全政策”（CFSP）基于成员国在石油、天然气和其他原材料方面的利益、对跨国公司的贸易关注、欧盟对地缘战略力量和主导地位的向往及新自由主义的全球经济体系。欧盟成员国在全球范围内参与多次战争和进行军事干涉，它们是继美国和俄罗斯后世界第三大武器出口国。《里斯本条约》提供了必要的规则和条款。《欧盟条约》（TEU）第41（2）条禁止欧盟成员国进行军事合作、防务和干预、军备、军民合作和将欧盟资金用于军事目的等，这导致欧盟的日益军事化。① 激进左翼党团认为改革欧盟的对外政策，促进原籍国可持续的政治经济发展，确保所有欧盟相关资金的透明度，对无论内部还是外部做好持续监测、评估移徙和庇护。

三是欧盟平民外交。该党团致力于严格的欧盟平民外交政策，坚决反对使用欧洲干涉力量，因为相信没有危机可以通过军事手段解决。只有解决了贫穷或歧视等暴力冲突的根源，才能找到可持续的解决办法。所有成员国的军费开支应该减少，节省的资金可以用来处理社会和经济问题。它坚持尊重人们的未来权利，并致力于实施预防危机的战略，以冲突、多边主义和国际法为核心来制定民事解决方案。反对军国主义和支持裁

① GUE/NGL, “EU Foreign & Security policy creates more problems than it solves,” May. 18th, 2016, http://www.guengl.eu/news/article/eu-foreign-security-policy-creates-more-problems-than-it-solves.（上网时间：2016年5月18日）

军，认为欧洲各国的军备应该缩小。欧洲不需要反导弹系统，拒绝一切为全球军事干预建立机制的举措。支持北约和欧盟成员国的外国军事基地解体，欧盟成员国的军队撤出阿富汗、伊拉克等地区。呼吁立即停止所有武器出口，特别是向冲突地区出口武器，在欧盟和全球层面制定严格有力的军控制约机制。解除武装和裁减武装力量必须列入所有欧盟国家的议程。①

三、绿党党团（Greens/EFA）理论探索和政策规定

绿党是左翼政治舞台上的后起之秀，通过欧洲一体化进程，绿党改变了欧洲的面貌，而欧洲也部分地改变了他们的面貌，两者之间的影响是相互的。绿党党团在官方网站上有12个优先的主题，农业和渔业、气候、文化、民主、经济、能源、环境、欧洲联盟、国际上、流动性、权利和自由、贸易。将以上主题分几个方面进行阐述：

（一）政治上

一是在欧洲议会中的右翼极端分子和右翼民粹主义问题上，绿党党团认为法国的勒庞（Marine Le Pen）和荷兰的吉尔特·维尔德斯（Geert Wilders）等具有超凡魅力的右翼民粹主义者成功后，人们再一次意识到欧洲极右翼政党在选民中受到欢迎。他们对政府的影响和对欧洲政治的影响力正在增加。在这方面，可以用“右翼极端主义”一词来形容一整套反对左翼的意识形态和活动。在民主、多元化和人权方面，它的社会蓝图具有独裁主义和反多元主义思想的特征，右翼极端主义和民粹主义政党在欧洲议会也有代表，欧洲议会中存在各种右翼极端主义的政党和议会议员。很显然，右翼极端主义在欧洲并不是现代现象。与西欧不同的是，极右翼政党直到1989—1990年才在东欧政治出现。在战争之前和战争期间，东欧还存在着法西斯政党和运动，直到1989年，这种趋势依然存在。右翼极端主义组织在所有有关国家都进行着亚文化活动。总的来说，右翼极端主义直接或间接反对自由民主国家主要的政治流派，即政治多元主义和少数民族

① GUE/NGL，“Trade &foreign affairs，” Mar. 4th，2018，http：//www. guengl. eu/policy/priority/trade－foreign－affairs.（上网时间：2018年3月4日）

的宪法保护。其核心是超国界、专制和排外的，具有社会功能分化和个性化增长的社会现代化过程被视为与在民族、文化或宗教界定的国家忠诚基础上所建立的集体认同相对立。① 20 世纪 80 年代以来，大多数极右翼党派，特别是西欧极右派，都脱离了与法西斯传统的联系。与右翼极端主义分子相反，右派民粹主义者既不直接反对民主，也不以开放的暴力手段进行政治对抗。为了使自己成为社会“中间立场”的选举替代者，他们避免被右翼极端分子所认同。但是，尽管有了这种意识形态的转变，右翼民粹主义政党的原则与以平等观念和法治为指导的多元社会的原则是不相容的。他们仍然信奉不平等的意识形态，排斥异族或少数群体，力争削减他们的权利。

二是针对保护欧盟内外的个人权利和自由问题。“9・11”事件以来，国际反恐合作往往成为降低基本自由保护水平的借口。在打击恐怖主义的幌子下，绿党党团担心欧盟的公民自由受到侵蚀。中央情报局利用欧洲国家运送和非法拘留囚犯，谴责《联合国禁止酷刑公约》所禁止的非常规做法，拒绝使用外交保证。欧盟应该在国际上有更大的决心，在全面遵守国际人权标准和义务的基础上制定真正的反恐战略。成员国必须承认其在非法行为中的责任引渡，采取一切必要措施，包括深入调查，确保欧盟和成员国不再涉及类似的人权侵犯行为。机会均等是所有人的基本权利，必须打击一切形式的歧视。应特别重视族裔和少数民族群体以及永久居住在成员国的无国籍人士。欧盟已经表明通过在与第三国签署的所有框架协议中列入人权条款。坚持自由和民主原则，《欧洲保护人权公约》保障尊重法治和人权。为补充《欧盟条约》第 6 条和第 7 条，欧盟通过了《欧盟条约宪章》的基本权利，无论其法律地位如何，《欧盟条约宪章》自此成为欧洲法院判例法的参考。《里斯本条约》赋予《欧盟条约宪章》具有约束力的法律地位。《欧盟条约》成立作为“共同外交与安全政策”（CFSP）的目标。《里斯本条约》第 21 条明确强调了欧盟人权政策的内外部相互依存关系，指出欧盟在国际舞台上的行动应以激励自身创造及发展和扩大的原

---

① Greens/EFA, “Europe on the Far Right,” Mar. 4th, 2018, https: //www. greens - efa. eu/en/article/event/europe - on - the - far - right - 4466/. （上网时间：2018 年 3 月 4 日）

则为指导，欧盟还负责打击基于性别、种族或族裔出身、宗教或信仰、残疾、年龄或性取向的歧视行为。①

三是规范普通民众日常生活中的权利。比如，2017 年 9 月 28 日，欧盟委员会公布了关于更新欧洲铁路旅客权利规则的建议。欧洲议会绿党党团主张采取行动，逐步取消国家豁免，以确保欧盟的平等权利，这将免除运营商在自然灾害情况下的赔偿，由乘客承担全部风险。运输和旅游委员会的绿党成员肯思·泰勒（Keith Taylor）评论道："欧盟委员会通过摆脱国家豁免来平衡整个欧盟的乘客权利是很好的，这将结束我们目前所看到的只有四个欧盟成员国完全适用欧盟规则、严重破坏乘客权利的荒谬情况。"② 针对数据保护问题，2017 年 9 月 13 日，欧盟委员会制定了网络安全策略。日常生活的数字化和所谓的物联网需要更多的信息安全技术。绿党党团的副主席茱莉亚·瑞达（Julia Reda）呼吁在处理物联网时重新考虑处理安全漏洞和提升用户的自主性。成员国及其情报机构禁止出现安全缺陷，欧盟需要寻找这种缺陷，商业软件供应商必须对安全缺陷承担责任。③

四是对于难民的权利维护。2017 年 6 月 13 日指出，欧盟国家不得推卸其对欧洲难民的共同责任，欧盟委员会已经宣布将对匈牙利、波兰和捷克共和国提起针对他们抵制希腊和意大利的难民迁至其他成员国的侵权诉讼。绿党党团主席斯卡·凯勒（Ska Keller）评论道：我们决不允许欧盟成员国推卸他们在欧洲难民问题上的共同责任，欧洲委员会正在倾听欧洲议会的呼吁，并对抵制难民迁移的成员国采取行动。虽然欧盟国家如匈牙利、波兰和捷克共和国拒绝接纳难民，但是希腊和意大利的难民营拥挤不

---

① Greens/EFA, "Protection of fundamental rights in the EU, European Parliament calls for more ambition," Mar. 4th, 2018, https://www.greens-efa.eu/en/priority/group/rights-and-freedoms/.（上网时间：2018 年 3 月 4 日）

② Greens/EFA, "Loopholes must not undermine good progress on passenger rights," Rail Passenger Rights, Mar. 4th, 2018, https://www.greens-efa.eu/en/article/press/loopholes-must-not-undermine-good-progress-on-passenger-rights/.（上网时间：2018 年 3 月 4 日）

③ Greens/EFA, "Binding standards needed to keep network safe. EU Commission Cyber Security Strategy," Sept. 13th, 2017, https://www.greens-efa.eu/en/article/press/binding-standards-needed-to-keep-network-safe/.（上网时间：2017 年 9 月 13 日）

堪，欧洲仍需在难民政策方面加强团结。①

（二）经济上

一是赞成有力的、有针对性的凝聚力政策。凝聚力政策的主要目标是通过缩小地区差距，改善全体公民的福祉和平等机会，加强经济、社会等方面的凝聚力。凝聚力政策致力于促进可持续和平衡的领土发展，这是基于生态系统的方法，并考虑到欧盟在应对气候变化方面的国际责任。欧洲议会绿党党团认为凝聚力政策是欧盟所有地区永久性的条约目标，而不仅仅是实现欧洲2020战略的工具。凝聚力政策需要充足的财政资源和适当的时间来有效实施，欧洲议会绿党党团提出要进一步下放权力，采取分别授权、参与式管理和预算拨款等措施来加强凝聚力政策，在伙伴关系协定和方案执行的所有阶段，确保地方当局、经济和社会伙伴以及民间社会代表人士的参与，鼓励成员国执行欧洲地方自治宪章和欧洲委员会地方和地区当局大会的各项建议。

二是有关总支出津贴（GEA）等问题。2017年3月5日，绿党党团提出总支出津贴的透明度主题。当成员们花费总支出津贴（GEA）时，他们花费的是欧洲纳税人支付的公共资金，因此，支出应该是透明的和负责任的。应把重点放在全球就业议程上。在一年的时间里，近3000万欧元是由成员们支出的，没有问责、监督或控制，在一个议会任期内增加了近2亿欧元。绿党党团采取措施确保总支出津贴（GEA）的透明度，党团都应为其基础教育计划设立单独的银行账户，应在每项任务结束时退还未交付的基础教育援助费用，将经济和货币联盟工作（EMU）放在可持续发展的基础上，欧元区的全球金融危机暴露了货币联盟基本的设计失误，加重了某些成员国的危机。实际上，加入欧元区的国家间没有真正地实现社会经济的融合，而是共同的财政和经济政策有限，成员国不愿意将其经济政策调整到共同货币所需要的水平，这加剧了它们之间的差距。经济和货币联盟

① Greens/EFA, "EU countries must not shirk their shared responsibilities towards refugees in Europe, Refugee relocation," Sept. 13th, 2017, https://www.greens-efa.eu/en/article/press/eu-countries-must-not-shirk-their-shared-responsibilities-towards-refugees-in-europe/.（上网时间：2017年9月13日）

工作（EMU）需要进行深度变革，以使其既具有弹性又符合目的。没有强有力的金融团结就没有货币联盟，但没有对共同规则的重新认同，同样没有强烈的责任感，也就没有持久的团结。货币联盟本身并不是目的，正是出于这个原因，所有的欧洲人都能分享可持续的繁荣。这反过来要求重新平衡目前的政策组合，实现绿色新政，重点是进行可持续投资、实现社会公正和环境可持续性。采用中央银行管理的共同货币是走向统一欧洲的重要一步。绿党党团认为当前经济政策失败，希望转向更加绿色的经济发展，明确反对现行的资本主义制度和其主导的国际经济秩序。2016 年 11 月，欧盟委员会通过立法提案，改革欧盟反倾销和反补贴条例，重点是计算反倾销税的方法。这一修订后的立法将使欧盟能够保护其行业免受非市场经济国家的侵略性商业行为。

三是对于希腊债务危机问题，2015 年 11 月 2 日，绿党党团发表针对希腊未来发展的意见，评估实现可持续债务的标准是希腊公共部门每年为偿还债务负担所需的条件。绿党党团认为，目前大部分债务实际上是外债，因此，用于偿债的数额主要是分配给外债持有者。假设一个国家将支付其国内生产总值的 4.5%，连续 20 年来服务于其主要的外债负担，特别是如果同一国家在无人监管的情况下逃离基本服务，在经济上是完全不现实的，在政治上是不合理的。一个经受过这样的社会经济灾难的国家，没有能力把重要的资源投入到大量的外债上。因此，在评估特定国家的“对外负债的社会责任能力”时，需要适当考虑这种情况。从这个角度来看，公共债务可持续性概念需要基于权利的方法进行审查。如果偿债义务为基本服务提供资金，履行基本的权利义务存在障碍，那么这种债务就应该被认为是不可持续的。为了达到符合基本权利的债务服务负担的目标，希腊将需要进一步采取措施减轻债务负担。从这个角度来看，可以采取措施来促进这一目标的达成，同时为希腊经济的可持续复苏创造一些必要条件。

四是当各国拯救破产银行时，主权债务倍增。绿党党团做出一些重要决定，例如，对银行奖金的限制（CRDIV）和建立金融监督机构，它成功地把欧洲央行的银行监管权力置于议会的控制之下。跨大西洋贸易与投资伙伴协议（TTIP）不是关于贸易，而是关于交易民主的协议。2016 年 10 月 25 日，绿党党团联合主席菲利普·兰伯茨（Philippe Lamberts）说：“尽管委员会把重点放在了许多正确的事情上，但是所提出的措施远远不能满足需要。特别令人失望的是，尽管最近欧盟—加拿大全面经济贸易协定（CETA）和跨大西洋贸易与投资伙伴协议（TTIP）出现了重大转折，但欧盟委员会并没有在欧盟贸易政策上采取任何行动。2017 年 1 月 24 日，欧洲议会国际贸易委员会建议欧洲议会同意欧盟—加拿大全面经济贸易协定（CETA）。"① 该委员会拒绝了海蒂·豪塔拉（Heidi Hautala）提出的一项修正案，要求暂停 5 个月的同意程序。投票结束后，海蒂·豪塔拉（Heidi Hautala）表示："令人失望的是，大多数的议员没有时间进行适当的议会审议，因此，这个协议如此有争议，应该成为民选代表提出质疑的主题。"发言人扬尼克·贾多特补充说："我们仍然反对这一交易，这使得投资者的权利领先于公民，欧盟需要紧急重新考虑其对国际贸易政策的做法，只有把工人的权利和条件放在第一位，才能确保公民们认为贸易政策为他们的最大利益而努力。"②

（三）文化上

文化多样性受到欧洲政治一体化的挑战，绿党党团使用欧盟流动性交流计划（如 ERASMUS）的修订来促进所有人拥有教育机会。确保关于版权和盗版的辩论保持开放，平衡创作过程中的各种立场和利益。欧盟建立在价值观和基本权利的共同体上，尊重《世界人权宣言》确立的民主原则和基本自由，激发欧盟的内外政策。因此，欧盟的主要目标之一就是建立一个自由、安全和正义的领域，实行民主、尊重基本权利和法治原则。然而，欧盟在人权方面的承诺与其内外部政策和实践之间存在明显差异。另外，欧盟内外政策之间缺乏一致性，在一些情况下导致双重标准的出现。

绿党党团在 2004—2009 年取得了一些成绩，2015 年 9 月 18 日，绿党党团提出了语言和少数人的权利必须在欧洲得到尊重的报告。欧盟必须尊

---

① Greens/EFA, "CETA, Deal will proceed to parliamentary vote without additional scrutiny," Jan. 24th, 2017, https://www.greens-efa.eu/en/article/press/ceta-6960/.（上网时间：2017 年 1 月 24 日）

② Greens/EFA, "CETA/TTIP, Trade Ministers must not wave through unjust trade agreements," Sept. 20th, 2017, https://www.greens-efa.eu/en/article/press/ceta-ttip/.（上网时间：2017 年 9 月 20 日）

重民族、文化和语言的多样性，报告还呼吁尚未批准和有效实施《保护少数民族框架公约》的欧盟成员国。报告还谴责基于语言使用的一切形式的歧视，并呼吁尚未这样做的成员国批准和有效执行《欧洲区域或少数民族语言宪章》。《欧盟基本权利状况报告》是对欧盟基本权利状况的年度评估，何塞普·玛丽亚·特里卡布拉斯（Josep – Maria Terricabras）将这一报告形容为对尚未批准《保护少数民族框架公约》或《欧洲区域或少数民族语言宪章》的欧盟成员"警钟"，"也明确谴责一些国家阻碍集会自由和组织和平示威的权利"。①

（四）生态上

一是确保气候和能源未来，绿党党团的主要成就是谈判能效指令，该指令规定了成员国到2020年的能源效率目标。尽管能源效率提高20%的目标在理事会中被淡化，但这已经向前迈进了一大步。绿党党团还争取在"地平线2020"框架计划中将85%的能源研究经费用于可再生能源和能源效率研究。此外，确保通过泛欧运输网络（Trans – European Transport network，TEN – T）工具资助的欧洲基础设施制定欧盟环境标准和气候目标，并允许成员国将环境成本纳入货车收费系统。绿党党团为欧洲的经济未来提出了新的想法，赢得了多数对可持续的欧洲工业复兴战略的支持。最后，在欧洲议会中，绿党党团仍然是反对页岩气压裂和核电的最强硬的批评声音。②

二是未来的凝聚政策适用于气候和环境，支出应集中在履行《条约》和作出回应的优先事项上。凝聚政策应被视为为实施循环经济提供的最佳工具。循环经济的主要原则，如资源利用效率和当地可再生能源的生产，是为了加强经济，提高地区和地方城市的适应能力，同时确保当地的就业和清洁的环境。通过实施"循环经济行动计划"，可以支持宏观区域战略

---

① Greens/EFA, "Linguistic and minority rights must be respected in Europe. Press release from EFA MEP Josep – Maria Terricabras（Catalonia）," Sept. 8th, 2015, https://www. greens – efa. eu/en/article/press/linguistic – and – minority – rights – must – be – respected – in – europe/.（上网时间：2015年9月8日）

② Greens/EFA, "Climate," Jun. 12th, 2017, https://www. greens – efa. eu/en/priority/group/climate/.（上网时间：2017年6月12日）

的实施和振兴多层次治理。资金应该面向可持续投资（如绿色技术、生态企业家、绿色创新、绿色就业等），才能带来长期的社会和环境效益。①

三是清洁运输方面。2017 年 5 月 18 日，绿党党团提出道路交通工具及工人和环境、公路运输有关的决议文件。欧洲议会就决议投了赞成票，并就欧盟道路运输政策表明了立场。运输和旅游委员会的杰克普·戴伦德（Jakop Dalunde）补充说："为了符合巴黎气候协议，公路运输的排放量需要下降。排放的成本及其对环境和公共卫生的影响需要成为更广泛地考虑与道路运输相关的外部成本的一部分。"要对汽车二氧化碳排放量进行限制，欧盟委员会提出了汽车二氧化碳限值的新建议。欧盟委员会提出了在2020—2030 年期间减少汽车二氧化碳排放量的建议。该提案预计在此期间二氧化碳排放量将下降 30%。欧盟委员会提出了奖励制度，允许制造商出售二氧化碳排放量较高的车辆，而不是制定电动汽车的强制性配额。到2025 年，电动汽车的销售量将超过 15%，到 2030 年将超过 30%。②

四是保护生物的多样性。2016 年 12 月 2 日，在欧盟自然立法会议上，《鸟类与栖息地指令》构成了欧盟自然保护立法框架的基石，并为阻止生物多样性的减少和促进生态系统服务作出了重大贡献。欧盟委员会目前正在评估这些指令。绿党党团要求欧盟委员会不要修改《自然指令》，他认为任何修改都可能适得其反，因为这会造成法律上的不确定性；要纠正执行和执法赤字，明确指出欧盟执法行动有助于改进《自然指令》的实施。但是，需要采取更多行动来确保完全符合规定。欧盟各成员国的有关国家或地区政府装备不足，资源不足，造成巨大的缺陷。之后推出的《环境实施评估》可能为筛选和检测不合规行为提供了一种新工具，因此，委员会不仅应提出准则（按照 2018 年的承诺），而且还要提出一个具有法律约束力的环境检查框架，作为成员国提供环境检查的最低标准。此外，监察委

① Greens/EFA, "Greens/EFA Position Paper on the future of Cohesion Policy," Jun. 12th, 2017, https://www.greens－efa.eu 4Greens/EFA Position Paper on the future of Cohesion Policy.（上网时间：2017 年 6 月 12 日）

② Greens/EFA, "Road Mobility Package must deliver for workers and the environment. Road transport," May. 18th, 2017, https://www.greens－efa.eu/en/priority/group/road－transport/.（2017 年 5 月 18 日）

员会应该有更多的监督能力，以及使用各种执法工具，包括利用监察员来调查侵权案件；还需要具有法律约束力的条款，以改善诉诸司法的机会。欧盟成员国的做法不仅受到批评，欧盟本身也违反了联合国委员会和一些非政府组织的《奥胡斯公约》，目前对欧洲法院的解释是限制性的，公民和非政府组织向法院提供更好的执行和执法案件。因此，委员会提出一个包罗万象的诉诸司法指令，确保进行更好的政策整合。改进《自然指令》的实施是应对生物多样性退化的关键。然而，仅仅这一点就不能实现欧盟2020年的生物多样性目标，欧洲议会最近的决议也要求作出更多的努力。这些指令与其他欧盟环境立法是共同相互影响的。

除此之外，农业、能源和气候政策以及所有土地使用变化和基础设施发展对生物多样性也有巨大的影响。必须调整这些政策，必须抓住所有对环境有害的补贴，并且政策必须配备强有力的自然和环境保护措施，以确保发展不会破坏生态系统及其服务，而是有助于改善欧洲物种和栖息地的状况。此外，《环境责任指令》也有改进的空间。有必要重新定义或澄清环境损害和重要性等重要概念，并与欧盟范围的工业灾害风险分担机构共同引入高层次、统一的强制性金融安全。大规模的生态系统恢复以及绿色基础设施项目对于阻止进一步的分散化和栖息地连通性的丧失也是重要的。因此，欧盟委员会应尽快提出其跨欧洲绿色基础设施网络（TEN－G)。成员国及其政府在上述所有领域都需要技术援助和能力建设。要将生物多样性纳入欧盟预算的主流，委员会应该确保自然保护区的资金缺口关闭，生物多样性在2020年以后的欧盟预算中被纳入主流。因此，下一个《多年度融资框架》应在每个欧盟供资手段中包含生物多样性和自然保护基金。此外，需要专门的资金来源来充分满足生物多样性的投资需求，这可能意味着生命周期计划（以及自然资本融资工具）的扩大。[①]

五是转基因食品。2016年10月6日，欧盟委员会听取欧洲议会关于转基因生物的批准意见。欧洲议会投票反对欧盟委员会决定批准在欧盟种植三种转基因生物，并授权进口两种转基因生物。由于缺乏信心，欧盟委员会在

---

① Greens/EFA, “EU nature legislation,” Dec. 2nd, 2016, https: //www. greens - efa. eu/en/article/news/eu - nature - legislation/. （上网时间：2016年12月2日）

授权过程中，多数成员支持绿党党团对进口转基因生物的反对意见。2017年10月24日，欧洲议会对转基因生物等问题进行了投票。绿党党团在不到两年的时间内，对转基因生物（GMO）授权问题表达了20次反对意见。①

（五）社会上

一是赞成有力的和有针对性的凝聚政策，“凝聚政策”的主要目标是通过缩小地区差距，提供全体公民的福祉和平等机会，加强经济、社会和领土的凝聚力。2010年，针对欧洲2020年新的欧洲就业和增长战略，绿党党团认为《里斯本战略》是失败的，如果“欧盟2020战略”没有在政府间协调之外争取更强有力的、民主的和加强的欧盟经济治理，那么他将会有同样的命运；绿党党团认为目前的危机凸显了近30年来欧盟治理和发展模式的脆弱性，对欧元区目前的局势及其系统性危机演变深感震惊。

二是针对道路运输部门和工人权利方面。2017年5月31日，道路运输部门遵循委员会的建议，欧盟委员会提出道路交通一揽子计划的第一部分内容。一揽子计划包含对现行有关道路运输部门在社会和环境方面的法律争议性修改建议，以及影响在国外工作的货运司机的工作条件的最新情况。运输和旅游委员会成员、就业和社会事务委员会成员卡瑞玛·戴立（Karima Delli）评论道：“道路运输是欧洲面临的两大挑战的核心，减少污染、结束社会倾销，尤其是改善东西方国家之间的紧张局势。因为欧盟委员会的修订指令承认道路运输部门需要考虑气候变化的成本，因为其占欧盟碳排放量的20%以上。“就社会方面而言，委员会似乎不愿意结束运输工人因不公平竞争而恶化的条件，“这项新规定对于那些使用张贴技术来剥削工人和削减当地标准的人来说非常容易，这不仅对欧洲人是危险的，还会增加工作条件和道路安全方面的风险。需要更多的监管和控制来制止这些弊端”。②

---

① Greens/EFA, “Happy 20th anniversary Mr. Juncker! EU Parliament voted on 20th GMO in 2 years,” Oct. 24th, 2017, https://www.greens-efa.eu/en/article/news/happy-20th-anniversary-mr-juncker/.（上网时间：2017年10月24日）

② Greens/EFA, “Road mobility package, Road transport sector let down by Commission’s proposals,” May. 31st, 2017, https://www.greens-efa.eu/en/article/press/road-mobility-package/.（上网时间：2017年5月31日）

（六）外交和国际事务上

绿党党团发布替代性的欧盟战略，安全与防务发言人保迪·瓦勒罗（Bodil Valero）说："自从上一次欧盟安全战略出台后，安全形势发生了巨大变化，不幸的是，制定欧盟新战略领导人正在讨论欧盟主要的外交和军事大国之一的退出，这一战略并没有考虑到英国脱欧，这个战略强调的是欧盟外交政策的军事层面，拒绝使用欧盟军事行动作为控制地中海欧盟边界的手段，打击犯罪分子，对欧盟民间资金启动欧盟防务研究计划的建议也是至关重要的。"欧盟应该提高其预防冲突的能力，并为国外的维和行动作出重大贡献。绿党党团就如何为安全与和平作出重大贡献提出了27条具体建议。①

一是关于暴力冲突和安全政策。2017年6月22日和23日欧洲理事会的筹备工作会议的主要议题包括移民、安全和防务等。绿党党团主席斯卡·凯勒（Ska Keller）代表小组发言："我们迫切需要更团结一致地支持难民。但成员国似乎无法就欧洲寻求庇护者的公平分配达成协议，国家元首和政府首脑需要搞清暴力冲突、社会日益激进化和民众逃离家园的根本原因，为军火工业提供更多的资金不是好的解决方案，欧盟成员国需要统筹共享资源，改善合作可以节省数十亿欧元。也迫切需要制止暴力和恐怖行为，但只靠收集更多的个人数据是无法实现的，需要更多的资源和更好的数据交换，以便更好地为公民服务。②

二是针对欧盟军事方面的发展政策，2017年9月，绿党党团对欧盟发展政策的军事化进行投票。欧洲议会决定能否批准欧盟委员会对促进稳定与和平文书（ICSP）提议修订任务。欧盟委员会的提议体现了尽管欧盟是以发展政策法律为基础的（TFEU第209条），但仍将民用冲突预防用于军事目的。该提案与欧盟的法律不相容。委员会甚至计划将资金从发展合作

① Greens/EFA, "EU Global Strategy for the European Union's Foreign and Security, Greens/EFA Group issues alternative EU strategy," Jun. 28th, 2016, https://www.greens-efa.eu/en/article/document/eu-global-strategy-for-the-european-unions-foreign-and-security-6626/.（上网时间：2016年6月28日）

② Greens/EFA, "Foreign Affair," Jun. 28th, 2016, https://www.greens-efa.eu/en/priority/group/foreign-affairs/.（上网时间：2016年6月28日）

文件（DCI）转移到国际防务合作项目，以便在国外开展军事能力建设项目。尽管如此，外交事务委员会还是投了赞成票，绿党党团对提议有两点主要的反对意见。绿党党团认为发展和安全必须相互加强，但两者之间的联系并不意味着发展资金将用于安全。目前，它对所有三个机构（欧洲议会、理事会和欧盟委员会）的法律服务都提出了意见，排除了使用军事能力建设来达到军事安全的目标。此外，欧洲法院多次裁定，政策措施必须具有一个重心，并且重心必须符合法律基础。

三是针对欧洲移民、难民和寻求庇护者政策，2017 年 9 月 28 日，绿党党团进行有关移民、难民和寻求庇护者项目的筹款培训。征求参与者申请意见，未来的参与者应填写和提交申请表，全球环境基金和绿党党团合作制定了《欧盟移民和庇护资金指南》。2017 年组织了一次培训，同时加强其筹资能力。这次培训提供了欧盟委员会的资金，如庇护、移民和融合基金（AMIF）的信息，提供了创新筹资技巧，如众筹、体验性筹款等实践经验。①

四是针对欧洲防务合作政策，绿党党团联合主席斯卡·凯勒（Ska Keller）和菲利普·兰伯茨（Philippe Lamberts）在 2017 年 11 月 13 日对 23 个成员国就欧洲防务永久结构合作（PESCO）签署联合通知的消息作出反应。绿党党团主席菲利普·兰伯茨（Philippe Lamberts）说："这是加强欧盟防务合作的步骤，很高兴《里斯本条约》中的这个文书终于得到了应用，重要的是，欧洲防务永久结构合作（PESCO）使共同安全和防务政策在运作层面上更加有效。由于欧盟防务支出的重复程度如此之高，欧洲防务永久结构合作（PESCO）有可能产生重大作用。从研发到采购、联合维护和培训，欧盟国家如果共同努力，可以大大提高投资回报。"联合主席斯卡·凯勒（Ska Keller）说："作为世界第二大防务大国，欧盟不需要增加国防预算，而是需要高效率的合作，我们希望看到真正的资源共享，而不是军备竞赛，决不能以此为借口将更多资金用于军费，这些活动必须由

---

① Greens/EFA, "Fundraising Training: Migration, Refugees & Asylum Seekers Projects. Call for participants," Sept. 28th, 2017, https://www.greens-efa.eu/en/article/event/fundraising-training-migration-refugees-asylum-seekers-projects/.（上网时间：2017 年 9 月 28 日）

政府提供资金，而不是由欧盟预算来支付。”①

第二节　左翼党团理论和政策的趋同和差异

三大左翼党团均提出了自己的优先议题，三大左翼党团有共同议题，但每个议题也有不同的观点。因为“尽管欧洲左翼在政治实践中发生分裂，并为意识形态的冲突所困扰，但他们坚定地站在反对资产阶级政府的立场上”。② 左翼党团在理论政策上具有相似性，也缘于他们相近的意识形态立场。因此，他们会有近似的议题，大体分为政治、经济、社会、文化、生态和外交等六个方面。对左翼党团的政策理论趋同和差异进行总结，重新认识了各党团制定政策的初衷，找到理论政策的共同点，才能更有效地加强合作。而也只有发现各党团理论政策不同，才能体现各党团的特色和所做出的不同努力。

一、趋同

根据左翼党团在官方网上发布的政策文件，分别对三个左翼党团的理论政策进行归纳总结，包括农业和渔业、环境和能源、经济和金融、外交和安全、公民权利和义务几个方面。经分析，三大左翼党团都提到了农业和渔业政策，都在环境、气候变化、能源方面有大量论述。比如，针对解决债务可持续性问题，左翼党团认为债务问题在发展中国家仍然是全球金融体系的痼疾，也是全球失衡和贫困的原因。在外交政策上，三大左翼党团认为欧盟的外交和安全政策必须建立在和平世界的基础之上。对于公民权利和义务，左翼党团注重支持多样性和结束歧视性现象。在移民和庇护问题上，尽管右派的仇外心理和反移民言论日益增多，仍要积极处理合法移民和融合问题。欧洲的难民危机表明，欧盟的移民政策已经不适合，需

---

① Greens/EFA, “Reaction of Greens/EFA presidents, European defence cooperation,” Nov. 13th, 2017, https://www.greens-efa.eu/en/article/press/reaction-of-greens-efa-presidents/.（上网时间：2017 年 11 月 13 日）

② ［英］唐纳德·萨松：《欧洲社会主义百年史》，社会科学文献出版社 2008 年版，第 31 页。

要在团结和合作的基础上实施移民和庇护的战略方针，制定庇护者进入欧洲的安全合法路线，创建真正的欧洲庇护体系，更好地利用欧盟预算确保移民和庇护系统的正常运作。所有的左翼党团提倡男女享有平等权利、公民权利和自由，并且注重人权、反法西斯和反种族主义也是欧洲左翼运动传统的重要组成部分。①

（一）农业和渔业

社会党党团呼吁共同农业政策不仅要确保提高农民体面的生活水平，要有效和透明地使用公共资金，与联合国的可持续发展目标保持一致。在不确定和具有挑战性的国际环境下，农业必须保持生产力，公共资金必须要做到透明使用。对于渔业，社会党党团实施投资蓝色增长政策，共同渔业政策（CFP）旨在确保欧洲渔业在环境、经济和社会方面的可持续性，并为欧盟公民提供稳定和健康的食品供应。在社会党党团强有力的牵头下，2013 年共同渔业政策（CFP）确立了渔业产品进口的新标准。重点是实施改革，包括采取多年度的管理计划，修订技术和控制措施，制定可持续的“蓝色增长”议程。保护资源和海洋环境，促进渔业的可持续发展。指导原则应该是“最大可持续产量”，社会党党团提出要致力于采取长期的多年度管理计划，例如，使用更多选择性的渔具。更广泛的利益相关者的磋商是积极治理的关键。所有利益攸关方，从渔民和消费者到科学家和非政府组织都应该发表意见并参与决策进程。控制渔业和防止非法、无管制的捕鱼是成功渔业政策的关键，欧洲渔业管理局和欧盟委员会需要密切合作。②

激进左翼党团自实行共同农业和渔业政策以来，市场配额和价格确定、生产者组织和加工业活动等已经发生很多变化。为了环境保护和中小渔业的生计，激进左翼党团认为现在必须结束过度捕捞；如果继续按照目前的捕食速度，到 2050 年将不再有鱼类可供商人捕捞。从社会、环境或经

① 游楠、张皓：《欧洲议会三大左翼党团间政策趋同和差异比较研究》，《学术探索》2019 年第 12 期。

② S&D, “Environment health agriculture fisheries,” Nov. 13th, 2017, http://www.socialistsanddemocrats.eu/policies/environment - health - agriculture - fisheries - 0. （上网时间：2017 年 11 月 13 日）

济的角度来看，委员会必须废除将渔业资源公益物私有化的想法，需要考虑到每个国家、每个渔区、每个渔船的现实特殊情况，考虑渔民参与解决问题的方案和实施情况。激进左翼党团认为需要可持续的和公正的农业政策来保护环境，农业政策必须停止破坏小农生计。激进左翼党团在2010年2月投票反对欧盟共同渔业政策（CFP）拟议改革的欧洲议会报告，考虑要进一步将渔业资源私有化。该党团认为，欧盟渔业部门的现实是复杂多样的。一是保护鱼类和社区，为了实现可持续的渔业政策，保护人民和沿海社区的利益，考虑到每个国家和渔区船队、渔具和鱼类资源的多样性；承认成员国对其领水、专属经济区和毗邻海床的主权；保持12英里为每个成员国国家船队的专属通道区域，为渔船队的更新和现代化提供社区支持，特别是小规模的沿海渔业；促进更环保的可持续工艺和技术；保证捕捞配额的不可转让性，避免在成员国设立严重阻碍传统捕捞的配额市场。二是涉及试图修改共同渔业政策（CFP）的管理体系，引入建立在捕捞权基础上的社区体系。三是需要确保部门的公平回报。这是必须解决的关键问题，否则任何渔业政策的目标都将失败。有几个因素会导致收入水平的不安全，例如，市场和价值链上附加值的不均匀分配。停止海洋资源的私有化，渔业政策的主要目标应是在资源可持续性的框架内，确保公共鱼类供应和沿海社区的发展，促进就业和改善渔业工人的生活条件。该党团关于保护渔业部门的建议是提高鱼类的首次销售价格和鱼类工人的收入；引入确保最低保证价格和最高利润率的机制；引入渔业工人补贴或补偿机制。欧洲议会农业和农村发展委员会对共同农业政策（CAP）改革的主要要求，就是食物主权和食品安全要作为一项原则；根据每个国家的具体特点，优先考虑各国为国家或区域粮食需求开发生产的能力；共同农业政策（CAP）的主要目标应该是按照环境保护标准生产健康的优质食品；鉴于其健康、环境和社会经济风险，将预防原则应用于转基因生物；从跨国公司的压力下撤出转基因生物物种，采用灵活和清晰的应用程序。向可持续的资源管理过渡到环境友好、气候友好的农业，需要新的激励措施来带动农民致富。激进左翼党团对2014—2020年共同农业政策进行财政削减，委员会忽略了以前就各种问题达成协议的不满，他们正在寻求另一种途径，争取在2020年前结束国家与生产者之间直接支付的不平等。由于直接支付是确保人人享有平等机会的重要财政机制，该党团表示直接支付的适当决定不仅对于共同、诚实和公平的市场是必要的，而且在社会上也是非常重要的。①

绿党党团在2017年11月20日提出，“如果共同农业政策（CAP）要达到目的，则需要作出重大修改”。根据欧洲议会绿党党团联合委托进行的新研究，“共同农业政策”（CAP）农业持股数量的减少仍在继续，存在大规模农场日益高涨的趋势。由于32%的支付将达到农场的1.5%，共同农业政策（CAP）对小农场的支持不足。共同农业政策（CAP）在环境目标方面效率很低。联合呼吁程序并没有停止，更不用说逆转农业集约化、环境退化和生物多样性下降的趋势，它对减缓气候变化的影响非常有限。在渔业方面，欧盟大部分鱼类资源依然过度滥用，使得共同渔业政策改革至关重要。绿党党团在欧洲议会就共同渔业政策（CFP）和共同农业政策（CAP）的改革进行平等对话的同时，取得最大的成功就是为共同渔业政策（CFP）投票，其停止了继续按历史配额捕捞的规则，而根据环境条件取得配额。②

（二）环境、气候变化和能源

社会党党团在应对气候变化时，有一个可持续的未来愿景，目标是应对气候变化，创造污染较少的世界。在2015年12月的巴黎气候大会（COP21）上，社会党党团推动实现雄心勃勃的气候目标，使欧盟处于气候行动的前沿。巴黎气候大会（COP21）成为一个具有里程碑意义的时刻，有195个国家通过了具有法律约束力的全球气候协议。全球温度的平均增幅必须保持在2摄氏度以下，并努力将其限制在1.5摄氏度。《21世纪气候变化框架公约》的渐进性的提案具有约束力和普遍性。社会党党团要求立法为温室气体减排制定具有约束力的目标，并且增加使用可再生能

① GUE/NGL, “Agriculture and fisheries,” Nov. 13th, 2017, http://www.guengl.eu/policy/priority/agriculture-and-fisheries.（上网时间：2017年11月13日）

② Greens/EFA, “Major changes needed if CAP is to be made fit for purpose. A fitness check on the CAP,” Nov. 20th, 2017, https://www.greens-efa.eu/en/article/document/major-changes-needed-if-cap-is-to-be-made-fit-for-purpose/.（上网时间：2017年11月20日）

源和能源效率来实现气候目标。① 该党团于2010年12月参加了在坎昆举行的联合国气候谈判（COP16），在德班气候谈判之前，议会投票决定于2011年12月28日至9月12日举行气候变化峰会。激进左翼党团支持这一决议，呼吁欧盟谈判者提前明确京都议定书的第二个承诺期。该党团代表表示迫切需要各国为德班已经达成的协议增加更有约束力的行动。激进左翼党团对多哈联合国气候峰会结果不满，该党团表示"多哈发送给世界的信息是像往常一样继续做生意一样。"京都议定书的延伸是多哈会议的最低目标，京都议定书只解决了全球温室气体排放量的15%存在漏洞的问题，欧盟或多或少地忽视了发展中国家提出的要求，到2015年推动亟需的全球气候条约的详细路线图以及缓解和适应中长期融资，而有些国家则承诺在未来两年内将提供约70亿欧元的资金。由于冰盖融化的速度急剧增长，数百万人受到饮水、洪水甚至国家灭亡的威胁。RIO +20峰会在2012年6月举行，激进左翼党团对里约气候峰会再次感到失望，里约首脑会议的目的是就可持续的社会发展和减贫达成具体的协议。在2013年11月召开的华沙COP19会议之前，它批评欧盟在气候变化政策方面缺乏与理事会和欧盟委员会的一致性，欧洲在气候变化问题的国际谈判僵局上负有特殊责任。2017年3月29日，欧洲议会举行会议，该党团提出，科学家都认为剧烈的气候变化是由人类活动造成的，最重要的是需要挑战资本主义对发展和增长的定义。

绿色党团设定全球淘汰所有碳排放的目标，《巴黎议定书》需要在全球范围内逐步淘汰所有碳排放量。参与者需要作出集体承诺，将公共支持化石燃料转向普遍公平获得可持续能源。根据2℃目标，制定减排的约束性框架，根据国家自主贡献的预期目标，参与者提出的国家自主贡献是不够的，需要进行修订，以确保符合科学的气候行动和限制气候变化。《巴黎议定书》要具有法律约束力，适用于所有国家。以5年承诺期为基础，协议必须规定定期审查程序，以追踪科学进展和气候行动的充分性，以及

① S&D, "Environment health agriculture fisheries," Nov. 20th, 2017, http://www.socialistsanddemocrats.eu/policies/environment – health – agriculture – fisheries – 0.（上网时间：2017年11月20日）

这些承诺的公正性。建立核算温室气体排放的共同制度，监督、报告和核查排放的统一规则，需要在巴黎商定以确保国家捐助的实施是透明的和可量化的。增加对发展中国家气候行动的财政支持，《巴黎议定书》要为发展中国家建立可预测的国际气候融资，并建立一个处理损失运作机制。该协议要求海事组织和国际民航组织，要根据气候挑战的规模和紧迫性，在2021 年前制定措施以遏制航空和航运的气候影响。减少全球航空和航运排放的市场手段的收入，应致力于为2020 年后的国际气候融资和绿色气候基金做出贡献。绿党党团呼吁欧盟作为集体采取行动的最大捐助者，使用独立于成员国的年度预算程序。2016 年 12 月 15 日，欧洲议会环境委员会对排放交易体系（ETS）的改革进行投票。绿色环保发言人和环境委员会成员巴斯·艾克豪特（Bas Eickhout）在投票结束后表示，“虽然没有达到使排放交易体系（ETS）所宣称的气候政策所需的全面改革，但结果仍然是对委员会提案的显著改善。我们已经采取尝试性措施，使欧盟气候文书与巴黎协定的承诺保持一致，并开始了排除污染行业累计的配额盈余的过程。”① 通过绿色能源革命应对气候变化，保护生物多样性，促进可持续利用资源。

（三）经济和金融

绿党党团和社会党党团都提出了经济和货币联盟工作（EMU），经济和货币联盟改革需要重新启动。社会党党团支持在公平竞争的基础上加强欧中关系，欧盟是世界上最大的贸易集团。社会党党团敦促欧盟委员会与其他世贸组织成员进行合作，以便在采取任何行动之前，在世贸组织框架内战略性地协调共同办法。它要求欧盟委员会更好地界定各自的战略利益领域，这应与欧盟宽泛的宏伟工业政策相一致。能源联盟战略框架是独特的政治机会，可确保充分和可持续的融资，可提供安全的、有竞争力的资源和未来的脱碳能源。能源联盟的明确目的是推动低碳投资和创造新的就业机会。国内资源是发展融资的主要来源。为了建立稳定的税基，需要采

---

① Greens/EFA，“Emissions Trading System. Tentative step towards aligning flagship scheme with Paris Agreement，” Dec. 15th，2016，https：//www. greens – efa. eu/en/article/press/ets/.（上网时间：2016 年 12 月 15 日）

取强有力的打击逃税、避税和腐败的措施；制定国际公司对其运营所在国更负责任的措施。金融机构和私营部门需要认真调控，鼓励新形式的融资发展。

激进左翼党团认为，作为欧委会、国际货币基金组织、欧洲央行“三驾马车”的一部分，欧洲央行不断推行紧缩措施，作为欧元区各国的解决方案，尽管人们普遍认为紧缩政策已经严重导致经济衰退。这些措施导致失业人数增加，工资下调幅度加大，教育和卫生等领域的公共支出减少，不能实现均衡繁荣发展。政府无力处理债务问题，这是金融市场大规模失败的直接后果，因为削减损害经济增长，进而影响税收和社会支出。欧洲央行不愿在赤字经济体中协助债务重组，从而以牺牲这些国家的公共账户为代价获得巨额利润。当欧洲央行成立时，本来就是自由的担保机构来管理欧元的运作。但其本身是一个政治角色，缺乏民主的框架。欧洲央行的根本作用应该是协助成员国，但欧洲央行否认对国家政府的援助。激进左翼党团要求欧洲央行为金融系统提供支持的可能性必须受到适当约束，特别是有关机构承诺从这种支持中大幅提高对中小企业的信贷水平。不可行的“僵尸银行”必须彻底关闭，欧洲央行应将存款利率降至负值，以鼓励银行向实体经济贷款。欧洲央行管理委员会必须提高通货膨胀目标，以适应欧元区经济体的工资增长，欧洲央行必须对其活动的所有方面进行批判性的自我评估，包括其帮助设计预算、劳动力市场、公共服务、税收和私有化政策调整计划的影响。以财政整顿的名义，结束对工人和公民实行紧缩和严格的社会措施；二十国集团承诺的欧元和国际金融体制改革从未完成；欧盟采取具体措施来制止对冲基金、私募股权和逃税行为，驯服衍生品市场；在公共领域建立主权国家债务评级机构替代机制；采取财政措施，对跨国公司征税，欧盟成员国之间加强团结，打击威胁整个欧元区的掠夺性投机活动。该党团表示坚决反对欧美贸易和投资协议谈判，没有就有关方面给予强有力的谈判授权。社会党党团认为南非洲经济合作协议实际上反映了新殖民主义，实质上这些经济合作协定是完全无视非洲、加勒比和太平洋国家的经济和社会发展需要的自由贸易协定，在欧盟的对外政策中，在发展和尊重人权方面还远没有实行政策一致性。[①]

激进左翼党团呼吁制定一套有约束力的标准来界定负责任的借贷。公平债务解决机制，评估国家债务负担的合法性和可持续性；采取以人为本的债务可持续性方法；取消不可持续的不公平债务。保护发展中国家不受跨大西洋贸易与投资伙伴协议（TTIP）的溢出效应，该党团反对跨大西洋贸易与投资伙伴协议（TTIP）和所有其他新自由贸易协定，因为它们对发展中国家造成有害的经济、社会和环境后果。它要求对发展中国家和未来可持续发展目标的影响进行彻底分析。跨大西洋贸易与投资伙伴协议（TTIP）将加剧世界经济的中心与周边分歧，使发展中国家陷入出口国的主要模式，并谴责它们处于不发达状态。欧盟的基本原则是政策一致促进发展，这意味着欧盟的外部行动不应该与发展政策的目标相抵触，最终也不能与消除贫穷的义务相抵触。

绿党党团提出在欧洲实行税收司法的10个步骤，关于税务交易的透明度，不能容忍一些成员国向一些大公司提供秘密交易，要求公布所有税收裁决，以便公民可以核实一些公司是否得到特权待遇。大公司必须更加透明地开展业务，确保他们在实际经济活动中纳税。需要在欧盟采取欧洲共同的税基和税率办法，以阻止国与国之间的税收竞争。谴责免税区或自由港等税收漏洞的增加。需要对避税天堂进行更大的经济制裁，并有意利用这些制裁措施减少税收。[②] 2015年11月4日，欧洲议会国际贸易委员会采取了一种新方法来计算反倾销税。该协议将有可能防止向包括中国在内的非市场经济国家倾销货物。2016年10月24日，会议主题是绿色视角下的国际贸易。可持续国际贸易政策的绿色战略是基于与世界贸易组织（WTO）体系完全兼容的三个基本原则：加强国内和区域市场，使全球贸易与国内经济发展相辅相成；为全球贸易制定全球社会和环境标准；使全球贸易治理更加民主。这些原则似乎是乌托邦式的，事实上它们不仅要求

---

① GUE/NGL, "Economic and financial crisis," Dec. 15th, 2016, http://www.guengl.eu/policy/priority/economic-and-financial-crisis.（上网时间：2016年12月15日）

② Greens/EFA, "Top 10 Green recommendations to improve the PANA Report. Panama Papers inquiry," Sept. 16th, 2017, https://www.greens-efa.eu/en/article/news/top-10-green-recommendations-to-improve-the-pana-report/.（上网时间：2017年9月26日）

有效的多边贸易体系，还要在国家一级创造更广泛的政策空间，人们可以自由决定其社会和环境发展目标。但是，与此同时，每一个原则都是现实的。包括工业化国家在内的大多数国家越来越担心经济全球化失控威胁到他们的福祉。①

（四）外交、安全和防务

社会党党团认为外交和安全政策是欧盟活动不可或缺的一部分，要维护和平和全球安全。社会党党团认识到欧洲的安全和繁荣取决于与非洲伙伴的安全和繁荣。社会党党团一直是土耳其加入进程的激烈支持者。在中东和北非地区，欧洲在国际上扮演更强大政治角色的时机已经到来，尤其是在中东和北非，而社会党党团发起了欧盟苏醒（EU Wake up）活动，呼吁采取更多的行动。欧盟必须与其盟友站在一起，解决该地区前所未有的人道主义危机，解决一些长期的冲突。欧盟必须在中东和平进程中发挥真正的政治作用，而且必须找到和平解决巴以冲突和阿以冲突的办法。社会党党团支持以色列的两国解决方案，支持和平与安全地共同生活。耶路撒冷作为两个国家的首都，以色列有权在安全的边界内生存，巴勒斯坦人有自决的权利。在西岸，包括在东耶路撒冷建立以色列定居点和对无辜公民的一切恐怖主义和暴力行为是完全不能接受的。呼吁双方认真恢复可信的和谈，取得实实在在的成果。需要认真采取行动，解决使恐怖主义蔓延的政治和社会经济因素，重启美俄关于叙利亚的对话可能会使紧张局势升级，将重点放在相互一致的领域，如，找到尊重所有民族和宗教团体权利的政治解决办法。显然，和平解决叙利亚问题是解决难民危机的关键。社会党党团一贯支持同伊朗对话，化解紧张局势和分歧，旨在逐步实现关系正常化。完全支持伊朗人民重新与世界接触，改善经济形势。突尼斯是阿拉伯之春后民主巩固的典范，鼓励社会对话，尊重人权和拥有积极的公民意识。②

---

① Greens/EFA, "Fair Trade," Dec. 15th, 2016, https://www.greens-efa.eu/en/priority/group/fair-trade/.（上网时间：2016 年 12 月 15 日）

② S&D, "Foreign affairs, human rights, security defence," Dec. 15th, 2016, http://www.socialistsanddemocrats.eu/policies/foreign-affairs-human-rights-security-defence-0.（上网时间：2016 年 12 月 15 日）

激进左翼党团坚持国际团结、和平、民主价值观，尊崇人民主权和自由。当前的全球危机需要真正的发展。有效的发展政策必须承认获得水、土地、能源、健康和教育等基本人权。这些权利不能依赖于市场规则；承认粮食主权，保护自己的自然资源，支持当地生产和贸易，并拒绝农用化学品、转基因生物和生物燃料等；捍卫和促进公平的发展融资框架。遵守有关援助实效和援助数量的国际商定原则。捍卫和促进工作安全和男女平等；取消发展中国家的外债；在税务问题上促进建立国际民主机构，以促进税收正义，打击非法资金流动，避税和逃税现象；通过推广有助于获得药物的模式生产或进口药品，而无需向制药公司支付佣金；促进发展中国家对发展政策的所有权；拒绝欧盟移民政策的压制性质。欧盟必须对原产国的情况承担责任，并制定切实的合作政策。拒绝使用发展基金提供军事援助；制定应对气候变化的目标，以及通过技术转让等手段帮助发展中国家应对全球温度升高的措施。捍卫气候融资是发展融资的又一项新举措。促进国际团结与和平，反对部署欧盟干涉力量以及任何其他引起国际关系冲突和紧张局势的行为。①

绿党党团认为，恐怖主义的威胁是目前欧洲面临的最大挑战之一。德国、法国、比利时、西班牙、英国等国家的恐怖袭击表明，欧洲面临严重的威胁，必须采取有效的行动来应对。很显然，在国家执法机构之间仍然不能有效地分享信息。支持加强欧洲刑警组织，但是，打击恐怖主义不能作为破坏公民基本权利和合作的手段，调查必须有适当的保障和监督。打击恐怖主义的工作包括欧盟与第三国之间交换恐怖主义相关信息的国际协议，追踪恐怖主义财政、监管化学品或潜在危险物质的获取，保护关键基础设施和网络安全。巴西和中国等新兴大国的声明，以及全球自然资源的竞争拖垮了世贸组织的谈判，推动欧盟达成了几个有争议的自由贸易协定，如跨大西洋贸易与投资伙伴协议（TTIP）。同时，在发展方面，千年发展目标的势头在2015年前一年有所缓解。绿党党团把发展政策的一致性放在欧盟议程上。对海外避税天堂的索赔首先得到了政策的支持。继“阿

---

① GUE/NGL, "Trade foreign affairs," Dec. 15th, 2016, http://www.guengl.eu/policy/priority/trade-foreign-affairs.（上网时间：2016年12月15日）

拉伯之春”之后，绿党党团的谈判改善了欧盟地中海地区的战略。①

（五）公民权利和义务

社会党党团致力于保护全欧洲所有公民的权利、自由和安全。通过在法律事务委员会的工作，社会党党团确保能够应对网络世界中出现的新挑战。需要适当的数据保护和版权立法以保护公民的在线隐私，使欧盟创新蓬勃发展。对目前的难民危机作出全面的国际回应，采取更加协调的行动来处理非法移民和贩运人口问题。但是，不仅需要一个非正规移民的计划，还要相信多元化的欧洲，尊重移民的基本权利和尊严，鼓励融合。欧洲需要对合法移民采取积极态度，不断寻求改善欧盟和国家一级的一体化措施，特别是保证移民子女的教育和融入。② 对于社会党党团来说，法律面前人人平等的原则是公正和民主社会的基础。欧盟条约中规定的不歧视、宽容、正义、团结和平等的斗争是欧盟行动的法律基础。该党团希望委员会审查关于对种族主义和仇外心理的刑事制裁的现有框架决定，包括其他形式的仇恨罪，涉及性取向、性别认同和性别表达的仇恨罪。相信每个人都有平等的权利，不受歧视地选择自己的生活。希望委员会针对男女同性恋、双性恋、变性人和双性恋人士（LGBTI）面临的基本权利问题，制定全面的欧洲对策。社会党党团提出要注重数据保护，其中两项工作重点是工业和政府处理个人数据，另一个则涵盖警方和刑事司法部门使用的数据。处理大量数据的公司或公共机构必须指定一名数据保护官员确保履行其法定义务。更重要的是，对违反新法律的企业实施严厉的处罚，行政罚款高达全球总营业额的4%。③

激进左翼党团认为欧盟和美国之间的协议允许通过转让欧盟公民的财

① Greens/EFA, “Anti – terror measures must not put fundamental rights at risk, New parliamentary committee on terrorism,” Jul. 5th, 2017, https: //www. greens – efa. eu/en/article/press/anti – terror – measures – must – not – put – fundamental – rights – at – risk.（上网时间：2017 年 7 月 5 日）

② S&D, “Justice liberties citizenship home affairs,” Jul. 5th, 2017, http: //www. socialistsand-democrats. eu/policies/justice – liberties – citizenship – home – affairs – 0.（上网时间：2017 年 7 月 5 日）

③ S&D, “Development co – operation & humanitarian aid,” Jul. 5th, 2017, http: //www. social-istsanddemocrats. eu/policies/development – co – operation – humanitarian – aid – 0.（上网时间：2017 年 7 月 5 日）

务数据银行体系，美国和英国的间谍活动是侵犯人民基本权利的行为。鉴于数百万欧盟公民以及欧洲外交官和成员们正在被美国窥视，保护公民自由和数据隐私非常重要。欧盟和美国之间的协议允许通过 SWIFT 银行系统转让欧盟公民的财务数据，激进左翼党团认为这是侵犯人民的基本权利，SWIFT 是以打击恐怖主义为名忽略了公民的基本权利而实施的安全政策的表现。当欧洲议会投票决定暂停欧盟—美国 SWIFT 协议时，该党团表示这才是第一步。另外，欧洲必须捍卫寻求庇护者的权利，尊重国内和国际上的人权和民主。激进左翼党团争取行动自由，欧洲需要解决其破碎的移民和庇护制度。在一个欧盟成员国正式登记或结婚的夫妻不应在另一个欧盟国家受到歧视。行使欧盟某些国家工人自由流动的权利，意味着同性伴侣在社会保障和养老金领域丧失一些基本权利。激进左翼党团要求委员会提议，确保自营职业者在行动自由方面享有的权利都是一样的。针对贫穷与社会排斥，新自由主义政策和紧缩方案是失业、贫困和社会排斥日益严重现象的根源。再次呼吁为穷人提供更多帮助，减少对银行和金融界的支持，需要立即停止公共资产和社会保障体系的抛售。贫穷和社会排斥是侵犯人的尊严和基本人权的行为。通过提供额外资源增加国内市场的需求和消费，从而抵消衰退，发挥反周期的经济作用。激进左翼党团创新消费者政策来处理消费者所面临的新问题，尤其是在当前的经济危机形势下。对消费者权利的有效和全面的保护，使他们变得更加脆弱，但这是该党团工作的核心。①

绿党党团关注移民问题，它认为由于经济危机非正常移民的情况恶化，匈牙利的右翼政府改革威胁法治，基本人权受到质疑。通过批评匈牙利的法律改革，提请注意尊重欧盟核心价值的必要性。尽管没有建立一个完整的欧盟庇护体系，但通过制定各种形式的庇护歧视政策，并与边界管制机构欧盟边境管理局（FRONTEX）的非政府组织代表建立人权控制小组。尽管为男女同性恋者、双性恋者和变性者（LGBT）权利制定了路线图，但在立法方面没有取得进展。对于南部成员国的非正规移民来说，情

---

① GUE/NGL, "Priority," Jul. 5th, 2017, http: //www. guengl. eu/policy/priority/civil - liberties - data - privacy - protecting - the - vulnerable.（上网时间：2017 年 7 月 5 日）

况依然严峻。维护人权是气候行动的核心，尊重、保护和促进人权是有效的全球气候行动的先决条件。这包括性别平等、妇女充分且平等参与、积极推动劳动力的公正转型，为所有人创造体面的工作。①

二、差异

从三大左翼党团政策差异性来讲，主要体现在外交、转基因食品、旅行者安全和卫生保健等民生领域。社会党党团在外交、旅行者权利和卫生保健方面更突显影响力，激进左翼党团在女性权利和医疗卫生方面有新的阐述。在实现平等人权议题上，左翼党团的影响力和执行力不容小觑。而绿党党团更关注转基因食品和能源气候等方面，呼吁要为运输基础设施提供充足的资金，为欧洲配备现代化的运输系统，未来研究和发展侧重于智能交通系统，提高能源效率，改善社会和环境，通过调整以达到更高的标准。②

（一）能源

三大左翼党团在能源政策方面的差异主要是追求的具体目标不一样，社会党党团认为欧盟在2020年应达到减排30%的目标，它还支持形成“欧洲共同能源政策”，面对能源危机时可以做到团结一致。绿党党团要求实现“资源革命”，希望欧盟到2020年可以减排40%。绿党党团希望节约能源，发展可再生能源，坚决反对发展核能源。如果要把全球变暖限制在2℃以内，到2050年，欧盟必须减少60%的交通排放量（与1990年的水平相比）。为了应对欧洲的气候变化目标，关键战略目标是在未来几年把交通碳排放量降到零。欧洲有实现这些目标的工具，为运输基础设施提供充足的资金。使污染者付出代价，使每种运输方式都承担其对社会和环境影响的全部成本。

激进左翼党团认为在全球层面，应致力于实现应对气候变化的目标和帮助发展中国家制定应对全球气温升高的措施。发展可持续经济是走出当

---

① Greens/EFA, “Protection of fundamental rights in the EU. European Parliament calls for more ambition,” Mar. 1st, 2018, https://www.greens-efa.eu/en/priority/group/rights-and-freedoms/.（上网时间：2018年3月1日）

② 游楠、张皓：《欧洲议会三大左翼党团间政策趋同和差异比较研究》，《学术探索》2019年第12期。

前危机的主要内容，激进左翼党团作为一个红/绿联盟，要继续推动可再生能源的循环利用，达成有约束力的全球气候协议。欧盟的任务是减少排放量、加强节能。为了在全球范围内处于领先地位，欧盟必须争取实现更多的减排目标，并以一致的国内气候政策作为后盾。该党团向欧盟施加压力，要求国内努力在 2020 年比 1990 年减少至少 30% 的温室气体排放量。欧盟可以说服其他国家采取进一步的行动，并推动全球气候谈判。建立紧急交付具有约束力的协议，连续的气候变化峰会未能充分应对气候变化的威胁和危险，它将反对任何基于最低标准的提案，发展低碳经济并预防气候灾难。它要求所有发达国家都承诺在 2013—2015 年期间实现 600 亿美元的中期公共财政目标。向公众提供信息和参与决策不仅是一项权利，而且是必要的。预防和限制后果是首要任务，各国有责任对危险物质造成的事故负责。

绿党党团在 2017 年 11 月 28 日召开日常会议，主题是有约束力的目标将有助于打击能源贫困，提高能源效率。欧洲议会工业、研究和能源委员会同意能源效率指令的报告。绿党党团报告员伯尼戴克（BenedekJávor）评论："需要能源效率政策来降低欧洲公民和企业的能源费用，还可以帮助消除能源贫困，也是实现气候政策目标和承诺。" 2015 年 10 月 9 日，联合国巴黎气候大会，政府间气候变化专门委员会（IPCC）最新的评估报告（5AR）已经提供明确的证据来证明气候变暖，并且自 20 世纪中叶以来，人类活动是观测到的气候变化的主要原因。气候变化的影响已在各大洲和整个海洋系统中显现出来。温室气体持续排放将导致全球所有地区和所有国家的陆地、大气和海洋进一步变暖。从 2000—2010 年，全球温室气体排放量是人类历史上最高的。科学家预测，如果不采取全球减缓行动来减少温室气体排放，到 21 世纪末，全球平均气温可能会高出 4℃或 5℃。《气候变化框架公约》和巴黎气候峰会将是世界加速向零碳未来转变的难得机会。绿党党团要求欧盟加强 2030 年的信心以适应当前形势的紧迫性，在 2020 年之前承诺进一步减排。①

---

① Greens/EFA, "The EU must become a world leader on renewable, Renewable Energy Directive," Jan. 17th, 2018, https://www.greens - efa.eu/en/priority/group/renewables/.（上网时间：2018 年 1 月 17 日）

（二）外交

在外交政策上，社会党党团更多提倡的是要发挥更大的作用；激进左翼党团关注制定工资和退休设置机制，该党团表示反对增加委员会对国家政策的干预。它认为工资政策不是欧盟的事情，绿党党团更多关注核安保和核不扩散问题、难民救济问题。

社会党党团认为，欧洲在国际上扮演更强大的政治角色的时机已经到来，尤其是在中东和北非，呼吁采取更多的行动。欧盟必须与其盟友在地区和国际上站在一起，共同应对该地区前所未有的人道主义危机。欧盟必须在中东和平进程中发挥真正的政治作用，支持联合国为解决移民问题所作的努力：改善人民的经济和社会状况，加强民主和法治，提供教育和就业机会，促进包容性和可持续的经济增长。同非洲国家进一步密切合作，对于解决极端主义和关注社会经济发展和安全问题也是至关重要的。欧洲议会和非盟曾深入地就非洲的政治和社会问题进行辩论和对话，并强烈要求确保为与非洲国家合作的伙伴关系和发展计划提供足够的资金。特别致力于通过 EDUCA 倡议，为所有儿童，尤其是冲突地区的儿童提供教育，并鼓励与伙伴就维护普遍人权进行坦率和公开的辩论。还继续推动所有经济伙伴关系协定中的有利于发展的条款，特别是在可持续发展方面。①

激进左翼党团认为坚持国际团结、和平，推动发展资金更加有效地流向发展中国家。近年来，发展机构大幅增加了对私营部门的贷款和投资。向发展中国家的私人资金流动是支持发展的有效途径。其认为需要制定条件，确保私人投资对穷人产生积极影响，努力提高日益多样化的南北资金流动的发展效力，并确保所有这些流量符合负责任的融资标准。该党团呼吁议会保留自治的集体协议政策，保护社会对话。针对同工同酬问题，在欧盟，女性比男性少 16.4%，工资差距在增加。该党团认为只有对雇主采取更加昂贵的制裁措施，才能摆脱工资歧视，才能避免这种非法行为。紧缩政策无助于实现同工同酬，因为它们破坏了工作机会，降低了工资，从

---

① S&D, "Justice, liberties, citizenship & home affairs," Jan. 17th, 2018, http: //www.socialistsanddemocrats.eu/policies/justice – liberties – citizenship – home – affairs – 0.（上网时间：2018 年 1 月 17 日）

而给工人们带来巨大的工资压力。

绿党党团主张建立有效的欧洲庇护制度（CEAS），以应对那些寻求庇护者的需求。他们的申请将得到公平处理，并应有类似的结果；他们在索赔期间将得到支持，而且在得到国际保护时这种情况将继续下去。难民危机是团结的危机，这是欧洲成员国不愿意分担责任所致。成员国必须团结一致，难民危机对欧洲来说是巨大的挑战。针对核安保和核不扩散问题，绿党党团对于区域和国际安全的恶化、核武器在这方面的作用以及缺乏有效的裁军深感关切；呼吁所有核武器国家采取具体的临时措施，降低核武器爆炸的风险，包括使核武器从部署到储存，减少核武器在军事中的作用，迅速减少各类核武器；关切俄罗斯联邦与北约之间恶化的关系，包括可能违反《中程核力量条约》（INF）；支持2016年核安全峰会，认识到未经批准的核材料贸易和使用是对全球安全的直接和严重的威胁，并期待着对所有武器级材料进行全面跟踪和实物保护；支持安理会通过联合国第2310（2016）号决议，表示赞赏《全面禁试条约》筹备委员会在完成和实施有效的国际监测系统方面所取得的重大进展，即使没有条约生效，也有助于实现区域稳定，为各国带来更多的公民利益。

绿党党团深信为了监测系统的继续运作，禁核试条约组织筹备委员会将继续依靠各国的经费捐助；要求深化与美国政府和所有核武国家的对话，争取实现旨在逐步削减核弹头储备的共同议程；特别支持美国和俄罗斯联邦采取新步骤，商定减少部署的核武器和建立无核区是建立无核世界的积极步骤；中东无核区对于实现该区域的持久和全面和平至关重要；认识到从欧洲领土撤出所有短程、战区的和指定的核武器弹头可能有助于为建设无核武器区创造条件，从而有助于实现不扩散和裁军义务；认为“联合综合行动计划”（又称《伊朗核协议》）是多边外交的显著成就，特别是对于欧洲外交来说，这不仅大大改善欧伊关系，可能也有助于促进整个地区的稳定。

（三）食品安全和转基因食品

在食品安全方面，社会党党团、激进左翼党团和绿党党团都对转基因食品制定了不同的政策，社会党党团认为需要一个更加透明的杀虫剂授权流程，绿党党团认为转基因生物对环境和健康的影响是不可预测的。绿党党团希望禁止将转基因生物释放到环境中。

社会党党团认为欧盟针对转基因生物（GMO）方面制定了最严格的立法，但作为社会党党团，仍然担心进口或培育转基因生物对健康和环境的更大影响。生产高品质的食物，所有的欧洲消费者都应保证从农场到餐桌的食品安全。在确保安全和质量的同时，需要防止和减少整个食物和饲料链中的浪费。社会党党团正在努力确保欧盟立法为所有欧盟成员国提供范围广泛的协调规则，以减小“农业食物链”沿线的人类、动植物的健康风险。到达餐桌的食物不仅是安全认证，而且授权过程也是透明的。社会党党团认为欧盟植保产品的整个授权过程必须进行修改。保障食品供应安全，欧洲需要能够应对国际食品市场中食品和农业原材料的不稳定价格。希望欧盟在影响全球粮食安全方面发挥的更大作用，尽可能减少依赖进口产生的脆弱性。①

激进左翼党团针对转基因生物（GMO）问题，认为委员会批准了转基因马铃薯在整个欧盟的商业化种植许可之后，采用书面程序，绕过了关于转基因授权的新框架。激进左翼党团要求将该问题列入议程。2010 年 3 月，在斯特拉斯堡举行的全体会议上，欧盟委员会反对种植转基因生物的欧洲舆论，并对公共健康、环境漠不关心。几个月后，该党团积极回应禁止或限制成员国在其领土上种植转基因生物的报告。②

绿党党团更多地提到了转基因食品问题。2013 年 2 月 15 日，绿党党团就“一个无转基因的欧洲”进行讨论，为什么绿党党团反对转基因生物（GMO）和转基因食品的种植？主要原因是转基因生物是一种新型的有机体。他们可能对不可逆转的基因污染负责，并污染所有的农业和粮食系统。转基因生物正在被农用化学品公司使用，生活中的专利是不可接受的，扩大转基因生物的使用将剥夺农民对种子的控制权，由少数跨国农化公司控制转基因生物的权利。这将使这些公司对食品供应体系产生重大影

① S&D, “Environment, health, agriculture and fisheries,” Oct. 19th, 2016, http://www.socialistsanddemocrats.eu/policies/environment - health - agriculture - fisheries - 0.（上网时间：2016 年 10 月 19 日）

② GUE/NGL, “Consumer rights and food safety,” Oct. 19th, 2016, http://www.guengl.eu/policy/priority/consumer - rights - and - food - safety.（上网时间：2016 年 10 月 19 日）

响。转基因生物是工业化农业体系的基石，与可持续农业不相容，旨在确保长期的粮食安全。绿党党团已经在这个问题上关注了15年，持续开展各类相关活动，是唯一一个反对有意释放转基因生物的议会团体。①

（四）旅行者权利和安全旅游

相对其他两个左翼党团，社会党党团单独提到了旅游这个主题。旅游业是欧洲许多国家经济增长和就业创造的重要引擎，帮助数百万人摆脱了贫困。欧洲议会议员成功地争取对铁路、航空、公路和乘客的权利，为乘客提供赔偿和协助。社会党党团已采取行动提高整个欧洲的交通安全，争取加强道路安全教育，加强车辆检查，保护弱势道路使用者，还支持提出更好地考虑航空安全问题的建议，并确保在欧盟航空领域进行更好的培训。针对旅游业，认为旅游业在全球经济中增长最快，为了充分发挥欧洲旅游的潜力，需要投资和改善交通基础设施，发展多元化的文化网络和文化遗产，保护农村和自然保护区，也希望通过提供培训机会，充分利用创造绿色就业的机会来保护工人的权利。旅游业在创造就业和经济增长方面也起着关键作用。通过精心的管理，乡村旅游在保护生物多样性、保护自然栖息地、惠及环境、社区居民和游客等方面也可以发挥重要作用。②

（五）卫生保健和医疗产品

在卫生保健和医疗方面，社会党党团和激进左翼党团比绿党党团更加关注，他们均在官方网站上对此类政策进行了阐述，但他们之间还有些差异。比如，激进左翼党团更加关注女性权利保护问题，财政紧缩导致妇女获得医疗保健的机会大大减少，因此，该党团不断争取男女在保健服务方面的平等。

社会党党团一直倡导为所有欧盟公民提供高质量的医疗服务，改善欧洲人健康状况，带头协调跨境医疗问题，确保欧盟患者有权寻求最佳治疗，并保障国家卫生系统的财政，反对削减欧盟国家的医疗支出，推动欧

---

① Greens/EFA，“For a GMO - free Europe，” Feb. 15th，2017，https：//www. greens - efa. eu/en/priority/group/genfood/.（上网时间：2017年2月15日）

② S&D，“Transport，tourism & the regions，” Oct. 19th，2016，http：//www. socialistsanddemocrats. eu/policies/transport - tourism - regions - 0.（上网时间：2016年10月19日）

盟关于假冒医疗产品的法律制定，确保欧盟的器官捐赠和移植法顺利实施。社会党党团率先制定了新法律，使医疗设备更安全。提高了临床试验的透明度，确保所有医学研究的结果是公开的。通过促进跨境临床试验，促进医学研究，特别是针对罕见疾病的研究。加强抗微生物药物的研究，加速发现新的救命药物。除了安全、有效和高质量之外，药物应该易于获得，即使对于罕见的疾病公民也容易负担得起。①

激进左翼党团注重卫生保健和医疗产品方面的政策。对医疗和医疗产品，该党团在欧盟一级的卫生保健政策方面积极改进。无论个人的经济和社会状况如何，保护这个权利的责任都是普遍的。发展中国家的健康以及欧盟化学品政策和转基因生物对健康的影响也是主要问题。在药品领域，该党团在打击假药、向公众提供药品价格和烟草法律等信息中处于领先地位，确保人们特别是年轻人的健康。针对美容和保健，激进左翼党团认为，无论经济和社会状况如何，人人有权享有医疗保健，确保这种权利得到普遍享有是公共部门的责任。它指出，紧缩措施导致妇女获得医疗保健的机会大大减少，必须打击男女在获得保健方面的不平等，确保生殖健康。在每年的世界艾滋病日，重申对卫生部门进行投资，并呼吁委员会发挥作用，确保成员国履行承诺。尽管艾滋病领域的工作已经完成，但欧盟和欧洲经济区国家确诊的新病例约有 2.5 万例。由于糖尿病影响欧洲超过 3000 万人，该党团呼吁采取欧洲新战略来打击糖尿病。② 2010 年 4 月，在委员会一级通报了伪造药物的重要报告。报告着重于保护病人免受假冒伪劣药物的危害。2011 年 2 月，全体会议通过了该报告。报告除了最初的目的之外，还涉及互联网上的药品销售。这项新法律不仅将影响到欧洲，而且还影响到世界其他地区。对跨境医疗问题，该党团谴责通过关于跨境健康治疗的新规则进行表决，认为这将促进健康旅游。医疗保健不是可交易的商品，是每个人的基本需求。该党团重申了对所有人都负担得起、易于

---

① S&D, "Environment, health, agriculture and fisheries," Oct. 19th, 2016, http://www.socialistsanddemocrats.eu/policies/environment – health – agriculture – fisheries – 0.（上网时间：2016 年 10 月 19 日）

② GUE/NGL, "Healthcare and medical products," Oct. 19th, 2016, http://www.guengl.eu/policy/priority/healthcare – and – medical – products.（上网时间：2016 年 10 月 19 日）

获得优质医疗服务的需求，确保国家和欧洲各级主管机构得到足够的支持，需要训练有素的工作人员来履行新立法规定的所有重要任务。

通过对三大左翼党团的政策主张和优先事项的总结，且基于欧洲议会左翼党团的政治表现，得出以下三个方面结论：第一，三大左翼党团分别拥有自己的政策倾向，且各自制定了优先事项等。三大党团在经济领域、社会领域、外交领域、环境环保领域、政治民主价值观等方面各有侧重：社会党党团关注欧洲绿色协议、新的经济模式、长期合理的预算、富有弹性的政体，认为移民和庇护的进步愿景、强大的欧洲需要强大的共同机构和民间社会支持，注重欧盟和非洲之间的信任伙伴关系和进行诚信贸易；激进左翼党团关注经济、环境、女权主义、权利自由、和平团结等方面，支持女权主义，且重视气候公平、税收正义等。绿党党团关注环境、食物、税收正义、贸易等方面。对转基因食品保持积极抵制的态度。绿党党团要求变革，呼吁建立有包容性的欧洲。①

总体来看，社会党党团更加注重的是经济政策、社会政策、和外交事务，分别提出了两项优先事项，在外交上凸显了欧盟和非洲之间的信任伙伴关系。激进左翼党团更加注重的是所谓政治上的人权、民主等，且声称是欧洲议会最坚定的动物权利和福利捍卫者；绿党党团更加注重经济、社会、环保和饮食等，争取消费者权益和食品供应链的透明度，推动建立一个无转基因的欧洲。②

第三节　左翼党团和其他党团理论政策的趋同和差异

左翼党团和右翼党团、与处于中间位置的党团在理论和政策趋同和差异可以从经济、社会、文化、外交几个方面进行阐述。因为左右翼党团在意识形态和实现目标路径上有所区别，也必然会有政策差异。本章主要阐

① 游楠、张皓：《欧洲议会三大左翼党团间政策趋同和差异比较研究》，《学术探索》2019年第12期。

② 游楠、张皓：《欧洲议会三大左翼党团间政策趋同和差异比较研究》，《学术探索》2019年第12期。

述左翼党团与右翼党团的趋同和差异，其中涉及到少量有关中间派党团政策的对比。欧洲议会左右翼党团在凝聚力政策的制定和实施，农业和渔业政策，预算问题和外交国际事务方面具有大致趋同性；从左右翼党团政策差异性来讲，右翼党团的政策重点是自由经济、单一市场和工业政策，而左翼党团更加强调的是社会政策、公民自由和环境议程。了解和研究各党团的政策特点，把握党团发展动向，对于深入了解欧洲议会的运作方式、推动欧洲一体化发展将起到重要作用。

一、趋同

欧洲议会左右翼党团的部分理论政策趋同，在对待许多涉及到时事热点问题上，态度有时会比较一致，这主要是因为他们在对当今欧洲的社会现实环境下有共同美好的畅想，无论是对打击社会不平等现象、对环境保护的认同，还是欧盟外交和防务政策及农业政策等方面，左右翼党团竭力根据各党团的价值追求和终极目标制定了实施策略和可规划的步骤。

（一）凝聚政策

社会党党团、绿党党团关注“凝聚政策”，保守党党团也同样关注。社会党党团支持把欧洲各地区联合起来的目标，希望欧盟的凝聚政策能够帮助促进所有地区的经济可持续发展，创造更多的就业机会。社会党党团致力于确保在欧洲拥有高效、安全、可持续和有竞争力的交通运输，保护就业和乘客的权利，并保证人员和货物的自由流动。这些目标只有在执行欧盟社会立法时才能实现，以避免成员国之间的社会条件差异。目标是实施凝聚政策，充分惠及人民，支持智慧、可持续和包容性增长，减少现有的社会和经济差距。社会党党团倾向于支持公民应对当前的需求和挑战。为了实现这一目标，需要确保有适当的凝聚政策预算，并在公民投资之间取得良好的平衡。欧洲应该投资于高质量的教育职业培训，改善劳动力市场，创造高质量的就业机会，解决青年失业问题。促进社会融合，消除贫穷和一切形式的歧视。

一是支持明智、可持续和包容性增长：社会党党团致力于减少人民、地区和欧盟国家间现有的社会和经济差距。希望在短期、中期和长期具有可持续的凝聚政策，这是应对社会和经济的主要挑战，努力实现明智、可持续和包容性增长的政策。要促进研究、技术发展和创新，投资于小企业和初创企业，投资电信基础设施，努力实现智能能源供应、工业和社会数字化；二是支持城乡居民参与建设：欧盟不仅要减少发展差距、社会经济和领土不平等，还要减少制约地区和公民的繁文缛节，支持智慧城市和农村发展，同时充分吸引公民参与制定本地区未来战略，应对全球化、气候变化和移民等共同挑战；三是保障工人权利：社会党党团提出保证每个欧盟工作人员能够获得足够工资的体面劳动，确保新的移动配套措施与欧盟社会立法的正确实施相结合。欧盟必须处理不正当竞争，确保运输工人得到充分的社会保护；四是充分进行基础设施建设：需要在欧洲基础设施方面进行更明智的投资，建立更有凝聚力的欧盟，并促进可持续的就业和增长。欧洲议会议员努力为关键基础设施项目提供足够的资金，这是欧盟旨在促进2014－2020年间对运输、能源和电信投资的计划。

2017年6月，绿党党团就2020年后的凝聚政策发表意见，声明赞成有力的、有自主性的和有针对性的凝聚政策。凝聚政策的主要目标是通过减少成员国内部和成员国之间的地区差异来增强经济、社会和地域的凝聚力，改善欧盟公民的福利并为他们提供平等的机会。凝聚政策应该是团结一致的表现，为欧洲的未来作出有意义的贡献。它应该促进可持续和平衡的地域发展，兼顾欧盟在应对气候变化方面的国际责任。绿党党团呼吁委员会和成员国防止项目实施延迟，确保从一个计划阶段到下一个计划阶段的顺利过渡，并克服凝聚政策对地方产生的经济周期性的不利影响。同时，欧洲战略投资基金（EFSI）已经成为一种新的、市场驱动的投资工具，没有繁重的标准和条件可以实现，严重破坏了凝聚政策的成果。欧洲战略投资基金（EFSI）资助项目的额外性目前尚未得到充分证实，欧洲战略投资基金（EFSI）几乎没有最需要的国家受益。此外，凝聚政策预算已经减少，资源转向结构改革支持计划，资助超出凝聚政策范围，甚至出现与凝聚政策目标不一致的现象。凝聚政策发挥了重要作用，通过为公共投资提供机会来应对过去几年的经济和社会危机。

保守党党团的地区发展委员会负责监督和审议凝聚政策。成员们认为，欧盟的结构性基金应主要补充国家公共财政，支持就业创造，竞争力和经济增长。而且，地区政策决不能扭曲欧洲单一市场。希望确保地区政策不会忽视其在贫困地区建设经济能力和基础设施的核心目的。就预算而言，认为欧盟的预算储蓄不应削弱2004年后欧盟成员国的凝聚政策。但是，确实认为，凝聚政策“一刀切”的时代早已过去，要专注于应对有效吸收和使用欧盟资金的挑战。管理欧盟资金的能力仍然是新成员国关心的问题。如果没有强有力的行政能力，这些国家不仅将丧失上一个财政周期资金的直接利益，而且也不能为新的凝聚政策做好充分准备。公务员队伍不稳定，基金财务审计和管理结构薄弱，都是新成员国要应对欧盟基金的风险，这些都对整体有效的政策管理构成了威胁。[①] 欧洲议会的运输和旅游委员会促进有效的跨欧盟运输网络，欧盟必须继续发展全面的多式联运欧盟运输网络，尤其是解决欧盟东西部地区缺乏适当基础设施等关键问题。未来，在欧盟立法中应该考虑区域机场和航空服务的具体需求，以便这些建议为该行业和乘客提供最好的交易。

（二）农业和渔业政策

左翼党团提出农业和渔业发展政策，右翼保守党党团也提出了这点。在左翼党团针对农业政策和渔业政策中，社会党党团提出保护欧盟渔业部门的工作，就业机会减少是欧盟渔业部门一直存在的问题。为了解决这个问题，社会党党团主张通过欧洲海事和渔业基金等方式，支持家庭企业和赋予渔业部门的妇女和青年权力。鼓励渔民继续进行传统的可持续捕捞活动，同时支持新的可持续生产方式的多样化。需要进行整个欧盟的专业渔民的标准化培训，并且不断简化行政和许可程序。

激进左翼党团（GUE/NGL）认为，确保人民的粮食安全应该是共同农业政策的首要目标。激进左翼党团（GUE/NGL）强调，各国政府有义务保护、尊重和履行这一基本人权，同时确保这些政策对环境保护作出贡献。为此，需要一个考虑到每个国家和地区具体生产系统的农业政策框架；支持小生产者，并在整个食品供应链中受到监管；保证生产者公平的价格，并推动当地市场有序运行。该党团提倡公平的、简单的、灵活的共同农业政策（CAP），改革后的共同农业政策（CAP）是灵活的，并考虑

---

① ECR, “Regional development committee,” Feb. 28th, 2018, http://ecrgroup.eu/ecr-policies/ecr-in-the-ep-committees/regional-development/.（上网时间：2018年2月28日）

到成员国不同的农业和农村文化。共同农业政策（CAP）的简化对立法者和受益者有重要作用。任何改革都应认识到农民如何为应对气候变化作出贡献，包括防止饥饿、保护土壤肥力和生物多样性等方面。最后，成员国必须对所有关于新农药的危害、优点的研究结果公之于众。经济和金融危机在各成员国中表现不同，欧洲渔业基金分配不平衡反映了成员国之间存在的不平等，原因之一是获得和使用欧盟资金的能力不同。拒绝引入私有财产权来获取渔业资源，否则将导致海洋的私有化。必须停止过度捕捞，保护沿海地区。① 在共同农业政策（CAP）改革中，绿党党团引入了环境重点领域限制单一种植，保留一定比例的耕地，保护生物多样性。绿党党团还在关于杀菌剂和食品立法中添加有关纳米材料进行严格规定，并保护蜜蜂免受杀虫剂中的某些新烟碱类物质的影响，让转基因生物更容易进入市场。②

在右翼党团针对农业政策和渔业政策中，保守党党团的农业和农村发展委员会负责审查欧盟农业政策，包括农业、林业和农村发展。该党团认为，共同农业政策（CAP）需要进行重大改革，确保纳税人获得物有所值的投资，同时确保欧盟能够在价格波动加剧的情况下保持和提高其生产潜力。采取广泛的行动来简化共同农业政策（CAP），以减少繁琐的手续，减少繁重的检查工作，减少压制和惩罚的程度。成员们认为保持和发展欧盟农业的生产潜力至关重要，将推动确保欧盟农民和食品在质量、健康、兽医问题和动物福利方面提高标准。整个欧盟农民应该有一个公平的竞争环境，农村经济政策小组关注农村经济活动的各个方面，特别关注如何使这些地区更具吸引力，成为工作和生活的场所。因此，该组织的范围非常广泛，将涉及农村地区数字单一市场和农村宽带、交通基础设施、区域发展、土地价格、旅游等问题。保守党党团的渔业委员会负责审议欧盟共同渔业政策和海洋发展的其他方面。针对共同渔业政策，在 2009—2014 年的

---

① GUE/NGL，"Agriculture and fisheries，" Feb. 28th，2018，http：//www. guengl. eu/policy/priority/agriculture – and – fisheries.（上网时间：2018 年 2 月 28 日）

② Greens/EFA，"Save the bees，Have your say by answering the consultation"，Feb. 28th，2018，https：//www. greens – efa. eu/en/priority/group/pesticides/.（上网时间：2018 年 2 月 28 日）

任务授权中为塑造新的共同渔业政策（CFP）发挥了重要作用，努力确保成员国在渔业领域拥有比布鲁塞尔官僚更大的权力。根据区域化原则，权力将下放给成员国，目标是让当地的利益相关方对渔业的未来有更大的发言权，以帮助维持就业和地方经济发展。① 欧洲海洋和渔业资金旨在促进更可持续的捕捞；支持沿海社区经济的多样化和沿海社区的融资项目，并使得融资变得更容易，确保公平使用欧洲海洋和渔业资金，实现更大的可持续性。

人民党党团强调欧盟须履行自然保护的法定承诺，包括通过《鸟类指令》《栖息地指令》和《海洋战略框架指令》；认为欧盟需要在水产养殖业增加其产量，提高就业水平，同时考虑到渔场对可持续性、食品安全、动物和人类健康、环境方面的影响，欧盟应该成为这方面的世界榜样。在欧洲，水产养殖（有鳍鱼、贝类和水生植物的养殖）生产近20%的鱼产品，目前直接雇用约8.5万人。使人民党党团相信需要采取更强有力的措施，使水产养殖成为更有效、经济上可行、对社会负责和环境良好的部门，以满足欧洲对鱼类更大份额的需求，并减少欧洲对进口的依赖。强调欧洲水产养殖不应导致进一步的过度捕捞，必须建立适当的保障措施以确保水产养殖的增长不会危及共同渔业政策的最大可持续产量目标；确认水产养殖对沿海社区和岛屿的社会经济重要性；呼吁委员会采取保障措施，确保鱼类和非鱼类饲料可持续采购；强调指导有关新水产养殖场址的重要性。使用能融入当地的经济规划，采用良好的不同的水产养殖场的国际经验，积极推进欧洲环保的最佳实践案例，特别是关于可持续的废物管理，保护和充分利用当地的生物多样性。加强水产养殖，并将帮助所有成员国增加水产养殖的可持续生产；强调淡水养殖对在贫困地区提供农村就业的重要的社会作用。

（三）人权和平等

左右翼党团共同对民主、自由和人权，尤其是女性权利极其关注。在左翼党团中，社会党党团针对人权问题，认为可持续发展目标工作组

---

① ECR, "Fisheries Committee," Feb. 28th, 2018, http://ecrgroup.eu/ecr-policies/ecr-in-the-ep-committees/fisheries/.

（OWG）制定了千年发展目标具有重要意义。可持续发展目标工作组（OWG）的工作包括广泛咨询非政府组织，打击一切形式的歧视和促进人权的斗争，正如欧盟“2010—2015 年性别平等行动计划”中概述的那样，妇女权利要成为欧盟发展政策的核心，被视为减贫和可持续发展的重要方面。消除对妇女一切形式的暴力和歧视，保障人人享有性健康和生殖健康和权利，确保平等享有保健和教育，是社会党党团努力的重中之重。要不断表达对男女同性恋、双性恋、变性人和双性恋人士（LGBTI）权利的支持。发展中国家尊重人权必须从国内开始，多边企业需要加强监管，以改善企业在人权方面的责任。妇女权利和两性平等，坚定致力于确保男女享有更加公平的待遇，包括改善工作与生活平衡的措施。提出改善产假权利的新立法提案。修订 2006 年“平等待遇指令”，促进男女平等待遇和同工同酬，并采取有效的制裁措施。采取连贯一致的立法，促进平等分担责任。加强非立法措施，促进创新的工作时间安排。提供更优质、价格合理的托儿服务的战略投资，支持欧盟批准打击暴力侵害妇女行为的《伊斯坦布尔公约》。①

激进左翼党团认为经济危机对女性的影响大于男性，因此，女性权利和男女平等对这一群体的工作尤为重要。广义而言，要坚决支持性别平等和赋予妇女权力。具体而言，这意味着要打破性别工资差距，平等参与决策制定工作，还要求承认妇女的生殖权利和以基于性别迫害为由要求庇护的权利。激进左翼党团赞成与妇女维权组织、工会和更广泛的社会运动密切合作，它优先考虑促进妇女权利和两性平等团结。该党团对目前的欧盟紧缩措施表示否定，认为这会增加两性不平等现象。对是否有更公平的财富再分配做出肯定评价，从而加大对公共服务，包括护理服务、保健和教育方面的投资；在充分尊重工人权利，消除失业和解决不稳定工作问题上加强妇女就业；捍卫男女双方在劳动力市场和社会保障体系中不受歧视的权利；妇女有权自由决定自己的身体，获得合法自由流产和高质量的性生殖健康服务；消除一切形式侵害妇女的暴力行为；实现环境和社会可持续

---

① S&D, “Transport, tourism & the regions,” Feb. 28th, 2018, http://www.socialistsanddemocrats.eu/policies/transport-tourism-regions-0.（上网时间：2018 年 2 月 28 日）

发展。将性别平等置于欧盟外交政策的中心，包括贸易、发展和安全政策；促进将性别观点纳入其他议会委员会的工作。在所有生活领域，争取妇女权利和性别平等的斗争，是寻求打击社会不公正的政治运动的核心。这就是为什么在进行女权主义斗争，打击男女不平等，争取实现社会进步和人人平等方面，左翼一直发挥着主导作用。①

绿党党团制定加强对付暴力侵害妇女行为的措施，2017 年 9 月，欧洲议会投票赞成批准《伊斯坦布尔公约》，该公约是在国际一级防止和打击对妇女和女孩的暴力行为的第一个具有法律约束力的文书。在欧洲理事会的主持下，《伊斯坦布尔公约》建立防止暴力的综合性法律和政策措施框架，支持受害者维权和惩罚凶手。数据显示威尔士家庭暴力事件在 2013 年至 2015 年期间上升了至少 23%。威尔士政府 2014 年的统计显示，威尔士家庭虐待每年影响到 11% 的妇女，性暴力影响到 3.2% 的女性。英国政府已宣布打算制定《国内虐待法案》，以批准《伊斯坦布尔公约》。《伊斯坦布尔公约》为提高标准和改善保护提供框架，这将拥有欧洲一级处理家庭暴力的法律框架，将对许多妇女和女孩的生活产生巨大影响。

中间派党团复兴欧洲党团（原自由民主联盟党团）主张自由和社会保障，主张建立一个机会均等、拥有共同价值观的欧洲，打击不平等现象。2015 年新成立的党团 - 欧洲民族与自由党团谈到了身份问题。根据各自的不同特点，为保护欧洲公民和国家身份的政治联盟建立基础。因此，控制和规范移民权利是欧洲民族与自由党团成员共同遵守的基本原则。党团认可对方捍卫其具体的独特经济、社会、文化和地域模式的权利。该党团力求保持政治项目的多样性。要建立自己的政治联盟，捍卫个人自由，强调保护言论自由的特殊重要性。② 复兴欧洲党团在其宪章中就提到了民主问题，在遵循民主原则和基本权利的基础上建立自己的政治项目，因此，拒绝任何过去、现在或将来的任何专制或极权主义项目。该党团声称建立在

① GUE/NGL, "Employment and workers rights," Feb. 28th, 2018, http://www.guengl.eu/policy/priority/employment - and - workers - rights.（上网时间：2018 年 2 月 28 日）

② ENF, "Charter," Feb. 28th, 2018, http://www.enfgroup - ep.eu/charter/.（上网时间：2018 年 2 月 28 日）

政治联盟的基础上，依靠国家之间的合作，建立超国家模式，反对将国家主权移交给超国家机构。

复兴欧洲党团尊重民族差异和利益，支持选票自由。同意在其程序中体现这些原则，该党团尊重其代表团和成员自由参加投票。欧洲议会不能启动或废除任何欧盟法律，该党团反对在布鲁塞尔未经选举的国家权力的集中，它鼓励欧洲人民在管理国家的法律中有直接的发言权，并且认为重大决策可以而且应该通过自由和公平的公民投票合法化，不仅在国家一级，而且在地区和地方一级也应如此。[①] 该党团向自由的民主欧洲成员开放，并承认《联合国人权宣言》和议会民主。该党团赞同遵从开放、透明、民主和负责任的合作，反对欧洲的官僚化和建立单一的中央集权的欧洲超级国家，要更尊重人民的意志。该党团赞成任何新条约或现有条约的修改都应通过成员国的全民公决，还认为任何权力的合法性来自人民的意愿。尊重欧洲的历史、传统和文化价值。欧洲人民和国家有权保护自己的边界，加强历史、传统宗教和文化价值，该党团反对排外主义、反犹主义和任何其他形式的歧视。

人民党党团的人权小组委员会遵循有关规定，努力促进保护少数群体和促进第三国民主价值的实现。保守党党团欧洲议会妇女权利委员会重点关注两性平等问题，确保妇女和女童都得到保护。欧洲保守党党团成功地与社区女性一起工作，过去，其一直在努力改善妇女获得小额贷款的机会，鼓励妇女成为企业家。保护处于极端弱势地位的妇女，并试图消除对妇女的各种歧视和暴力，包括性虐待、强迫婚姻、所谓的名誉犯罪和对妇女的商业性剥削，确保遭受各种暴力的妇女能获得适当的医疗和情感支持。坚决解决老年妇女、单身母亲、残疾妇女、移民妇女和少数民族妇女的贫困问题。[②]

（四）预算问题

左右翼党团对预算问题表示持续关注。在左翼党团中，社会党党团希望

---

① EFDD, “Direct democracy,” Feb. 25th, 2018, http://www.efddgroup.eu/about-us/direct-democracy.（上网时间：2018 年 2 月 28 日）

② ECR, “Womens’ rights and gender equality,” Feb. 25th, 2018, http://ecrgroup.eu/ecr-policies/ecr-in-the-ep-committees/womens-rights-and-gender-equality/.（上网时间：2018 年 2 月 28 日）

欧盟的预算具备应对欧洲面临的诸多挑战所需的能力和灵活性。欧盟的支出被认定为年度预算，但年度预算的规则和准则作为长期计划的一部分，需要一个多年度财务框架。目前的框架于2014—2020年实施，不能应对个别国家的全球挑战。只有共同努力，才能应对经济或难民危机。社会党党团认为欧盟的预算和必要的资源是必不可少的，财政框架和年度预算需要更好地用于满足公民愿望。社会党党团希望看到一个更加透明和公平的，为欧盟预算融资的体系，希望欧盟有直接提高收入的手段，需要一个专注于创造就业机会和增长的预算，并将更多的资金投入到研发、创新、培训和就业等领域，从而促进整个欧洲大陆的就业和增长。[①] 2017年6月28日，绿党党团提到欧盟预算的改革早已过时，欧盟委员会发表了关于《欧盟财政未来》的文件。联合主席斯卡·凯勒（Ska Keller）评论道，“欧盟预算的改革早已姗姗来迟，对欧盟委员会正在采取措施实现这一事实表示欢迎，为了建设一个生态和社会的欧洲，欧盟迫切需要一个强大的预算，欧盟面临重大的社会、经济和需要共同投资的环境挑战”。[②] 欧盟必须避免英国脱欧在预算中漏洞百出，欧盟应该以英国脱欧为契机，建立新的生态自有资源，加强共同预算，并为必要的社会和生态投资提供资金，欧盟应把实现巴黎气候协议的承诺作为欧盟预算的重中之重。联合会主席菲利普·兰贝茨（Philippe Lamberts）补充说：英国脱欧不能够削弱欧盟开支的影响，如果欧盟能够应对人民面临的迫切挑战并投资于未来，就需要一个更强有力、更有针对性的预算，这必须由欧元区制定具体预算，以确保欧元的可行性。[③]

在右翼党团中，保守党党团的成员在预算控制委员会负责审议欧盟预算执行情况，需要设立专职的预算控制专员，应该更多地关注支出质量，同时更加重视问责制，重视绩效和支出结果。欧洲议会在审议预算方面发

① S&D, “International trade & globalization,” Feb. 25th, 2018, http://www.socialistsanddemocrats.eu/policies/international - trade - globalisation.（上网时间：2018年2月28日）

② Greens/EFA, “EU budget must drive the green transition, Multiannual Financial Framework,” Mar. 14th, 2018, https://www.greens - efa.eu/en/article/press/eu - budget - must - drive - the - green - transition/.（上网时间：2018年3月14日）

③ Greens/EFA, “Debating the future of EU - UK relations after Brexit, EFA MEPs Jill Evans & Alyn Smith in key debate,” Mar. 14th, 2018, 2018 - 03 - 13, https://www.greens - efa.eu/en/priority/group/brexit/.（上网时间：2018年3月14日）

挥更大的作用，有效的系统、规则和控制至关重要。① 争取拥有完全一体化的控制框架，当发现错误行为时，应该实施全面的制裁措施，例如，中断和暂停支付、进行财务纠正和处罚等。

人民党党团成员在预算控制委员会负责控制欧盟预算的执行情况，其考虑预算执行中的欺诈和违规行为，并提出旨在预防和起诉这些案件的措施，其还审计欧盟机构的账户。自 2015 年，人民党党团就制定了 2020 年后长期政治战略，侧重于提高欧洲附加值，加强可衡量性的相关指标以及明确向欧盟及其成员国分配责任；鼓励成员国更好地利用欧盟资金，吸取经验教训。注重在如何实现目标方面和降低治理水平具有足够的灵活性，以提高成员国向欧盟提交的评估数据的一致性；进一步降低控制成本和错误率。进一步提高预算的内部灵活性，以便对突发事件作出快速反应，更新业绩并改进预测；系统的监测和评估以及公众可获得的结果，为所有利益相关者提供评估和改进绩效的可能性，它提倡采用一种务实的预算编制办法，其重点是根据业绩评估结果确定优先事项。

（五）外交事务

左右翼党团在外交和国际事务上都支持国际社会和平，反对恐怖主义，注重国际安全与防卫。社会党党团呼吁欧洲委员会提出真正的长期欧洲战略，与非洲建立伙伴关系。反对原教旨主义的斗争需要国际社会和非洲国家的有效外交和共同的、持久的战略。社会党党团了解拉丁美洲多元化、多样化和多变的政治格局。提倡继续进行建设性对话，与拉美建立更深层次的战略联盟。社会党党团的目标是促进社会凝聚力、消除不平等、鼓励可持续发展、环境保护和区域合作。因此，它不断推动在贸易谈判中纳入对社会、工作和环境标准的约束性规定。

激进左翼党团（GUE/NGL）在解决中东冲突方面特别积极，并一直要求通过和平解决方案来结束以色列对巴勒斯坦的占领。继续反对欧盟军工综合体的建立和欧盟武装力量的作用。无论是为拉美国家的公平政策而努力、为西撒哈拉和哈萨克斯坦人民争取权益还是对土耳其政府关于库尔

---

① ECR, "Budgetary control committee," Mar. 14th, 2018, http://ecrgroup.eu/ecr-policies/ecr-in-the-ep-committees/budgetary-control/.（上网时间：2018 年 3 月 14 日）

德和塞浦路斯问题施加压力，激进左翼党团（GUE/NGL）都在不懈地追求欧盟与世界其他地方建立积极的联系。对发展中国家，激进左翼党团（GUE/NGL）致力于自决的社会经济发展和消除贫困的真正发展政策。对于北约与欧盟，激进左翼党团（GUE/NGL）声称欧盟是和平的联盟，欧盟与北大西洋公约组织进行密切合作。但其是一个纯粹的军事同盟，北约与欧盟之间的关系日益加强，主要是加强欧盟与美国的关系和全球新自由主义议程的军事保护。

人民党党团认为恐怖主义是全球性的威胁，需要在地方、国家、欧洲地区和全球层面加以解决。为了加强安全，捍卫自由民主和人权的基本价值观，该党团坚持国际法，坚信巴黎袭击后迫切需要加强欧盟的反恐措施。考虑到打击恐怖主义主要属于成员国的职权范围，人民党党团坚决主张界定恐怖主义威胁的性质，制定最佳方法来打击这一威胁，并确定恐怖主义的根源，充分尊重法治，建立健全的保护基本权利的框架和标准。2017 年 3 月 29 日，英国正式启动脱欧程序。欧洲议会不得不同意或拒绝最终的离场协议，该党团成为欧盟第一个在 2017 年 4 月就脱欧谈判公开立场的机构。这一立场反映了该党团的优先事项，确保欧盟公民在英国和英国公民在成员国的权利，确保英国履行其财政承诺和北爱尔兰的协议，并设定《星期五和平协议》（the Good Friday peace agreement）。这个决议也成为衡量英国退出欧盟谈判结果的参考标准。英国脱欧将在未来两年继续成为欧洲议会的重要议题，欧盟和英国首先就英国的有序撤军进行谈判，然后再进行过渡性的安排，最后达成对未来关系的协议。根据本党团委托进行的民意调查显示，78%的欧盟公民认为英国脱欧谈判的首要目标应该是保护欧盟 27 国特别是其经济体的利益。对于移民问题。在边界有大量难民出现，如何在短期内处理边界，减少中期难民人数。团结必须是任何有关移徙行动的原则，而且融合必须是双向的过程。从长远的角度来看，要解决影响移民根源的地缘政治问题需要更大的承诺，战争、贫穷、腐败、饥饿和机会不足意味着人们仍然会被迫逃往欧洲。①

① EPP, "Terrorism," Mar. 25th, 2018, http://www.eppgroup.eu/hot-topic/terrorism.（上网时间：2018 年 3 月 25 日）

保守党党团欧洲议会外事委员会负责监督欧盟的外交政策，它有两个小组委员会，安全与防卫和人权委员会。支持东部邻居乌克兰，成员正积极与东盟伙伴国（亚美尼亚、阿塞拜疆、格鲁吉亚、摩尔多瓦和乌克兰）合作，使它们更接近欧盟，促进民主化和法治建设。外交和防务政策应该继续成为成员国的权限，并由政府而不是欧盟机构达成共识。欧洲议会的经济和金融事务涵盖了欧洲议会工作的重要部分，例如，货币政策、经济治理、金融服务监管、资本和支付的自由流动。在欧元区危机之后，议员们正在支持更强大的银行系统，以确保投资者和纳税人得到适当保护。保守党党团认为需要改革，不鼓励投资或创新，不削弱欧洲的竞争力。在防御政策上，防务政策小组将根据该党团相关创始原则，确保国家主权的完整性，重振北约跨大西洋安全关系，结束浪费和过度的官僚主义，审查欧盟的共同安全和防御政策，尊重和平等对待所有欧盟国家。①

保守党党团欧洲议会发展委员会促进和监督欧盟的发展与合作政策，包括促进援助、善政和尊崇民主价值。对于国际发展，成员们支持对世界上最贫穷国家人民生活的切实改善。支持保障民主、法治、正义、平等和尊重人权。创建财富政策小组的目的是制定创新的国际发展政策，重点放在发展中的经济体上；私营企业和竞争推动财富创造；个人财产权合法化；支持法治和善治。政策小组促进公私伙伴关系，将继续监督欧盟的资金，并推动结构性改革。政策小组的目标是制定保守党党团国际发展宪章。该党团将每年组织一次年度高层会议，并发布一系列政策报告。欧洲议会就业和社会事务委员会审议了就业政策和措施，减少社会不平等，如解决失业问题。议员们认为，就业立法是在国家层面上最好的决定，任何欧洲的倡议都必须尊重辅助原则和相称原则。保守党党党团致力于更好的监管，作为减轻企业监管负担和消除增长和创造就业障碍的第一步，应该为工人提供相应的保护，同时确保企业能够成长，创造就业机会，提高竞争力。确保欧盟立法者履行责任，确保提出的任何条例或建议能够鼓励创

---

① ECR, "Foreign affairs human rights and defence committee," Mar. 25th, 2018, http://ecrgroup.eu/ecr－policies/ecr－in－the－ep－committees/foreign－affairs－human－rights－and－defence/.（上网时间：2018 年 3 月 25 日）

造就业机会，并且不会对业务施加不成比例或不恰当的负担。

二、差异

不同议会党团的政策重点有所不同，中右党团的政策重点是自由经济、单一市场和工业政策，而左翼党团更加强调的是社会政策和环境议程。在经济方面，复兴欧洲党团和人民党党团意见较为一致，他们都更加重视经济竞争力的提高和影响。而在社会政策方面，左翼党团，比如，社会党党团更重视性别平等和公民权利。分析左翼党团与其他党团在理论政策方面的差异，有助于把握最新的党团理论发展方向。

（一）经济方面

在经济政策方面，对待金融危机，人民党党团与社会党党团立场不一，人民党党团将金融危机视为推行民族主义的好机会。复兴欧洲党团（原自由民主党党团）重视投资和就业。① 社会党党团认为金融危机是中右政党在大多数欧盟成员国和机构执政造成的。社会党党团希望人民是首要的，期望欧盟进一步实施改革，确立最低工资标准，呼吁改革金融市场，要求进一步扩大内部市场。支持中小企业，使他们能够充分发挥其在欧洲创造就业机会和增长的引擎作用。认为中小型企业是欧洲推动就业和经济增长的中坚力量，他们创造了85%的新职位，并提供了欧盟私营部门就业总人数的2/3。更好地为中小企业提供融资，特别是发展可行的风险投资选择，实施《小企业法》，避免不必要的监管负担，实现现代化的行政程序。为小型企业出口提供咨询，尤其是为非欧盟市场提供咨询渠道。实施单一市场的新策略，认为绿色的、以知识为基础的社会市场经济可以改善欧洲公民的福利。社会党党团的愿景包括确保平等待遇和社会包容的实际措施，创造可持续的就业和增长以及高度的消费者保护。支持新的货物和服务内部市场战略，将欧盟的“地理标志”保护扩展到非农产品。采用国际采购文书的新提案，确保贸易伙伴遵守明确的和公平的规则。改善赔偿

---

① ALDE, “A Europe That Works, Party Electoral Manifesto 2014, Alliance of Liberals and Democrats for Europe, 2014,” Mar. 16th, 2018, https://www.aldeparty.eu/sites/alde/files/00 – Pages/7475/english – version – alde – party – manifesto.pdf.（上网时间：2018年3月16日）

指令，确保投标人在合同遭遇不公平的时候可以获得赔偿，实施“服务指令”“职业资格指令的认可”“公共采购”，以加强内部市场，解除产品安全和市场监督指令。在欧盟—加拿大全面经济贸易协定（CETA）中，社会党党团在许多优先事项上达成了协议，以透明公正的方式引导贸易争端的解决，以投资法庭制度取代私人仲裁制度。在欧盟—加拿大全面经济贸易协定（CETA）中，欧盟标准将不会降低，公共服务不会受到影响，工人的权利将得到保护。①

绿党党团强调共同产业政策是基于创新性融资安排（如项目债券）的研究，并支持中小企业的发展，以保持其对行业和研究领域新的主要参与者的竞争力；呼吁欧盟提高欧洲生产的价值，特别是通过提高可持续性标准，促进绿色技术的更快速的市场引入，以及增加不可再生和稀有原料的替代；敦促欧盟委员会制定有关中国的长期战略，更准确地说，在未来30年内在欧盟发展或维持哪些工业部门可能面临严重困难，在整个联盟的社会伙伴和公民中促进公开和公正的讨论，为濒危工业部门及其雇员的长期转换和重新工作奠定基础。欧盟作为世界上最大的市场，必须在战略领域特别是制定标准方面继续保持世界领先地位。支持欧盟就提高有约束力的全球人权、社会、环境和气候变化保护标准，达成多边和双边协议的所有活动。

在右翼党团中，欧洲人民党党团认为欧盟—加拿大全面贸易协定（CETA）是欧盟和加拿大有史以来最先进、最雄心勃勃、全面和现代化的贸易协定。欧盟—加拿大全面贸易协定（CETA）将消除几乎所有的进口关税，每年为欧洲出口商节省5亿欧元。其保证市场准入，为企业创造一个公平的竞争环境，在尊重环境、消费者和劳工标准的同时，在国际范围内保护145个欧洲地理标志和保障产权，实现欧盟农业利益。人民党党团强调中小企业是欧洲经济的支柱。它们占欧盟所有企业的99%，创造了85%的新就业机会，并为欧盟提供了2/3的私营部门就业机会。这就是为什么欧盟法律首先要支持他们，也是人民党党团帮助中小企业发展和促进

① S&D, “International trade & globalization,” Mar. 16th, 2018, http://www.socialistsanddemocrats.eu/policies/international-trade-globalisation.（上网时间：2018年3月16日）

创业的优先事项之一。为了审视每一项欧盟法律对中小企业的影响，人民党党团成立了一个名为“中小企业圈”的工作组。60人小组主席马库斯·皮珀（Markus Pieper）表示：“我们希望成为一个反对官僚作风的观察站”，欧盟需要动员和鼓励所有的公共和私人投资来源，确保中小企业获得资金。

保守党党团注重单一市场，金融服务业的单一市场对于企业和消费者以及整个欧洲经济都是非常重要的。创建金融服务的自由市场是保守党党团的重中之重，无论是在欧盟范围内自由流动资金，还是让市场经营者遵守投资者等信任的标准。欧洲议会公共卫生和食品安全委员会负责有关环境政策的立法，欧洲提倡解决健康问题的方法，并审议食品安全法规。要迈向一个单一的运输市场，所有交通运输方式必须建立完全自由化的市场，确保货物和服务的自由流通、清晰和容易实施自由公平竞争的规则，同时减轻中小企业的行政负担。发展新一代欧洲空中交通管理体系至关重要，要加快实施“单一欧洲天空”和“联合承诺”。它强烈支持完成欧洲单一铁路区域和铁路市场自由化的跨境，包括铁路运营和基础设施的分离更加明确。充分利用数字单一市场，成员希望为数字世界提供就业机会和发展机会。如果在网上购物时可以获得全套的欧盟商品和服务，欧盟消费者每年可能节省的金额超过110亿欧元。中小企业也将受益于较低的价格和更多的选择。

保守党党团中的小型企业、工业研究政策小组目标是分析中小型企业、工业和研究领域最重要的挑战。中小企业的能源成本，获取数字经济的成本，以及欧洲再工业化的复杂问题，特别是汇率调整问题，将成为主要的利益对象。需要制定新的政策使经济现代化，使中小企业在全球市场上具有竞争力，需要改革才能在未来创造就业机会。欧洲委员会用前瞻性的政策提案设计欧洲联盟，支持其成员国通过侧重于共同行动来提供附加值，从而实现共同目标。这就是为什么保守党党团成立了政策小组，为改革寻求新的选择，因为新的想法可以改变欧洲。预算政策小组旨在为感兴趣的保守党党团成员提供论坛。成员们与外部利益相关者一起工作，分析具体议题，并制定和推进本党团的政策。正在讨论的问题包括：目前的支出优先是否合适，如何解决承诺和支付与欧洲全球化调整基金之间的滞后，以及如何更好地管理欧盟预算。① 保守党党团作为支持布拉格宣言创始原则中所述的自由开放贸易组织，是跨大西洋贸易与投资伙伴协议（TTIP）进程的坚定支持者。他强烈认为，美国自由贸易协定是全球最重要的经济举措之一，如果顺利缔结，可能会对欧盟和美国经济产生积极影响。因此，该党团决定建立美国自由贸易协定政策小组，作为成员定期参与贸易专家关于谈判现状和最新进展的论坛。此外，议员会在小组内讨论和辩论各种意见，以确保在谈判过程中让市民充分发表意见；保守党党团欧元区政策小组的目标是提高该党团对欧元的经济和政治后果的认识。单一货币的引入导致南欧国家更多的债务和竞争力的丧失。政策小组将重点分析欧元区危机的发展，并提出可能的解决方案，使欧盟走上经济复兴之路。保守党党团数字单一市场政策小组旨在汇集来自欧洲议会许多不同委员会的专家和相关利益相关方的意见，制定该党团政策的平衡优先事项。特别是旨在引导《数字单一市场法案》，包括促成增长、就业和竞争力的非立法和立法措施。2015 年 4 月，在欧盟委员会发布数字单一市场战略之前，政策小组发表了一份讨论文件，其中包含有关建议。

（二）社会政策

对于社会政策，左翼党团除了对逃税避税问题、食品安全问题十分关注外，社会党党团更加注重强制性标注法的实施问题，右翼党团也关注食品安全问题，还关注年轻人的创新，重点是从不必要的官僚主义中解放初创企业。保守党党团提出对于食品安全，要争取引入竞争力测试。绿党党团提出批准或更新转基因生物和农药等产品的合作流程的提案。

人民党党团应进一步鼓励公私伙伴关系，促进年轻人创业。根据欧盟委员会的统计，每年有超过 15 万的青年工人参与所谓的非正规教育部门的 8000 多个泛欧项目。欧盟委员会的一项调查显示，尽管欧盟 18—24 岁年龄段中有 29% 参加了 2009 年的欧洲选举，但有 60% 的青年交流项目的参与者也积极参与投票。如果想为年轻的欧洲人提供更好的前景，并建立一个更具活力、创新和竞争力的经济体系，投资于教育是至关重要的。终身

---

① ECR, "Bugets committee," Mar. 16th, 2018, http://ecrgroup.eu/ecr-policies/ecr-in-the-ep-committees/budgets/.（上网时间：2018 年 3 月 16 日）

学习是人民党党团的重中之重。人民党党团希望释放年轻企业家的创新力量，在培训和教育项目中强调创业精神。年轻人还必须能够充分利用数字单一市场来寻找和创造高质量的工作，让年轻的企业家能够专注于他们最擅长的事情，那就是创新。相信人民的能力和企业精神，而不是在国家干预下创造就业机会。数以百万计的失业人口，不断增加的移民水平，艰难的全球竞争和克服危机的措施，加上政治部门解决问题的能力让公民丧失了信任，人民党党团在欧洲议会及其政府领导下的改革让欧盟能够克服眼前的危机。要提高欧洲的竞争力，争取更多的增长和就业机会，重新赢得公民的信任。①

社会党党团认为逃税和避税是造成全球不平等的原因之一，也是全球不平等的表现之一。支持各国政府建立可持续的税收司法制度，确保欧盟公司在发展中国家活动的透明度是关键。打击逃税避税现象，并确保实施问责制。作为关于全球伙伴关系及其实施手段的可持续发展目标的一部分，遏制非法资金流动。此外，应加强发展中国家参与全球税收规则的决策。近年来，社会民主党成功地开展了牛肉、猪肉、羊肉、山羊、家禽“原产国”强制性标注法的实施。与国际伙伴签署更好的食品协议，食品安全超越欧盟边界。必须在与国际合作伙伴达成的协议中监测，并持续改进食品质量和安全标准。

激进左翼党团对食品安全问题同样关注。荷兰议员卡迪卡·利奥塔尔（Kartika Liotard）关于修改新食品法规的报告已被环境委员会采纳。委员会在通过报告时同意有争议的观点，即转基因生物饲养的动物食品应贴上标签，而克隆动物或其后代制成的食品应排除在规定之外。议会随后支持将克隆动物、食物从授权中排除的建议。然而，在达成欧盟关于新型食品的新规则的谈判中，欧盟理事会无视了这一提议。绿党党团在2016年5月24日召开了“转基因生物又回来”的会议。在被授权种植或用于食品或饲料之前，他们必须经过欧洲食品和安全局（EFSA）的健康和环境影响评

① EPP, “Youth,” Mar. 16th, 2018, http://www.eppgroup.eu/hot－topic/youth.（上网时间：2018年3月16日）

估，然后由特定委员会单独授权。[①] 过去几年来，新的生物技术的发展使得人们能够操纵植物、动物、细菌和人类的基因组。它们通常被称为“新繁殖技术”（NBTs），这是由公共关系机构创造的术语，用于模糊传统育种与这些新生物技术之间的区别，以避免落入欧盟转基因生物监管的范围内。2016 年 10 月 6 日，欧洲议会投票反对欧盟委员会批准在欧盟种植三种转基因生物，只批准进口两种。绿色食品安全发言人巴特·斯特思（Bart Staes）在投票结束后表示，由于大多数成员国和大多数欧盟公民反对转基因生物，投票结果表明欧盟不可否认欧盟转基因生物的进口和种植。2017 年 2 月 14 日，委员会公布了关于改进用于批准或更新转基因生物和农药等产品的合作流程的提案。

保守党党团处于食品安全问题谈判的最前沿，通过加强监督、标签和执法措施来改善现有的食品添加剂监管框架。成员们为加强药品和化妆品的安全以及突出打击假冒药品的运动，为制定抗药性措施和提高患者安全条款付出不懈的努力。欧洲议会法律事务委员会关注欧盟的大部分监管环境，并采用辅助性和相称性等关键原则。要进行更智能的管制，成员们一直以改善欧盟发展、审查和实施法律的方式为先导，成员们对欧洲议会开创和提出的意见进行改进，欧盟委员会必须在可能的情况下免除小企业的提案。成员将欧洲立法的行政负担削减了 25%，并进一步削减整个监管负担。展望未来，保守党党团将争取引入竞争力测试，以便所有立法现在必须展示其对竞争力的贡献。

（三）环境和能源

在环境和能源，左右翼党团之间有不同的目标。根据《巴黎协定》，绿党党团（Greens/EFA）与社会党党团（S&D），复兴欧洲党团（RE）（原自由民主联盟党团，ALDE），和激进左翼党团（GUE/NGL）共同支持 2030 年具有国家约束性目标的能源效率目标。人民党党团（EPP）和保守党党团（ECR）同意在 2030 年推动一个无约束力的 30% 节能目标。

---

① Greens/EFA, “GMOs are back, and they’re worse than before,” May. 24th, 2016, https://www.greens-efa.eu/en/article/document/gmos-are-back/.（上网时间：2016 年 5 月 24 日）

在左翼党团中，社会党党团支持欧盟委员会的欧盟能源联盟计划，以确保可持续、负担得起和可靠的能源结构。可持续的无碳能源联盟，能创造新的就业机会和解决能源贫困，这是对新的能源联盟的愿景。以能源效率、可再生能源和智能基础设施为基础，向可持续的脱碳经济过渡。社会党党团已经制定了关于结束能源贫困的宣言，以建立在团结和平等上的真正解决办法保证天然气供应安全。推行新规则，确保采取区域协调的方式，保证有安全的供应。投资者必须能够区分高碳和低碳资产，特别是了解他们面临“碳排放”的风险。为了能够界定适当的监管，金融监管机构认识到经济对高碳基础设施的结构偏见可能对金融稳定构成威胁。要建立压力测试制度和提高偿付能力。进行明智投资，国有金融机构应确保其投资策略符合2030年欧盟气候和能源包和能源联盟。同样，政府支持的机制旨在引导私人融资的替代性流动。

激进左翼党团在所有关于气候变化和环境问题的重要国际会议上均有代表出席。在哥本哈根气候变化会议上，该党团支持欧洲议会决议，并且指出欧盟谈判者必须在哥本哈根达成具有法律约束力的协议。决议呼吁欧盟除了海外发展援助外，到2020年每年至少向发展中国家提供300亿欧元的气候资金。它还提到在最脆弱的地区应该优先采取主动的适应行为。该党团还要求欧盟澄清在什么条件下，到2020年将其排放目标增加到40%符合最新的科学标准。在哥本哈根会谈后，该党团批评世界各国领导人未能达成有效应对气候变化的协议，呼吁支持气候正义活动家强化决心。激进左翼党团代表团参加了2010年4月在玻利维亚科恰班巴举行的全球气候变化大会。绿党党团认为，欧盟必须在2018年COP23中领先，其代表团团长扬迪克·加多评论了波恩气候谈判的结果：“尽管事实上2017年将是有史以来最热的年份之一，但在今年的气候谈判中几乎没有必要的紧迫迹象。今年的灾难性气候事件必须唤醒所有人，使其计划和承诺与COP21在巴黎达成的1.5℃目标保持一致。“过去的煤炭联盟有一线希望，那就是一批致力于快速淘汰过渡性煤电厂的国家，整个欧盟必须支持这个倡议，同时也看到美国的城市、国家和企业联盟表现出对《巴黎协定》的承诺。绿党党团环境和公共卫生发言人巴斯·艾克豪特（Bas Eickhout）补充说，如果欧盟要真正履行其作为全球气候领导者的角色，就必须在2018年实现自己的雄心壮志。欧盟必须在 COP24 达成更加接近实施《巴黎协定》所需的条件。荷兰已经在推进，但整个欧盟需要效仿，还要填补气候变化政府间谈判（Intergovernmental Panel on Climate Change）融资缺口和绿色气候基金 20 亿缺口。最重要的是，在能源效率、可再生能源、二氧化碳排放和汽车工业等方面，欧盟在未来面临几个巨大机遇，必须采取并强有力和可信的立法。

在右翼党团中，人民党党团支持“环境外交”的理念，认为欧盟气候外交应确定合作和外交方面特别有意义或有前途的优先事项。对于欧盟气候外交议程的未来，预防措施以及改进的风险评估需要成为欧盟机构与成员国共同努力的部分。这将有助于欧盟和成员国成立对外政策的预防冲突框架。除安全层面外，与碳定价、气候融资、逐步淘汰化石燃料补贴和清洁技术等气候相关主题的伙伴关系可能成为优先事项。欧盟在建立、调整和运营其碳市场方面的理解得到其与瑞士排放交易计划及其他国际合作项目的衔接协议经验的补充。这些都是欧盟推动碳排放定价机制的良好条件，并进一步参与碳市场的国际协调，以期在中期更好地协调碳排放市场，并不断创建国际化碳市场。① 保守党党团认为欧洲面临的最重要的保护挑战之一就是气候变化。虽然迫切需要解决这个问题，但欧洲需要有效的解决方案。议员一直在努力支持向低碳经济转型，同时承认成员国在开发经济上制定可行和可实施的气候解决方案具有不同的能力，并对欧洲竞争力的影响进行了测试。面对能源安全和竞争力，成员们支持自由化市场的发展，并相信竞争将会降低能源价格，有利于家庭以及欧洲工业。强调使能源系统多样化和灵活性的重要，欧盟及其成员国应更加重视利用本土能源，不管是页岩气还是海上风电。保守党党团在谈到欧洲能源问题时，称其将处于变革的最前沿，他们有机构改革政策小组，主要任务是就欧盟能源政策的举措发表评论，提出如何在困难的情况下将其转化为欧盟成员国的实际成果。机构改革政策小组寻求进一步推动它对欧洲和国家机构在

---

① EPP, “Motion for a European parliament resolution on Climate diplomacy,” Jan. 3rd, 2018, http://www.europarl.europa.eu/sides/getDoc.do?type=COMPARL&mode=XML&language=EN&reference=PE616.683.（上网时间：2018 年 1 月 3 日）

欧盟的权力和作用的思考。①

（四）总结

基于以上分析，欧洲议会的左翼和其他党团，这里主要阐述与右翼党团存在共同的合作意愿和愿景，因此，可以探寻欧洲议会的左右翼党团政策趋同性，方便进一步加强合作。针对差异性，要分情况对待。

第一，从政策趋同上看，欧洲议会的左右翼党团有政策相似性，主要包括凝聚力政策的制定和实施、农业和渔业发展等、对预算问题和外交国际事务方面的趋同性，例如，在国际事务上，左翼党团和右翼党团都强调了国际和平与社会和环境正义的关键问题，要严格执行“联合国宪章”和其他国际法文书。以真正的伙伴关系、互利合作，尊重各国的主权和领土完整为基础，努力建立国际关系。谴责欧盟将人权问题置于地缘战略和经济利益之上，呼吁加强欧盟与发展中国家的联系，建立和实施保障社会权利、发展、文化多样性和环境保护的国际规则，包括应对气候变化。支持欧洲议会旨在改善欧洲知识和文化的项目，包括教育、培训、青年和体育的“伊拉斯谟+”方案、“欧洲创意”倡议。三大左翼党团的政策趋同性体现在农业和渔业、环境和能源、经济和金融、安全、公民权利和义务等方面。②

第二，从政策差异性来讲，左右翼党团政策的主要差异体现在经济政策、社会政策和生态政策上。总体上看，中右党团的政策重点是自由经济、单一市场和工业政策，而左翼党团更加强调的是社会政策、公民自由和环境议程，以及外交事务、转基因食品、旅行者安全和卫生保健等民生领域。比如，社会党党团注重的是新的经济模式、移民和庇护的进步愿景、强大的欧洲需要强大的共同机构和民间社会、诚信贸易。激进左翼党团注重经济、女权主义、权利自由、和平团结等。绿党党团注重税收正义、贸易等。人民党党团关注欧洲议会内部市场与消费者保护，关注在欧

---

① ECR, “Environment, public health and food safety committee,” Jan. 3rd, 2018, http://ecrgroup.eu/ecr-policies/ecr-in-the-ep-committees/environment-public-health-and-food-safety/.（上网时间：2018年1月3日）

② 游楠：《欧洲议会左右翼党团政策趋同和差异比较》，《北华大学学报·社会科学版》2020年第3期。

盟一级协调与单一市场和关税同盟有关的国家立法，特别是围绕货物自由流动、专业人员自由流动、技术标准的统一以及除金融和邮政部门外其他部门提供服务自由等方面的法律。它还采取措施，以查明和消除可能妨碍内部市场正常运作的任何障碍，并在单一市场中促进和保护消费者的经济利益。会继续要求更严格的监察和管制，以确保所有交通工具的安全流动。①

① 游楠：《欧洲议会左右翼党团政策趋同和差异比较》，《北华大学学报·社会科学版》2020年第3期。

第四章

欧洲议会左翼党团的现实政治表现

欧洲议会选举对欧洲议会党团的组建、变迁与构成产生重要影响，大多数选民认为欧洲议会选举不及国内选举重要，但各政党都积极参与到欧洲议会选举和欧洲议会的实践中。欧盟各成员国中有成员参与欧洲跨国政党联盟，并通过该组织表达其政治诉求。欧盟的制度规则授予大党团更宽泛的资源和权力，而不加入党团或选择议会小党团则无法实现自身目标。[①]欧洲议会左翼党团的组织结构相似，一般有执行局、议长会议和司务团等领导机构，并且依托党团周开展政治活动。日常运行除了共性外，每个党团在纪律或规则制定上都独具特色。党团越大，可获得的经费就越多，这部分经费供各国政党发展所用。政党与党团具有一种“基于利害关系的姻亲”特征，党团作为“供给方”能获得较多数量的议席，而作为“需求方”的政党则可获得丰厚的财政资源。[②] 左翼党团的凝聚力和竞争力是欧洲议会党团内部存在的两个重要内容，“左右分野”竞争层面和“支持一体化—反对一体化”竞争层面是欧洲议会党团竞争的两种主要形式。欧洲议会党团的团体凝聚力不断上升，党的竞争是沿着意识形态而不是国家的路线发生的。选民们多通过投票来表达对国内政党的满意度，所以欧洲议会左翼党团的选举业绩更多凸显了某个左翼政党在国内的政治影响力。党团在影响欧洲议会决策方面具有重要作用，基本以结盟的形式来

① 方雷、蒋锐：《政治断层带的嬗变——东欧政党与政治思潮研究》，山东大学出版社 2013 年版，第 70—71 页。

② 方雷、蒋锐：《政治断层带的嬗变——东欧政党与政治思潮研究》，山东大学出版社 2013 年版，第 72 页。

达到决策的一致。结盟是影响议会决策的关键一步，欧洲议会党团主要有中心结盟和左右翼两极结盟两种方式。欧洲议会中的左翼政党除了参加议会内的选举，在议会外也积极参与和组织活动。他们组织或参加共产党和工人党国际会议等活动，组织并参加左翼论坛；召开各种国际会议，呼吁加强国际团结，这不仅是主客观方面的迫切需要，也是国际形势发展的必然结果。

第一节　欧洲议会左翼党团在议会内的政治表现

选举这种政治活动主要是指投票行为，选举政治的持续、定期加强对于凸显政党的权威地位的合法化具有重要意义。欧洲议会选举是欧盟政治生活中的大事，提到欧洲议会的选举，那一定离不开党团的政治选举。由于党团的联盟选举，每次议会选举都变得纷繁复杂。一个党团的重点是确保其跨国成员共同投票，以便该党团能够对欧盟决策施加影响。党团的规模、所代表的国家数量以及所代表的党派数量差别很大。

一、欧洲议会左翼党团的选举业绩

投票率是衡量党团支持率的重要指标。如表4—1所示，1979年欧洲议会进行第一次直接选举，议会中的政党数量逐渐增多，党团数量也增加了，议员总数增加到410人。1984年欧洲议会选举，欧洲绿党党团赢得4.25%的选票和11个议席。1989年欧洲议会选举，欧洲绿党党团获得7.39%的选票和26个议席。1994年欧洲选举，社会党党团随着议会总人数增加而增加，欧洲绿党党团获得5.67%的选票和21个议席。1999年，人民党党团首次超越社会党党团，成为第一大党团，这两大党团的人数占到总人数的66%，绿党党团和激进左翼党团的人数也纷纷增加。欧洲绿党党团在此次选举中获得7.72%的选票和38个议席。2004年，欧洲议会党团的人数和名称略有变化，但基本保持稳定的态势。左翼政党失利，小规模的政党在选举中表现得更出色。在左翼政党中，法国和德国的激进左翼政党和绿党表现较好，夺走社会民主党不少选票。[①] 左翼政党创造了历史最低记录，欧洲议会的构成发生很大变化，中右的社会党和民主党党团吸收了意大利民主党议员，议员减少 29 席，绿党党团议员比上届议会增加 12 席。尽管其是一个松散的合作形式，但是代表性和主动性与日俱增。激进左翼党团是一个开放的组织，据称 2004 年的欧洲议会选举达到前所未有的民主，在 25 个国家拥有超过 3.5 亿人投票。

表 4—1　1979 年欧洲议会直选以来主要议会党团的选举情况[②]

	1979	1984	1989	1994	1999	2004	2009	2014	2019
社会党（S&D）	112	129	180	198	180	198	184	191	147
人民党（EPP）	107	110	121	156	232	268	265	221	187
自由党（ALDE）	40	31	49	44	50	88	84	67	98
民主党（ED）	63	50	34						
共产党（COM）	44	41							
激进左翼党团（GUE/NGL）			28	28	42	41	35	52	38
绿党（Verts/ALE，后为 G－EFA）			30	23	48	42	55	50	67
进步民主党（DEP）	22								
民主团结党（RDE）		29							
保守党党团（ECR）							54	70	61
欧洲自由和直接民主（EFDD）								48	
身份与民主（ID）									76
合计（席位数）	409	432	518	567	626	730	736	751	704

资料来源：http：//www. europar. l europa. eu/registre/re － cherche/info － en. cfm；https：//en. wikipedia. org/wiki/European_Parliament_election，2014。

2009 年社会党党团（S&D）获得 184 票，比 2004 年获得票数有所下

① Hix Simon，"What to Expect in the 2009 －2014 European Parliament：Return of the Grand Coalition? Swedish Institute for European Policy Studies，" European Policy Analysis，2009，p. 2.

② 主要议会党团是指所得议席占欧洲议会议席总数 5% 以上的党团，1994 年的绿党党团（4%）和 2009 年的左翼联盟（4.8%）除外。社会党党团、人民党党团、自由党党团、绿党党团等名称前后都有过变迁，其外文名称缩写均为法文形式。

降，2009 年人民党党团（EPP）获得选票也比 2004 年有所下降。欧洲议会党团参与欧洲议会的百分比达到 11.40%。2009 年，英国保守党退出欧洲人民党党团，另与其他政党共同组成欧洲保守党和改革党党团。[①] 在此次选举中，极右翼党团排名上升。政党的基本格局依然是由中右和中左翼政党联合掌控，但也发生细微的变化，左右极端党团获得之前大党团失去的席位。两大传统党团依然排在前两名，保守党党团（ECR）和激进左翼党团（GUE/NGL）排名上升。[②] 2014 年欧洲议会党团的议席数也一目了然，社会党党团在此次选举中获得 25.6% 的支持率，占欧洲议会 751 席中的 192 席。最大的党团是欧洲人民党党团（EPP），拥有 36% 的席位；社会党党团（S&D）占了 1/4 的席位；欧洲自由民主联盟（ALDE）拥有 1/10 的席位，其他党团则相对较少。激进左翼党团（GUE/NGL）虽然相比那些主导的大党团势力较小，相比 2009 年占比下降，但其依然在艰难并努力地争取选民。人民党党团（EPP）拥有 41 个政党，然而社会党党团（S&D）采用了一个政党一个国家的标准，在欧洲议会一级，由于没有对变化的群体进行国家选举上的制裁，议员们很容易在党团之间迁移。随着时间的推移，大多数群体的标签和成员身份发生了重大变化。[③] 在 2014 年欧洲议会选举时，欧元区受到经济和金融危机的困扰，对欧盟的合法性和稳定性造成严重影响。这次选举最引人注目的结果是欧洲疑欧政党的成功，其中，法国国家阵线（24.8%）、英国独立党（26.8%）和丹麦人民党（26.6%）成为最显著的赢家。2019 年欧洲议会大选，人民党党团和社会党党团依然是前两大党团。

（一）社会党党团（S&D）的选举业绩

欧洲议会社会党党团经历了从 1979—1994 年的席位和占总席位的比例的定期增长，从 1999 年开始稳步下降。如表 4—2 所示，在前四次选举

---

① 王军、赵献梓：《危机与重建：从 2009 年欧洲议会选举看欧洲社会民主党的现实困境》，《当代世界与社会主义》2010 年第 1 期。

② 史志钦、刘力达：《民族主义、政治危机与选民分野——2014 年欧洲议会选举中极右翼政党的崛起》，《当代世界与社会主义》2015 年第 2 期。

③ Richard Rose, Gabriela Borz, "Aggregation and Representation in European Parliament Party Groups West European Politics," West European Politics, Vol. 36, 2013, pp. 474 – 497.

（1979—1994 年）中，社会党党团设法获得相对多数的席位，与其主要竞争对手欧洲人民党党团在西欧席位最多的地区相比，差距不大结果较为均衡。社会党党团在 1979 年议会选举中获得 122 个席位；在 1984 年欧洲议会选举中获得 165 个席位；在 1989 年欧洲议会选举获得 180 个席位，位居第一。在欧盟 15 个成员国中，每个国家至少有一名议会议员属于欧洲议会社会党党团成员。1994 年欧洲议会选举中社会党党团获得 198 个席位。1999 年，社会党党团获得议席数占总席位的 1/4 左右。2004 年选举中，社会党党团共获得 200 个席位。2009 年，社会党党团获得的选票数比 2004 年有所下降。2014 年，社会党党团获得 192 个席位。2019 年获得议席 147 个。

表 4—2　社会党党团直选以来的欧洲议会选举业绩

党团		SOC	PES	S&D
1979	所占（%）	28%		
	议席	113		
1984	所占（%）	30%		
	议席	130		
1989	所占（%）	35%		
	议席	180		
1994	所占（%）		35%	
	议席		180	
1999	所占（%）		29%	
	议席		180	
2004	所占（%）		24%	
	议席		198	
2009	所占（%）			25%
	议席			184
2014	所占（%）			25%
	议席			191

续表

党团		SOC	PES	S&D
2019	所占（%）			21%
	议席			147

资料来源："European Parliament election，1979"，Jan. 3rd，2018，https：//en. wikipedia. org/wiki/European_Parliament_election，_1979。

（二）激进左翼党团（GUE/NGL）的选举业绩

如果从整体上来观察激进左翼党团的发展趋势，那么表4—3做了最好的总结。从表4—3中可以看见自1979年以来到2019年共9次选举看见结果。从前两次的选举来看，共产党及联盟党团（COM）参与了选举，获得第四名的好成绩。1989年，左翼团结党团（CG）参与选举，后几次选举只剩下欧洲联合左翼党团（GUE）参与。到了1995年，欧洲联合左翼党团（GUE）改名，直到现在，一直保持着欧洲联合左翼—北欧绿党左翼联盟党团（GUE/NGL）的名字。2009年选举和2014年选举相比，其议席数量有所增加。总体来看，这个选举结果是可以接受的，如今，激进左翼党团（GUE/NGL）是欧洲激进左翼最有影响力的超国家组织，2019年获得议席38个。

表4—3　激进左翼党团（GUE/NGL）在欧洲议会选举中的得票率与议席①

党团		共产党和联盟党团/共产主义者和极左翼	欧洲联合左翼党团 a	左翼团结
1979	所占（%）	11.1%		
	议席	48		

---

① a. 1994年后欧洲联合左翼的联盟党团；1995年后名字变为欧洲联合左翼/北欧绿色左翼党团；b. 到2004年，有50名议员。

续表

党团		共产党和联盟党团/共产主义者和极左翼	欧洲联合左翼党团 a	左翼团结
1984	所占（%）	9.1%		
	议席	47		
1989	所占（%）		5.4%	2.7%
	议席		28	14
1994	所占（%）		5.3%	
	议席		33	
1999	所占（%）		6.7%	
	议席		42[b]	
2004	所占（%）		5.2%	
	议席		41	
2009	所占（%）		4.8%	
	议席		35	
2014	所占（%）		6.66%	
	议席		52	
2019	所占（%）		5.5%	
	议席		38	

资料来源："Parties and elections," Jan. 3rd, 2018, http://www. parties - and - elections. de.

（三）绿党党团（Greens/EFA）的选举成绩

早在1979年，绿党组织就参加了欧洲议会选举，但没取得什么成绩。1984年，绿党党团首次进入欧洲议会，并与丹麦反欧共体运动以及其他国家的一些激进主义成员组成欧洲议会彩虹党团（RBW）。1989年欧洲议会选举后，组成单独的绿党党团（G）。在1989—1994届议会期间，7名法国成员退出该党团，而2名德国成员和唯一1名葡萄牙成员加入其他党团。与此同时，1992年丹麦社会主义人民党的欧洲议会议员加入该党团。在1999年议会选举中，绿党党团获得48个席位，排名第三。2004年欧洲议会选举，绿党党团获得40个席位，比上一届有所下降。2009年欧洲议会选举，绿党党团议员增加到55个，排名第四；该党团已覆盖28个成员国中的15个国家。2014年欧洲议会选举中，绿党党团共获得6.92%的选票，所获得的议席数量减少到40个，这一结果总体保持了2009年上届选举的水平。[①] 绿党党团不像社会党党团和激进左翼党团那样发生明显变化，是2014年欧洲议会选举中表现最为稳定的主要党团。[②] 表4—4显示了绿党党团历次欧洲议会选举议席所占比率和所获得的议席数。2019年，绿党党团获得议席67个。

表4—4　绿党党团直选以来的欧洲议会选举业绩

党团		RBW	G	G/EFA
1979	所占（%）			
	议席			
1984	所占（%）	5%		
	议席	20		
1989	所占（%）	3%	6%	
	议席	13	30	
1994	所占（%）		4%	
	议席		23	
1999	所占（%）			8%
	议席			48
2004	所占（%）			5%
	议席			40
2009	所占（%）			7%
	议席			55
2014	所占（%）			7%
	议席			50

① 郇庆治：《2014年欧洲议会选举中的欧洲绿党：以中东欧国家为中心》，《国外理论动态》2015年第1期。

② 项佐涛：《中东欧政党政治的“欧洲化”程度研究》，《当代世界与社会主义》2013年第2期。

续表

党团		RBW	G	G/EFA
2019	所占（%）			9.9%
	议席			67

资料来源：作者根据欧洲议会官方网站及相关媒体报道整理。

二、党团的结盟和在欧洲议会政策制定中的作用

欧洲议会党团依托欧洲议会，影响着欧洲议会各项政策的制定，尤其是有影响力的党团，对党团的结盟也起着很重要的作用。各党团将自身的政策偏好引入会议讨论中，如提供意见、起草立法修正案、进行辩论和投票表决等；在政策形成之前，他们首先通过组织的研讨会等，将议题和意见引入欧盟的政策制定讨论中。欧洲议会党团积极参加，并且协调好与其他党团在影响政策制定方面的工作，努力超越民族国家的范围，在欧盟层面制定更符合共同利益的政策。

欧洲议会中的权力平衡受到党团动态结构中形成联盟能力的影响。在全体会议周，欧洲议会党团可以自由组成任何立法联盟，结盟目的是为了影响政策结果。欧洲政治精英达成的协议对任何国家的政党选举，甚至欧洲议会的选举都难以发挥作用，但党团之间的合作很容易达成。① 党团通过交易结成的联盟的投票方式有以下两种：其一，欧洲议会的主要投票模式是左右联合的“中心结盟”。这意味着，欧洲社会党党团、欧洲人民党党团和欧洲自由民主与改良党党团的成员党成为欧洲议会的力量中心，收益最大，因此他们可能结成胜者联盟。② 其二，“左右两极”的结盟，左翼党团以社会党党团为核心结成联盟，右翼党团以人民党团为核心结成联盟。人民党党团和社会党党团经常结盟，相比小党团在欧洲议会中具有更多的优势。在2004—2009年这一届欧洲议会中，自由民主党党团、社会党党团、绿党党团和激进左翼党团组成的中左翼联盟在支持具有自由倾向的

① 张磊：《欧洲议会中的党团政治》，北京大学出版社2013年版，第90页。

② 李景治、张小劲等：《政党政治视角下的欧洲一体化》，法律出版社2003年版，第277页。

公民自由和移民政策上产生了一定影响。

左右翼党团结盟主要体现在人事安排和欧洲议会决策中。欧洲人民党党团和社会党党团联盟被称为“大联盟”（grand coliation），这种结盟形式能决定投票结果。大联盟最明显的表现就是人事安排。比如，1989 年后，两大党团共同约定好轮流担任议长。除了 1999—2004 年外，欧洲议会议长是由欧洲人民党党团（EPP）和欧洲自由民主与改良党团（ELDR）的人选担任的。左翼和右翼的大联盟还体现在欧洲议会决策中。左右翼政治向来是竞争性的，但自 20 世纪 80 年代后，两大党团越来越多地倾向于合作而不是竞争，因此他们经常在议会表决中结盟，这样就不可避免地导致社会党党团与其他左翼党团关系的疏远。因此，经过长期的发展，欧洲议会逐渐形成两大党团共同合作的党团体制。一般情况下，比较容易出现大联盟，但欧洲议会在绝大多数规则下，形成内部大左翼联盟或大右翼较为困难。从 2009—2014 年欧洲议会的表决情况看，两大党团结成联盟的情况占 70%，15% 的情况是以左翼大联盟或者右翼大联盟的形式通过的，其中左翼大联盟主要是社会党党团、自由民主联盟党团、绿党党团和激进左翼党团结盟，右翼大联盟主要是人民党党团以及自由民主联盟党团和保守党党团结盟。如表 4—5 所示，在 2014—2019 届欧洲议会期间，欧洲议会共有 751 个议席，只有获得 376 席的赞成票，欧洲议会才可以行使权力。两大党团各自的席位不够最低票数的规定，因此两大党团必须组成联盟。

表 4—5　2014—2019 届欧洲议会大左翼和大右翼议席分布情况①

大左翼			大右翼		
党团	议席	累计议席	党团	议席	累计议席
社会主义者和民主主义者进步联盟党团	191	191	欧洲人民党党团（基督教民主）	221	221

① 王明进：《欧洲议会疑欧主义政党的崛起及其对欧盟政治的影响》，《国际论坛》2015 年第 4 期，第 27 页。

续表

大左翼			大右翼		
党团	议席	累计议席	党团	议席	累计议席
自由主义者和民主主义者联盟党团	67	258	保守主义者和改良主义者党团	70	291
联合左翼和北欧绿党左翼党团	52	310	自由主义者和民主主义者联盟党团	67	358
绿党和欧洲自由联合党团	50	360	自由和直接民主党团（民粹疑欧主义）	48	406
独立议员	4	364	独立议员（极右翼疑欧主义）	48	454

王明进：《欧洲议会疑欧主义政党的崛起及其对欧盟政治的影响》，《国际论坛》2015 年第 4 期，第 27 页。

第二节　欧洲议会左翼党团在议会外的现实表现

欧洲议会左翼党团在欧洲议会工作外进行政治活动，这是不同国家的政党之间重要的沟通渠道，也是欧盟和成员国之间的重要联系渠道。比如，邀请成员国政党代表团来访，派代表团访问成员国政党。欧洲议会左翼党团印制一些宣传册，持续关注成员国国内问题。左翼党团还组织研讨会，就成员国政党有关问题进行讨论。① 比如，创办年度欧洲政治论坛，充分团结和汇集进步的政治、社会、工会、知识分子和非政府组织的力量，有助于促进欧洲左翼力量的融合，以及达成共同的奋斗目标。② 然而，欧洲议会左翼党团虽然在议会外不能发挥其在议会内一样的重要作用，但其成员党在区域性合作平台和国际性的合作论坛、学术组织等方面都产生着重要的作用。

① 张磊：《欧洲议会中的党团政治》，北京大学出版社 2013 年版，第 147 页。

② 王聪聪：《欧洲多重危机背景下的激进左翼政党》，《当代世界社会主义问题》2017 年第 1 期。

一、左翼党团自身组织的活动

欧洲议会三大左翼党团各自经常举办论坛，组织群众、知识分子参与活动，总体来说，举办了针对时事热点问题的研讨会、各种经济和社会论坛，针对欧洲时事热点问题，及时提出各党团的解决方案，提出合适的倡议和口号，并且积极应对当今左翼运动中的主要挑战。以下分别进行阐述：

（一）社会党党团自身组织的活动

社会党党团的成员们举办了许多活动，并强调举办这些活动的重要性，启发人们共同在欧洲面临的关键问题上找到更好的解决方案。① 由于社会活动比较多，社会党党团在官方网站上开辟了“大事件日历”（Calendar of events）专区，方便查询具体活动的详细情况。另外，社会党党团开会很频繁，有时几乎每天安排会议，或者一天安排三个会议。会议主题紧跟时代潮流，内容丰富多样。比如，2017 年 11 月 23 日，召开“在欧洲共同城市节日，如果可持续发展的城市能拯救欧洲呢”以及“环境、健康、农业和渔业、工业、研究和能源”等会议；2017 年 11 月 29—30 日，召开科技发展研讨会，主题是“欧盟贸易政策的未来，发展合作与人道主义援助和国际贸易与全球化”；2017 年 12 月 6 日，召开的听证会中提到难民赞助、外交、人权、安全与防卫、司法、自由、公民权和家庭事务、包容性社会的街头艺术等问题；2017 年 12 月 7 日，召开主题为“工作 4.0，数字时代的工作环境和社会安全面临的挑战”研讨会，以及就业委员会/数字欧洲工作研讨会。

除此之外，社会党党团还发起“欧盟觉醒”（EU Wake Up）活动，面对难民危机，欧洲各国政府惨遭失败。欧洲的社会主义民主党人呼吁欧洲国家和政府首脑要共同努力取得真正的进展，欧洲急需人道主义援助。“数码联盟”（Digital Union）活动则认为一个包容性的欧洲数字联盟正在经历数字革命——可以看到它对人们日常生活的影响，从在线投票到实现

---

① S&D, “Initiatives and activities,” Jan. 3rd, 2018, http: //www. socialistsanddemocrats. eu/initiatives – and – activities.（上网时间：2018 年 1 月 3 日）

更快的宽带，从更好的沟通方式到网上购物，从有用的数字工具到新的高科技产业和工作，以期这场革命能激发所有欧洲公民应对潜在的挑战。① 社会党党团提出 EDUCA 倡议，让世界面临越来越多的冲突中，儿童是最脆弱的，尤其是女孩和年轻女性在没有受过教育的情况下会拥有惨淡的未来。② “我们的斗争，妇女的权利（Our fight, Women's Rights）” 活动呼吁男女平等，男女平等是 1957 年《罗马条约》和《基本权利宪章》承认的一项基本权利，尽管欧盟通过许多文件来促进机会的平等，确保男女享有公平的待遇，但妇女在日常中仍然面临许多不平等现象。“结束能源匮乏”（End Energy Poverty）活动也是社会党党团提出的一项活动，如今有超过 5000 万欧洲人被迫在能源贫困中生活，这意味着他们无力支付自己所需的电力和天然气，这对他们的健康和福祉产生严重的影响。对每一个欧洲公民来说，拥有清洁和负担得起的能源是一项基本权利。欧盟委员会已经启动欧盟能源联盟的计划，其目标是确保享有可持续、负担得起的和可靠的能源。

社会党党团还发起“欧洲携手”（Europe Together）活动，倡议决策者更加接近公民，并通过在线辩论来为 2019 年欧洲议会选举制定活动路线图。“社会权利”（Social Rights）活动是为了让欧洲承担更多的社会责任，认为欧洲必须迎接新时代的挑战。面对日益加剧的不平等和发生的诸多变化，如从全球化、经济不确定到数字化、新技术，欧洲必须抓住新的机遇，努力捍卫价值观，这意味着要更新每个人的基本社会标准。“社会党党团和非洲”（S&Ds with Africa）活动认为，更强大的非洲—欧盟伙伴关系、更成熟的非欧盟伙伴关系可以帮助应对面临的全球挑战，也可以共同加强民主和人权，促进可持续的经济发展和人类社会发展。如果要充分利用所提供的全球机会，并且负一定的责任，那么在国际舞台上，对欧盟外部政策的良好协调就显得至关重要。“巴拿马文件博客”（Panama Papers Blog）“税收正义”（Tax Justice）活动都是想更多了解社会党党团在欧洲

① S&D, " EUWakeUp," Jan. 3rd, 2018, http: //www. socialistsanddemocrats. eu/euwakeup.（上网时间：2018 年 1 月 3 日）

② S&D, "EDUCA – an S&D initiative," Jan. 3rd, 2018, http: //www. socialistsanddemocrats. eu/educa.（上网时间：2018 年 1 月 3 日）

议会中做了什么工作，从而揭开阴暗的税收交易。社会党党团成员也分享了他们在欧洲税收正义工作中的经验和印象。“民主学院”（School of Democracy）活动在2018年6月6—8日举行，在活动中主要与其他年轻人分享了在欧洲世界范围内发展、移民、公平贸易、民主挑战方面的经验，与政治家和学者分享交流观点，瞬息万变的世界中实现多元文化、民主与可持续发展，解决不平等的教育等问题。①

（二）激进左翼党团自身组织的活动

激进左翼党团（GUE/NGL）举办的活动十分多元化，涉及面也很广，包括经济、气候变化、语言文化、社会不平等多个方面。激进左翼党团代表团于2012年2月前往希腊，与社会运动、工人组织、公民社会和政党的代表会面，并声援反对对希腊人民实施严厉的紧缩措施。激进左翼党团一再强调紧缩政策是如何将希腊经济推向更深的危机的，认为随之而来的失业和贫穷高潮会给数百万人民造成灾难性后果。其党团成员在瓦莱塔2017年4月26—28日出席了议会间共同外交与安全政策（CFSP）和共同安全与防务政策（CSDP）会议。召开这次议会间会议的目的在于与所有政治集团与所有成员国的国家和欧洲议员共同审查欧盟的外交及防务政策。②激进左翼党团于2013年6月12日在雅典阿尔特尔峰会上研讨会做了题目为“欧盟的紧缩和经济外部议程”的报告。同时，激进左翼党团还举办了紧缩措施与欧盟外部经济政策联系的研讨会，会议听取了社会运动家、经济学家、政治家和不附属于任何政治运动的人们的发言。其中主要议题是如何继续全球反紧缩运动，那些一直推行紧缩政策的人正在试图调整他们的论述。③ 在2013年11月19日，萨宾·威尔斯（Sabine Wils）将华沙

① S&D，“Initiatives and activities”，Jan. 3rd，2018，http：//www. socialistsanddemocrats. eu/initiatives - and - activities.（上网时间：2018年1月3日）

② GUE/NGL，“AFET Interparliamentary Conference in Valetta：High time for civil turn - around of the EU Foreign and Defense Policy，” May 11th，2017，http：//www. guengl. eu/event - reports.（上网时间：2017年5月11日）

③ GUE/NGL，“Report from GUE/NGL Seminar 'Austerity and the economic external agenda of the EU'，” Aug. 6th，2016，http：//www. guengl. eu/policy/action/gue - ngl - meps - participate - in - athens - alter - summit.（上网时间：2016年8月6日）

COP19 气候大会谈判的第一周描述为“气候正义的巨大挫折”。他总结道：“波兰政府以其亲煤和反气候立场而闻名，迄今为止的谈判表明，这届大会主席正在形成有利于大公司的议程。”[①] 2013 年 12 月 5 日，激进左翼党团在巴厘岛召开结束 WTO 的会议，成员们参加了在巴厘岛举行的“WTO 世界贸易组织行动周”，且共同反对新自由主义和破坏性的全球贸易政策。[②]

2016 年 1 月 28 日，激进左翼党团举办了 2016 年欧洲社会团结经济论坛，主题是“转变经济和文化范式”。此次活动汇集了来自欧洲、拉丁美洲和北美 14 个国家的 250 多名与会者，在欧洲议会内部讨论经济日益增长而带来的问题。社会和团结经济（SSE）代表了欧盟超过 1400 万的就业机会（约占总就业人数的 6.5%），因为其带来就业和经济增长，并被证明能有效抵御当前经济危机的影响。[③] 此外，在议会外，激进左翼党团呼吁整个欧洲的摄影师通过拍摄来讲述危机的真实故事。他们认为无论谈论的是医疗保健、妇女权利、社会保障还是战争，欧盟领导人的新自由主义紧缩议程都是无所不在的。[④]

2016 年 6 月 1 日，欧盟针对语言歧视问题的官方报告公布，认为欧盟少数民族语言使用者普遍存在甚至暴力。欧洲语言平等网络（ELEN）在 2015 年的调查结果发现，语言权利的歧视现象十分普遍，成员国在保护本国公民免受恐吓、羞辱甚至暴力方面做得很少。在 2015 年 6 月，激进左翼党团在布鲁塞尔的欧洲议会组织了一个研讨会，研究了 5 份报告（FPR），小组成员就新自由主义议程进行了辩论，并在报告发表一年后做出批评性

---

① GUE/NGL, “Corporate Capture of COP19 at the expense of climate justice,” Nov. 19th, 2017, http://www.guengl.eu/policy/action/gue-ngl-at-the-climate-summit-warsaw.（上网时间：2017 年 11 月 19 日）

② GUE/NGL, “Left MEPs in Bali for economic justice alternative to WTO,” Dec. 5th, 2017, http://www.guengl.eu/policy/action/gue-ngl-in-bali-end-wto.（上网时间：2017 年 12 月 5 日）

③ GUE/NGL, “Murder of activist Marielle Franco underscores climate of repression in Brazil,” Mar. 15th, 2018, http://www.guengl.eu/news/article/transforming-the-crisis-through-the-social-and-solidarity-economy-conference.（上网时间：2018 年 3 月 15 日）

④ GUE/NGL, “Shoot the crisis!” Aug. 9th, 2016, http://www.guengl.eu/policy/action/shoot-the-crisis.（上网时间：2016 年 8 月 9 日）

回应；激进左翼党团9月7—8日在欧洲议会举行了“小规模、手工和沿海捕鱼的防御与保护”会议；2016年，举行了外部会议，讨论左翼政府的经验和面临的挑战。2016年6月2日和3日，全球安全与和解委员会小组在布鲁塞尔组织了和平与反北约会议。这次会议的题目是“有一个替代方案——对北约说不”，会议汇聚了来自世界各地的高级别与会者，包括议员、政治领袖、记者、学者、利益相关者和专家。这为为期两天的会议提供了一个机会，就北约的扩张政策进行批判性辩论，并探讨解决非军事化问题的可能办法。[①] 抵抗和团结是激进左翼党团的倡议，一名委内瑞拉驻比利时、荷兰和卢森堡的使臣6月15日在布鲁塞尔举行的会议期间说，“这是我们为共同的事业而奋斗的必要和紧迫的会议”，这次活动是全球移徙与发展中心与国际解放运动（中东）以及古巴的声援运动组织的。来自巴西的一些社会运动的代表也出席了如全国学生联盟（UNE）活动，旨在谴责欧美帝国主义势力和非洲大陆反动势力的攻击。

2016年8月9日，激进左翼党团在加拿大举行世界议会论坛，会议日程安排了4天。会议汇集了来自世界各地区和国家议会的代表，成员代表团出席了在魁北克蒙特利尔举行的世界社会论坛。[②]《西班牙堕胎法提案宣言》是由激进左翼党团发起，并由欧洲议会各成员签署的关于西班牙政府撤销现行性健康和生殖健康法律、撤销自愿中止怀孕法律提案的声明。会议期间，激进左翼党团表达了对西班牙妇女的深切关注，并将继续为维护妇女权益而奋斗，特别是将坚定地捍卫欧洲和世界各地的妇女性与生殖健康和权利。[③] 针对工会运动，激进左翼党团于2016年10月20—21日在欧洲工会网络（TUNE）的配合下，在欧洲议会举行年度工会会议。来自欧洲各地的工会会员出席了这次活动，解决了当今工会运动面临的主要挑

---

① Matteo ALETTA, “Event report on the Peace conference, there is an Alternative – No to NATO,” Jun. 7th, 2016, http://www.guengl.eu/event-reports.（上网时间：2016年6月7日）

② GUE/NGL, “GUE/NGL to hold World Parliamentary Forum in Canada this week,” Aug. 9th, 2016, http://www.guengl.eu/news/article/gue-ngl-to-hold-world-parliamentary-forum-in-canada-this-week.（上网时间：2016年8月9日）

③ GUE/NGL, “Declaration on Spanish abortion law proposal,” Aug. 9th, 2016, http://www.guengl.eu/policy/action/declaration-on-spanish-abortion-law-proposal.（上网时间：2016年8月9日）

战。与会者就影响欧盟政策的方式和推动欧洲工人斗争的方式进行了辩论。激进左翼党团（GUE/NGL）的欧洲议会议员与斯洛伐克的欧盟轮值主席国一起前往布拉迪斯拉发参加第二次的“学习日”（9 月 21—22 日）活动，会议的目的是了解斯洛伐克在欧洲的能源安全和天然气供应中扮演的角色以及中欧国家如何适应欧盟有关消费者保护和食品安全标准的规定。[①] 2016 年 11 月 17—18 日，在德国的图林根州举行的激进左翼党团外部年度会议上，议员们对左派政府的经验和极右翼的崛起进行辩论。11 月 30 日，在布鲁塞尔，欧洲议会主办了由议员们组织的医疗类国际会议。议员们在开幕式上呼吁建立通用的欧盟法律框架来规范药用大麻的使用。激进左翼党团和绿党党团（Greens/EFA）的议员还组成联盟，在 2017 年 11 月 20 日举行了“法国佛朗哥邮政”活动，这是关于欧洲回忆的政治活动，这个由欧洲自由联盟（EFA）和激进左翼党团组织的活动，是为了讨论西班牙独裁政权所造成的持续的不公正问题。[②]

（三）绿党党团自身组织的活动

绿党党团，在议会内经常组织全体会议，会议主题涉及面比较广，如对欧洲未来的争论，加泰罗尼亚情况，波恩联合国气候变化大会，叙利亚危机，英国脱欧，棕榈油和森林砍伐、热带雨林，“巴黎协定”（COP 21），欧洲庇护制度改革，关于欧盟女性难民和寻求庇护者状况的声明，转基因食品和饲料的使用，欧洲移民议程等等。[③] 另外，还单独举行各类社会活动。比如，第一届欧盟思想实验室于 2017 年 2 月举行，来自欧洲各地的 300 多名与会者出席了会议，2/3 的与会者是“变化制作者”（Changemakers，非政府组织代表），1/3 是绿党活动人士。该活动由欧洲自由联盟小组组织，活动目的是实现在环境和社会公正上相互合作和竞争。丹麦、捷

---

① Benjamin LEUNG，“Event report - GUE - NGL Study Days in Bratislava，” Oct. 21st，2016，http：//www. guengl. eu/event - reports.（上网时间：2016 年 10 月 21 日）

② GUE/NGL，Francoism Post Franco，“Politics on European Rememberance - organised by EFA & GUE/NGL MEPs，” Nov. 20th，2017，https：//www. greens - efa. eu/en/article/event/francoism - post - franco/.（上网时间：2017 年 11 月 20 日）

③ Greens/EFA，“Plenary speeches，” Jun. 7th，2016，https：//www. greens - efa. eu/en/parliamentary - work/plenary - speeches/.（上网时间：2016 年 6 月 7 日）

克共和国、西班牙和爱尔兰规划了4个区域的创意实验室。都柏林创意实验室建立的目标是要在整个英格兰、爱尔兰、苏格兰、威尔士提供民间社会和非政府组织机构的论坛，以提供欧洲议会议员、绿色政治领导人和积极分子参与专业化的讨论空间，分享想法、经验，讨论具体的问题，并建立参与者之间的持久联系，可以帮助了解当地和欧洲的政策，并在可能的情况下帮助参与者共同开展活动。2018年3月1日，欧洲创意实验室在布鲁塞尔举行会议，旨在汇集来自欧洲各地的变革者。参与各类活动家、公民社会组织、公民运动、艺术家、生态环境和绿色创新者虽然拥有不同的背景，但都有着共同的目标，那就是为社会带来积极的变化。共有民主、包容性社会、宜居环境、数字社会、经济和全球化是其中五个主题。第一个欧洲思想实验室在2017年2月创办起来，2017年10月欧洲地区创意实验室在都柏林成功创办。①

除此之外，绿党党团内部经常刊发绿党党团联合主席的简报，两名联合主席在发布会上对某个问题发表看法，然后成员们在会议上讨论交流。比如2017年11月14日，绿党党团的联合主席凯勒和菲利普·兰伯茨介绍全体会议和绿党党团的主要议题，并发布相关简报。绿党党团还经常组织公共活动，比如，2017年12月6日举行了“交易的艺术——如何保持政治清洁”活动，这只是号召举办全球会议的一部分。活动邀请了部分欧洲议会议员、国家民主研究机构的成员、经济合作与发展组织（OECD）主席、民主治理官员、欧安组织民主制度和人权办公室人员（ODIHR）等参加。② 2017年9月28日，还开展了“知情权日：公众活动，欧盟和成员国透明度：挑战和下一步措施”等主题活动。③ 另外，绿党党团还组织小组讨论会，比如2017年11月26日召开了题为“使全球化为可持续发展

---

① Greens/EFA, “European Ideas Lab - Brussels,” Mar. 1st, 2018, https: //www. greens - efa. eu/en/article/event/european - ideas - lab - brussels/.（上网时间：2018年3月1日）

② Greens/EFA, “The art of the deal - how to keep politics clean,” Dec. 6th, 2017, https: //www. greens - efa. eu/en/article/event/the - art - of - the - deal - how - to - keep - politics - clean/.（上网时间：2017年12月6日）

③ Greens/EFA, “Transparency at EU and Member State level: Challenges and Next Steps,” Sept. 28th, 2017, https: //www. greens - efa. eu/en/article/event/right - to - know - day - public - event/.（上网时间：2017年9月28日）

目标而努力”的会议，邀请了国际发展合作部长、企业监管官员、可持续发展战略负责人参加。在讨论中，认为全球化是指市场自由化，可将利润转移到价值链和全球市场的相互关系上；认为可持续发展目标（SDGs）是一套政策目标，旨在贯彻世界各国经济、社会和生态水平上的可持续性原则。联合国大会决定到2030年实现这些目标，认为一个更紧密联系的世界可能有助于实现可持续发展目标：它可以使人们更深入地了解环境和消费品在全球的联系。然而，全球化也给人类带来挑战，如无管制的贸易倾向于利用全球环境和社会的不良标准，投资者特权会造成不平衡，大资本会对民选的人民代表施加压力，而不受监管的金融市场掩盖了税收欺诈、威胁社会稳定。在这个小组中，主要讨论全球化如何支持可持续发展目标的成就，以及为实现这一目标需要做些什么。①

除此之外，绿党党团还举行双边或多边会议。2017年10月18日举办了主题为“公平的粮食和农业政策”的会议，② 邀请一些专业领域的专家学者，以及绿党党团和其他非政府组织联合举行活动，呼吁参与者积极参加。绿色欧洲基金会（GEF）是由欧洲议会资助的欧洲一级的政治基金会。它与欧洲绿色行动者，如欧洲绿党和欧洲议会的绿党党团有联系，但是独立于其他欧洲绿色行动者。该基金会的使命是促进欧洲公共领域的发展，并促使公民更多地参与欧洲的政治活动，最终形成更强大、更有参与的民主。2016年，绿色欧洲基金会和绿党党团针对欧盟“移民和庇护资金指南”进行合作，这是一本以16种语言出版的出版物，向欧洲各地的活动家和组织提供了欧盟资金。2017年9月28日，该党团提出“筹款培训：移民、难民和寻求庇护者项目”，这次培训将提供欧盟委员会资助的信息，如庇护、移民和融合基金（AMIF），以及在众筹和体验式筹款等可用的创

① Greens/EFA, “Making Globalisation work for the Sustainable Development Goals,” Nov. 26th, 2017, https://www.greens-efa.eu/en/article/event/making-globalisation-work-for-the-sustainable-development-goals/.（上网时间：2017年11月26日）

② Greens/EFA, “A fair food and agriculture policy,” Oct. 18th, 2017, https://www.greens-efa.eu/en/article/event/a-fair-food-and-agriculture-policy/.（上网时间：2017年10月18日）

新筹资技巧方面的扎实背景与实践经验。[1]

二、左翼党团成员党参加的活动

欧洲议会内的政治活动以有明确法律依据的政治集团活动为主，欧洲议会外左翼党团也会组织一些活动。同时，也存在其他政治活动，主要分为两个方面：一是欧洲范围的有组织的左翼、右翼政党活动；二是欧洲议会内各成员党的活动。这两个方面在不同程度上影响着欧洲议会议员的思想和行为。[2] 左翼党团除了在内部发挥各自的作用，还在欧洲层面和国际层面发挥作用。左翼党团内部的成员党，比如社会民主党、共产主义政党、工党、绿党等不断参与形式多样的各种活动、论坛和研讨会。

（一）欧洲层面

1. 欧洲左翼党。欧洲左翼党对所有对左翼政策和行动感兴趣的人开放。因此，左翼党采用开放的结构和联系的原则，其结构的独特之处在于工作组和各种角色的整合。这反映了欧共体向公民开放政治的意图，并通过欧洲左翼地区常设论坛（PFER）的协调行动来达到共同的要求。欧洲左翼地区常设论坛是一个社会主义和共产党的地区结构，它们正在协调跨国一级的政治活动。目前它由法国、德国、捷克和斯洛伐克的几个地区机构组成。2010 年 5 月 8 日，在克拉根福举行的国际社会主义解放 65 周年活动中，来自奥地利、意大利和斯洛文尼亚的反法西斯分子举行集会。社会主义的、共产主义的、绿色的和其他民主左翼的成员国与欧盟的联盟国家，在各级政治活动中建立了各种形式的合作。根据“欧洲左翼党宣言”中的协议、基本原则和政治目标，左翼党的成员对任何欧洲左派党派和政治组织都是开放的，他们同意欧洲左翼党宣言的宗旨和原则，并接受欧洲

---

① Greens/EFA，“Fundraising Training：Migration，Refugees & Asylum Seekers Projects，” Sept. 28th，2017，https：//www. greens – efa. eu/en/article/event/fundraising – training – migration – refugees – asylum – seekers – projects/.（上网时间：2017 年 9 月 28 日）

② 张永桃主编：《欧洲的梦想与现实——欧洲统一的历程与前景》，南京大学出版社 2000 年版，第 159 页。

左翼党的章程。[①] 2004 年 5 月 8—9 日成立的“欧洲左翼党”致力于弥合欧盟成员国的政策分歧。2016 年 12 月 16 日，欧洲左翼党召开第五次代表大会，这次大会讨论了欧洲左翼党在未来 3 年内的重要政策。[②] 社会党党团和激进左翼党团中许多成员党同时是欧洲左翼党的成员，因此左翼党团的成员党比较活跃，在议会外欧洲范围的左翼联合中积极发挥着各自的作用。

2. 欧洲绿党。《欧洲绿党宣言》是在欧洲议会竞选活动中推进共同绿色议程的基础，每五年由其成员缔约方通过。四次宣言的名称分别为：2014 年的《改变欧洲，投票绿色》、2009 年的《欧洲绿色新政》、2004 年的《欧洲可以做得更好，你决定》、1999 年的《欧洲大选的共同绿色宣言》。欧洲绿党是欧洲层面的政党集合体，汇集了具有相同绿色价值观，且在整个欧洲活跃的国家政党，致力于为全体国民创造一个可持续的未来。作为一个欧洲组织，欧洲绿党及其成员党在欧洲选举中参加竞选。选举结束后，当选的绿党候选人将以欧洲议会议员的身份加入绿党党团中。另外，欧洲绿党的立场主要表现为加强人权，应对气候变化，赋予年轻人权利，创造良好的工作机会，建立一个强大的民主欧洲。欧洲绿党诞生于 2004 年 2 月 22 日，当时有 34 个泛欧议员参与了欧洲绿党联盟第四次代表大会。欧洲绿党从一个联邦演变成一个完整的欧洲政党，致力于建立一个统一的欧洲，为公民提供服务。欧洲绿党的第一个目标是把重点放在 2004 年欧洲议会选举，这是全欧洲第一次普遍的选举活动。欧洲绿党每年举办两次理事会会议。在这些活动中，所有成员国的代表聚集在一起，围绕欧洲项目的发展和价值观来确定政治方向。他们也对决议、党内成员和组织内选出的机构投票。[③] 欧洲绿党组织机构的成立使 32 个绿党能够通过共同的宣言和行动表达共同的声音，进一步扩大绿党在欧洲的影响。欧洲绿党

---

① “Member party,” Sept. 28th, 2017, http://www.european-left.org/about-el/member-parties.（上网时间：2017 年 9 月 28 日）

② 刘春元、石方方：《欧洲危机与欧洲左翼党的主张——欧洲左翼党第五次代表大会综述》，《世界社会主义研究》2017 年第 5 期。

③ EG, “Organisation,” Sept. 28th, 2017, https://europeangreens.eu/organisation.（上网时间：2017 年 9 月 28 日）

党团和欧洲议会外的欧洲绿党联系紧密，互相促进。

3. 欧洲社会党联盟。欧洲社会党聚集了来自欧洲各地的社会民主党、劳工党和民主党，与33个正式成员党、13个副主席和12个观察员党共同致力于建立更好、更进步的欧洲。其使命是塑造渐进的欧洲政策，使欧洲为人民服务。欧洲社会党联盟使数百万支持者为一个进步的欧洲工作，帮助整个欧洲的社会民主人士在州政府和欧盟机构举行选举。在日常工作中，其为欧盟制定共同政策，影响欧洲机构的决策，以共同的价值观和候选人领导欧洲竞选运动。① 从1992年起，其声称要塑造一个强有力的进步运动，促进真正的两性平等，创造就业机会，支持国际联合和发展，提高工人权利，注重社会保护，实行渐进的移民政策等。欧洲社会党联盟在其所有欧洲机构中均有成员组织和领导人代表。目前，有两名委员会副主席和一些委员担任了最重要政策部门的要职。政治家族的成员也分布在不同的地区委员会。②

20世纪50年代，欧洲社会主义者第一次以“社会主义国际”的名义召开会议。1957年，为了加强欧洲一体化，6个欧洲社会主义政党成立了“欧共体社会党”。20世纪60年代，欧洲议会的社会主义者试图在1961年制定共同的欧洲社会主义纲领。1962年，社会主义者推动了欧洲的民主化，扩大了欧洲议会的权力。20世纪70年代，启动了欧共体社会党联盟。1978年，联邦批准了第一个欧洲共同选举宣言，重点关注就业、污染、歧视、保护消费者、和平、人权和公民自由。1980年，社会主义国会批准了第一部社会党联盟章程。4年后，又一个共同的社会主义宣言获得通过，该宣言建立起工业生产、保护基本社会效益和改善生活质量之间的联系，为应对经济危机提供社会救济。1992年，联邦变成欧洲社会党。党的第一个纲领集中在创造就业机会、民主、性别平等、环境与消费者保护、和平与安全、移民管制、打击种族主义等方面。2006年，为了连接欧洲政治和

---

① PES, “The Party,” Sept. 28th, 2017, https://www.pes.eu/en/about-us/the-party/.（上网时间：2017年9月28日）

② PES, “History,” Sept. 28th, 2017, https://www.pes.eu/en/about-us/history/.（上网时间：2017年9月28日）

公民，创建了社会党活动人士运动。2009 年，党员同意为即将举行的欧洲议会选举设立共同候选人。2010 年，欧洲进步研究基金会（FEPS）成立，成为欧洲社会党联盟的政治基础。2011 年，欧洲社会党联盟理事会做出决定，欧盟委员会主席下一个欧洲社会党联盟候选人应该举行民主选举。当时在欧洲理事会的 27 个成员国支持这一决定，他们与共同候选人马丁·舒尔茨（Martin Schulz）共同举办了 2014 年欧洲选举。他提出欧洲社会党联盟宣言，又被选为欧洲议会主席。2016 年，针对就业、教育、文化和针对儿童需求的特殊保障 4 个方面启动了欧洲青年计划运动。欧洲社会党党团的很多成员会加入议会外的欧洲社会党联盟的活动中，且欧洲社会党联盟的活动与社会党党团的活动也时有交叉。

4. 欧洲共产党会议。这个会议其实是欧洲范围的合作平台，2011 年前，只有小部分欧洲地区的共产党参加，之后就超过欧洲范围，不再局限于欧盟国家。2013 年 9 月，第三届欧洲共产党会议召开，为欧洲共产党统一行动，开展反对欧洲议会选举的斗争商讨方案。① 2014 年 10 月召开了第四届会议，大会提出欧洲共产党人的斗争任务和策略，强调要加强反对欧盟和北约、反对资本主义的群众斗争，要建立统一战线。② 2017 年 1 月 23 日，召开第十次欧洲共产党会议，会议最后由希腊共产党发布《新闻公报》。③ 激进左翼党团中的共产主义政党是主体，每当欧洲共产党会议召开之际，欧洲议会激进左翼党团中的政党都要积极发声，而影响力较大的共产主义政党更是如此，比如意大利重建共产党、葡萄牙共产党等。

5. 欧洲共产党和工人党“倡议”（以下简称“倡议”）。这是 2013 年 10 月 1 日成立的欧洲范围内合作平台，这个多边合作平台虽然在欧洲议会成立，但却是反欧盟的合作平台。“倡议”成立的时候制定了一些规则，比如其成员必须首先是共产党，然后必须是反对欧盟一体化的。另外，欧洲共产党召开联合会议，比如红海地中海共产党会议、巴尔干地区共产党

---

① 牛田盛：《社会主义是及时和必要的——2013 年欧洲共产党会议述评》，《马克思主义研究》2014 年第 3 期。

② 刘春元：《2014 年欧洲共产党会议述评》，《江西师范大学学报》2015 年第 7 期。

③ 王喜满、苏莉佳、张晓曼：《2017 年欧洲共产党会议的理论主张、主要特点和简要评价》，《当代世界与社会主义》2017 年第 5 期。

工人党会议等。[①] 这个活动主要是激进左翼党团中的共产党参与。

6. 欧洲左翼的学术组织。欧洲左翼力量努力开展国际学术交流和合作，组织一些学术会议，比如由左翼人士创办的“变革”（Transform），还有类似“马克思社会理论研究中心”（Center for Marxist Social Studies）的学术活动。左翼学术组织为欧洲新社会主义的探索提供了学术平台和舆论空间，为欧洲左翼的复兴发挥着独特作用。[②] 学术组织中的有些专家和学者是左翼党团中成员党的政党领袖，他们在学术会议上发言，其实也是在宣讲本党和党团的政策理论。

（二）世界范围

左翼党团及其政党在议会外积极参与世界性的合作平台，比如“国际马克思大会”和“共产党人研讨会”等。

1. 世界共产党和工人党国际会议。从 1999 年至今共举办了 21 届，这是国际共产主义运动的新合作方式。希腊共产党首先承办了第一届，之后由其他资本主义国家的共产党轮流举办。各与会党积极参与和平、民主、进步和社会主义等主题的讨论，形成最后的决议，为推动国际共产主义运动的团结发挥了重要作用。中国共产党目前是该会议的观察员。[③] 与会的党派大多是在资本主义国家取得合法地位的共产党，也有社会主义国家的执政党，曾经有占 78% 的共产党参与到会议中。2017 年 11 月 3 日，第 19 届世界共产党与工人党国际会议开幕，共有来自世界 103 个共产党和工人党的 300 多名代表参加会议。与会的代表对十月革命 100 周年表示祝贺，并对共产党和工人党在各国的发展状况做了报告。[④] 第 21 次共产党和工人党国际会议是 2019 年 10 月 18—20 日由土耳其共产党和希腊共产党共同承

---

① 王喜满、王芳、华玉龙：《欧洲共产党区域联合的新动向：欧洲共产党和工人党“倡议”评析》，《当代世界社会主义问题》2016 年第 2 期。

② 陈海燕：《冷战后欧洲左翼“新社会主义”探索浅析》，载《“改革与创新——当代世界社会主义的理论与实践”学术研讨会暨当代世界社会主义专业委员会 2014 年年会论文集》，社会科学文献出版社 2014 年版，第 114—124 页。

③ 王喜满、王子凤：《1999—2011 年世界“共产党和工人党国际会议”评析》，《马克思主义研究》2012 年第 4 期。

④ 鲁金博：《第 19 届世界共产党与工人党国际会议在圣彼得堡召开》，2017 年 11 月 3 日，http：//www. xinhuanet. com/world/2017 - 11/03/c_1121903736. html。（上网时间：2017 年 11 月 3 日）

办的，会议主题是“共产国际成立100周年：争取和平与社会主义的斗争仍在继续!”。欧洲左翼党团中的左翼政党积极参加每年举办的世界共产党和工人党会议，左翼政党纷纷在会议中努力提升政党影响力。

2. 国际共产党人研讨会。这个研讨会在1991年举办了第一期，2008年的研讨会针对工人阶级、青年等提出共产党人的工作目标和任务。2012年5月18—20日，59个共产党和工人党的代表出席第21届国际共产党人研讨会。各国共产党和工人党代表纷纷指出，只有以社会主义替代资本主义，才能彻底解决危机。2013年5月31日至6月2日，第22届国际共产党人研讨会在布鲁塞尔召开。由于是共产党人的会议，一般激进左翼党团中成员会派代表参与其中，他们是共产党的精英，在会议上针对当下的现实问题和未来社会主义发展趋势进行了激烈讨论。

3. 全球左翼论坛。全球左翼论坛属于国际学术性的研讨会，每年召开一次，参会者范围广泛，人数众多。2008年，全球左翼论坛分析世界危机的根源和实质，消灭资本主义成为论坛议题，侧重于解析摆脱经济危机的方法。2014年5月，全球左翼论坛围绕“改革与革命——构想一个有转型的正义的世界”的主题，设立了394个专题会场。

4. 国际马克思大会。2002年，第一届国际马克思大会举办，此后每3年召开一次。参会者大部分来自发达国家，他们会对资本主义社会所发生的新变化进行及时分析，也揭露了资本主义制度的弊端。2007年10月，举办了第五届国际马克思大会。会上，与会学者纷纷就资本主义危机的议题发表观点，还提出超越资本主义的理念。2010年，第六届会议召开，主题是“危机、反抗、乌托邦”，宗旨在于探寻摆脱危机的出路，学者们主要对发生金融危机的原因和特征进行分析。欧洲议会左翼党团的部分成员参与会议，比如激进左翼党团成员党的积极分子，他们有一些是研究马克思主义的理论学者，在国际马克思主义大会上阐述欧洲面临的经济、社会问题，揭露债务危机的本质，积极批判资本主义。

5. 社会党国际。社会党国际是社会民主、社会主义和劳动党的世界性组织，是主张社会民主主义的政党和组织的联合体，已汇集至少来自各大洲的140个政党和组织，是影响力比较大的国际性政党联盟。其最高权力机构是代表大会，每3年举行一次，下设专门委员会和研究小组。秘书处是常设机构，设在伦敦，负责协调国际活动和制定举措，召开会议，发表声明和新闻稿，并出版各种书籍。2013 年 2 月 4—5 日，社会主义理事会是在葡萄牙国际大会期间成立的国际组织，除法定道德委员会和财务与行政委员会外，还组成了专题和区域委员会、工作组和新的平等委员会。社会党国际经常派代表团到各个国家和地区帮助推动和平解决冲突，支持通过观察选举加强民主。社会党国际和欧洲的社会党联盟之间有业务往来，而且欧洲议会社会党党团的成员也是社会党国际的主要成员。通过参与社会党国际组织的各专题和区域委员会、工作组组织的各项活动，共同加强和发展世界社会民主政策。

6. 全球绿党等。2001 年，72 个国家的绿党代表在堪培拉通过了全球绿色宪章，建立了国际非政府组织全球绿党，通过全球绿党组织，代表们制定了《全球绿色宪章》。这次集会在全体成员一致同意下，决定成立“全球绿党网络”（Global Green Network，GGN）和“全球绿党协调”（Global Green Coordination，GGC）。它由非洲、欧洲、美洲、亚太地区的代表组成，主要通过电子邮件进行沟通。欧洲议会中的绿党党团成员属于全球绿党，“全球绿党协调”可能还会替某个绿党发表声明，全球绿党集会形成非正式的关系网络。

第三节　欧洲议会左翼党团的日常运行、凝聚力和竞争力

欧洲议会的程序规则随着时间的发展而不断调整，它使得党团在欧洲议会中的地位进一步制度化。欧洲议会中的各党团组织结构大体相似，越大的党团的组织越完备。每个党团都会制定出属于自己的组织机构、人员分工、工作条例和程序等。党团的凝聚力和竞争力是党团运行的特点，凝聚力和竞争性是一致的。只有有竞争力的政党才能提出鲜明的纲领，其凝聚力才有依据。

一、组织结构和日常运行

欧洲议会党团日常的顺利运行离不开其内部各组织机构的良好配合，欧洲议会的决策在全体会议上使用多数表决的方法进行。党团会议是确保

党团立场，增强党团凝聚力的必要工具。党团周其实就是议会党团的内部决策机制，而党团的日常运行又与内部会议决策息息相关，党团必须按照正常程序开展工作，一个好的党团会议决策往往也推动着其组织结构的不断完善，两者互相促进。

（一）议会党团的内部结构

委员会是欧洲议会中开展日常工作最基本的组织单元。全体会议的准备也由委员会负责。欧洲议会党团的领导机构包括执行局、议长会议和司务团。执行局是重要的组织部门，由议长、副议长和司务官组成；执行局有权决定财务、秘书处的组织结构以及高级文官的任命等事项。议长会议的主要任务是处理与全体会议有关的事务，制定议会关于立法的年度规划等。执行局的主席是党团主席，执行局的职位在不同的党团内有不同的分配法，但是绝大多数遵循在国籍和政治利益上保持平衡的原则。执行局的主要任务就是准备议会工作，在党团中，成员国政党领袖在决定党团主席的谈判过程中十分重要。谈判结果通常会包括多个职位，如欧洲议会议长候选人、党团主席、党团财务官，有时甚至包括欧洲政党联盟的领袖。在实践中，成员国政党代表团的领袖通常自动成为执行局成员。执行局的主要职责是就议会议程问题做出决策、准备讨论议题和表明党团立场；处理党团内部的组织和行政管理工作；处理对整个党团有影响的其他事务等。欧洲议会党团在布鲁塞尔和斯特拉斯堡定期举行党团会议，就重要问题展开讨论并尽量消除内部分歧，确立党团立场，为欧洲议会全体会议做好准备。在讨论协商的过程中，党团主席、执行局成员，尤其是成员国政党代表团的领袖在形成党团的政治偏好中发挥着重要作用。党团主席利用党团会议告知普通议员本党团的立场，党团的规模对党团会议影响很大。党团的议长会议由执行局和党团主席组成。党团主席的职位非常重要：在议会的主要辩论中代表本党团发言，代表本党团参加外长会议，负责组织议会的主要工作，与其他党团进行谈判，对外代表本党团等。党团主席由党团成员选举产生，通常任职多年。绿党党团和一些小党团通常会有两名主席。[①] 党团的司务团由司务官组成，任期为两年半。司务官不参加议会的

① 张磊：《欧洲议会中的党团政治》，北京大学出版社 2013 年版，第 123 页。

表决。执行局负责人和各党团主席都参加议长会议，无党团归属的独立议员需要派代表参加。司务团负责处理与内部议员和财务管理相关等工作。

欧洲议会的工作实际上是以月为周期安排的，每个月的头两周，欧洲议员以特定委员会为单位在布鲁塞尔开会。到第三周，议员以党团为单位在布鲁塞尔开会，讨论决定该党团第四周在斯特拉斯堡召开的欧洲议会全会上的意见和策略。通过委员会提出概念到全会通过协议，以及党团在议会报告形成中发挥的作用，我们就可以理解为党团是议会政治妥协和政治结盟的主要场所。[①] 即“党团周”，各党团在这个时期积极参与讨论和协商，就委员会的各项具体工作达成共识，决定他们共同的立场。党团每年召开研讨会来讨论议会的长期发展战略。一方面，没有其他替代机制允许欧洲议员和各国议会代表团在党团决定形成前评估议会的事务；另一方面，党团内部和党团之间进行有效的准备工作，可以确保议会全会在有限的时间内集中讨论预计可以通过的决议。[②] 欧洲议会委员会和欧洲议会党团是跨国议会内密切相关的两大机构，而党团主席会议又是议会委员会、议会全会和党团周的联系网。秘书处是党团的另一个主要机构，每个党团都有秘书处，秘书处在党团中起着关键作用，主要是为了跟进议会委员会的工作。这些工作人员为欧洲议会委员会中本党团议员提供服务，以确保党团的立场。秘书处还需要做好党团会议的准备工作，起草研究报告，收集党团在议会委员会和全体会议中的投票意见。大党团的秘书处还负责处理党团的对外关系等事务。

新一届欧洲议会选举产生后，在第一次全体会议中首先选举产生欧洲议会议长，根据《欧洲议会程序条例》第 15 条，议长候选人由党团提名，经无记名投票选举产生，候选人必须赢得绝对有效的多数票。如果未有候选人达到这一要求，则进行第二轮投票，若三轮投票过后仍未选出议长，则举行第四轮投票，由在第三轮投票中获得最多票数的两名成员竞争，取

---

① 李景治、张小劲等：《政党政治视角下的欧洲一体化》，法律出版社 2003 年版，第 272 页。

② 李景治、张小劲等：《政党政治视角下的欧洲一体化》，法律出版社 2003 年版，第 268 页。

得相对多数即可获胜。[①] 2019 年，新任欧洲议会议长戴维·萨索利（David Sassoli）就是经过两轮投票，且在第二轮投票中赢得 667 票有效投票中的 345 票，取得绝对多数，赢得欧洲议会议长的选举。[②] 司务官的选举程序与副议长选举程序一致。[③] 例如，在新一届欧洲议会副议长的选举中，在第一轮选举中以绝对多数选举产生 11 名副议长，在第二轮选举中以绝对多数选举产生 2 名副议长，在第三轮选举中以相对多数选举产生剩余的 1 名副议长。[④] 在进行议长、副议长和司务官的选举时，应考虑确保政治观点、性别和地域平衡的全面代表性。[⑤] 如表 4—6 所示，欧洲议会目前有 20 个专门的常设委员会，还设立了分委员会和专门的临时委员会来处理特定问题，并有权设立调查委员会，以调查涉嫌违反欧盟法律或失职的行为。[⑥]

欧洲议会委员会的工作可以分为两大部分：通过报告对欧盟委员会提交的立法提案做出回应，为全体会议提出立法修正案以及任命谈判小组与欧盟理事会就欧盟立法进行协商；自行动议报告，与专家组织听证会，并审查其他欧盟机构。[⑦] 成员国政党代表团可从党团获得专门的经费，这是党团物质方面的权利，这方面的权利主要指的是党团预算开支方面的权利，欧洲议会对每个党团进行一定的财政支持，各个党团得到欧洲议会资助的金额不同，党团的预算大约占总预算的 15%，预算的分配依靠特定的计数和国家等因素进行，党团经费主要用于购置办公用品以及日常活动的

---

① European Parliament, "Rules of Procedure, 9th parliamentary term," 2019, Rule15 - 16, p. 21.

② European Parliament, "David Sassoli elected President of the European Parliamen," Sept. 28th, 2017, https: //www. europarl. europa. eu/news/en/press - room/20190627IPR55410/david - sassoli - elected - president - of - the - european - parliament. （上网时间：2017 年 9 月 28 日）

③ European Parliament, "Rules of Procedure, 9th parliamentary term," 2019, Rule18, p. 22.

④ European Parliament, "The new European Parliament Vice - Presidents," Sept. 28th, 2017, https: //www. europarl. europa. eu/news/en/press - room/20190627IPR55411/the - new - european - parliament - vice - president. （上网时间：2017 年 9 月 28 日）

⑤ European Parliament, "Rules of Procedure, 9th parliamentary term," 2019, Rule15, p. 21.

⑥ Committees European Parliament, "Introduction," Sept. 28th, 2017, https: //www. europarl. europa. eu/committees/en/about/introduction. （上网时间：2017 年 9 月 28 日）

⑦ Committees European Parliament, "Introduction," Sept. 28th, 2017, https: //www. europarl. europa. eu/committees/en/about/introduction. （上网时间：2017 年 9 月 28 日）

开支。欧洲议会通过其立场，在全体会议上就立法和预算文本以及主动提出的报告和其他决议进行表决。欧洲议会常设委员会对欧盟立法草案进行详细的审议，并就关键问题举行听证会。在立法过程中，欧洲议会委员会的代表经常与理事会和欧盟委员会的对应方在“共同决定”程序下举行“三方会谈”。

表4—6　2019—2024年第九届欧洲议会常设委员会列表①

中文名称	英文全称	缩写	主席	主席所属党团	下设分委会
外事委员会	Foreign Affairs	AFET	David McALLISTER	EPP	人权分委会（Human Rights）安全与防务分委会（Security and Defence）
发展委员会	Development	DEVE	Tomas TOBÉ	EPP	
国际贸易委员会	International Trade	INTA	Bernd LANGE	S&D	
预算委员会	Budgets	BUDG	Johan VAN OVERTVELDT	ECR	
预算控制委员会	Budgetary Control	CONT	Monika HOHLMEIER	EPP	
经济与货币事务委员会	Economic and Monetary Affairs	ECON	Irene TINAGLI	S&D	
就业与社会事务委员会	Employment and Social Affairs	EMPL	Lucia ĎURIŠ NICHOLSONOVÁ	ECR	

① “Committees,” Sept. 28th, 2017, https://europarl.europa.eu/committees/en/about/list-of-committees; https://europarl.europa.eu/committees/en/about/conference-of-committee-chairs; https://www.europarl.europa.eu/news/en/headlines/eu-affairs/20190711STO56847/meet-the-new-chairs-of-the-parliamentary-committees.（上网时间：2017年9月28日）

续表

中文名称	英文全称	缩写	主席	主席所属党团	下设分委会
环境、公共卫生和食品安全委员会	Environment, Public Health and Food Safety	ENVI	Pascal CANFIN	Renew Europe	
工业、研究与能源委员会	Industry, Research and Energy	ITRE	Cristian – Silviu BUŞOI	EPP	
内部市场和消费者保护委员会	Internal Market and Consumer Protection	IMCO	Petra DE SUTTER	Greens/EFA	
运输与旅游委员会	Transport and Tourism	TRAN	Karima DELLI	Greens/EFA	
地区发展委员会	Regional Development	REGI	Younous OMARJEE	GUE/NGL	
农业和农村发展委员会	Agriculture and Rural Development	AGRI	Norbert LINS	EPP	
渔业委员会	Fisheries	PECH	Pierre Karleskind	Renew Europe	
文化和教育委员会	Culture and Education	CULT	Sabine VERHEYEN	EPP	
司法事务委员会	Legal Affairs	JURI	Adrián Vázquez Lázara	Renew Europe	
公民自由、正义和内部事务委员会	Civil Liberties, Justice and Home Affairs	LIBE	Juan Fernando LÓPEZ AGUILAR	S&D	
宪法委员会	Constitutional Affairs	AFCO	Antonio TAJANI	EPP	

续表

中文名称	英文全称	缩写	主席	主席所属党团	下设分委会
妇女权利和平等委员会	Women's Rights and Gender Equality	FEMM	Evelyn REGNER	S&D	
诉愿委员会	Petitions	PETI	Dolors MONTSERRAT	EPP	

"Committees," Sept. 28th, 2017, https://europarl.europa.eu/committees/en/about/list-of-committees; https://europarl.europa.eu/committees/en/about/conference-of-committee-chairs; https://www.europarl.europa.eu/news/en/headlines/eu-affairs/20190711STO56847/meet-the-new-chairs-of-the-parliamentary-committees.（上网时间：2017年9月28日）

多个成员国政党代表团组成党团，成员国代表团又由同一个国家的议员组成。成员国政党代表团还能从党团获得专门的经费。比如，社会党党团就分配给成员国政党代表团750万欧元，其中19%的经费平均分配给每个成员国政党代表团，而81%的经费根据成员国政党代表团的人数进行分配。大多数工作人员由党团直接招募，且无须通过议会长期性工作人员通过的入门竞争程序。但实际上，大多数党团工作人员具有连续性和稳定性。即使面临选举失败和党团重组，这些工作人员也不会轻易被辞退。此外，还有长期任职的官员。有时党团的员工招募是以党团与个人的联系和支持党团为基础的。但现在党团的招募越来越客观，增加了笔试和语言测试等内容。工作人员任务主要是行政管理，不同党团规模的行政人员人数不同，在较大的党团中，每个委员会有一名到两名，而较小党团的一个行政人员需负责三个到四个委员会。①

欧洲的议会党团负责给成员们分配发言时间，党团在推出发言人和党团分配发言时间上有很大差异。为了公开化欧洲议会党团是如何分配稀缺的发言时间的，部分党团开始质疑欧洲议会党团秘书处的工作。首先，询

① Richard Corbett, Francis Jacobs, Michael Shackleton, "The European Parliament," London: John Harper Publishing, 2000, pp. 81-84.

问每个党团描述在内部分配发言时间的过程。其次，要求欧洲党团秘书处指出哪些因素在决定可用发言时间的分配上是最重要的。表4—7显示了党团不同的发言时间的分配机制。事实上，成员们首先要向秘书处发出要求发言的请求，根据这些要求，秘书处对发言时间做出规定。

表4—7　在欧洲议会分配发言时间的过程

欧洲议会党团	由谁做提议	由谁做决定
自由联盟党团（ALDE）	秘书长	党团全体人员
欧洲人民党（基督教民主党）与欧洲民主党党团（EPP－ED）	常设工作组	议会工作副主席
激进左翼党团（GUE－NGL）	副秘书长负责全体会议	政治秘书处（由每个国家一个成员组成）
民族欧洲联盟党团（UEN）	秘书处	党团两名共同主席
人民党党团（PES）	在涉及多个委员会时，有关委员会或政党副主席担任协调员	有关委员会秘书处的协调员

资料来源：Query to EP political group secretariats（responses received during 2007 and 2008）. Jonathan B SlapinSven－Oliver Proksch，"Look who's talking：Parliamentary debate in the European Union，" European Union Politic，2011，pp. 333－357。

另外，表4—8显示了在2019年前，党团秘书处关于党团在分配发言时间方面的优先事项。要求每个小组指出几个项目，当做出决定时，这几个项目是否总是重要（4），经常重要（3），很少重要（2）或者从不重要（1）。表中的答案是按照最重要的项目来排序的，以平均值来衡量团队之间的回应。影响发言时间分配最重要的因素就是正式的标准，例如负责任的委员会成员、党团的领导地位、专业知识和委员会在会议中的贡献，而国家问题的相关性和在党团内国家代表团的任期则不那么重要。演讲者的素质、成员们在政党会议中的贡献等，比如考勤记录或成员是否在欧盟讲任何一种工作语言，对分配发言时间几乎没有任何意义。最有趣的是，成员对他或她的党团的忠诚似乎也没有在分配发言时间上发挥作用。成员们为了大多数人投票，但是似乎没有额外的发言时间。只有社会党党团表明，对党团忠诚在分配时间上非常重要，而党团中大部分人或持不同政见者可以发表不同的言论。

表4—8　在分配发言时间方面的优先事项①

项目	自由联盟党团	欧洲人民党（基督教民主党）与欧洲民主党党团	民族欧洲联盟党团	激进左翼党团	社会党党团	平均值
委员会成员	4	3	4	4	4	3.8
专技	4	4	3	3	4	3.6
议会团队领导人	3	4	3	4	3	3.4
议员请求	4	3	3	4	3	3.4
委员会的议员贡献	4	4	3	2	4	3.4
国家问题相关性	2	3	3	3	3	2.8
党团内的国家政党保有时间	2	3	1	1	2	1.8
对党团的忠诚度	2	2	1	1	3	1.8
政党会议中的议员贡献	2	2	1	1	3	1.6
有资历的议员	2	2	1	1	2	1.6
全会中好的出席率记录	2	2	1	1	2	1.4
演讲者质量	1	3	1	1	1	1.2
主要语言（英、德、法）	1	2	1	1	1	1.2
成员间的平等分配	1	1	1	2	1	1.2

资料来源：Query to EP political group secretariats （responses received during 2007 and 2008）. Jonathan B SlapinSven – Oliver Proksch, “Look who’s talking: Parliamentary debate in the European Union,” European Union Politic, 2011, pp. 333 – 357。

（二）三大左翼党团的日常运行

社会党党团（S&D）通过选举产生一名主席和若干名副主席，党团有执行局和由党团任命的秘书长领导的秘书处两个机构。个别副主席负责具

① 4 = 总是重要，3 = 经常重要，2 = 很少重要，1/4 = 从不重要。

体的欧盟政策组合，监督跨委员会议题，另外两人负责社会党党团的沟通和协调议会事务。社会党党团的新执行局于2016年12月14日当选，且每月举行一次会议，该党团具有明确的性别平衡，反映了来自小国和较大国家的欧洲南部、北部、东部和西部成员的多样性。议员们极力支持许多运动，以期在欧洲面临的关键问题上找到更好的解决方案。该党团由中左翼政党组成，这些政党在意识形态上较为接近。[①] 欧洲社会党党团与议会外的跨国政党联盟欧洲社会党联系密切，且在布鲁塞尔办事处设有总部。有来自欧盟所有国家的工作人员为整个社会党党团的工作提供专门的支持。欧洲社会党党团由秘书处负责组织党团活动，并与其他各机构紧密联系。秘书处有三个关键作用：为支持政治决策提供政治咨询、信息和研究，协助政策制定和谈判，为党团活动提供后勤支援和技术援助。欧洲议会定期在布鲁塞尔或斯特拉斯堡举行全体会议，在每次全体会议前，社会党党团宣布其主要辩论、报告和决议的优先顺序与目标。[②]

在2014年议会选举后，加比·齐默（Gabi Zimmer）当选激进左翼党团（GUE/NGL）主席。她的主要政治目标是与欧盟内外的饥饿、贫穷和社会排斥做斗争。作为发展委员会的前任成员，她是欧洲议会发展中国家粮食安全挑战报告员，她的议会工作特别致力于实现粮食和营养安全。2016年12月，党团的议员们还选择了4位副主席共同进行职位安排。党团执行机构主席团由主席和副主席4名、财务主任和各国代表团中的1名议员代表组成，每个代表团都没有副主席或司库，总书记和副秘书长是没有投票权的成员，也可能包括在立法机关成为独立人士的议员。主席团由本党团的议员选出，每月召开一次会议。正如其名称所示，他是一个联盟组织，每个组成部分的政党都保留自己的身份和政策，同时努力追求共同的政治目标。

绿党党团议会小组章程于2006年11月8日在布鲁塞尔通过，并于2009年6月22日更改。该党团的名称自1999年7月19日起更改（官方公报欧洲共同体C301/1999）。党团的成员由在欧洲议会当选的代表组成，欧

① 李景治、张小劲等：《政党政治视角下的欧洲一体化》，法律出版社2003年版，第253页。

② S&D, "Plenary topics," Sept. 28th, 2017, http://www.socialistsanddemocrats.eu/topics.（上网时间：2017年9月28日）

洲绿党和欧洲自由联盟两个组织都可以接收新成员。但是，招收新的成员需要达成共识，如果没有达成共识，绿党党团成员和自由联盟成员之间的谅解议定书中规定的“监督和调解委员会”将对比做出决定。其他欧洲议会议员若宣布全力支持《欧洲绿化宪章》后，可以成为该党团的成员，经过协商一致后，如未能达成共识，该党团将对入场申请进行表决。在此情况下，该党团的绝大多数成员应被批准入场。该党团的成员资格应有死亡、辞职、终止三种。欧洲议会成员在成员任职期间或成员结束时的成员身份，或在集体成员的2/3做出决定后被排除在外。排除只能在书面要求的基础上提出，同时要充分说明理由，并由至少10%的团体成员签署，且必须经所有团体成员被邀请的全体会议批准，特别是有关人可以行使其辩护权。党团组织机构是：全体大会、办事处、协调员。全体大会是党团的最高决策机构。全体大会有权对内部或内部处理的所有政治事务进行讨论和做出决定：选择党团的联合主席和副主席；委任本党团成员，填补为本党团预留的职位空缺，在议会委员会和小组委员会之间，议会间代表团和联合会议，以及欧洲议会的各种议会的临时和常设机构。议会委员会根据情况接受或拒绝小组成员投票。制定党团的年度预算和政治优先事项清单，为本党团政治活动划拨预算，批准关于执行情况的账目说明和授予过去的年度预算的履行情况。

就这些章程的批准和修改做出决定，批准本党团的《程序规则》和《财务条例》等章程的其他附件；任命该党团秘书长及副秘书长。除“议事规则”另有规定者外，全体会议决定需要简单多数。无论选民的人数多少，决定都是有效的，只要在选举开始前主席没有被要求确定出席人数或代表人数。在没有法定人数的情况下，投票将被推迟并列入下次会议的议程。应主席团至少1/3的成员要求，主席团应当尽快不迟于4日召开特别全体会议，请求提交后几周（这个截止日期只考虑到在布鲁塞尔或斯特拉斯堡的欧洲议会的工作周）签署方制定议程。该党团成员应至少提前一周通知召开特别全体会议。邀请党团的工作人员、成员助理和欧洲绿党代表、欧洲青年联合会和欧洲自由联盟党出席全体会议。主席团由两名共同主席和最多7名副主席组成。其规定的表决程序应列入“规则”的程序。关于主席团的组成，至少有一半的主席和副主席职位由妇女担任。主席团成员的任期为两年半，且至少有一名副主席由欧洲自由联盟人任命。联盟成员，被任命为第一副主席。该党团主席根据谅解备忘录制定绿党与欧洲自由联盟的关系，并附于这些章程之上。为了更好地实现本党团的政治权力平衡，主席团成员可能会有所改变，但不得少于一人。全体会议应直接任命负责本党团预算的副主席。确保该党团运作正常，特别是监督秘书长和常务副秘书长的工作，确保正式执行全体会议的决定。① 主席团将根据这些章程和全体会议赋予的任务，采取必要措施来实现这一目标，共同主席负责本党团的活动，联合主席还应负责代表本党团协调党团与第三方的沟通。

秘书长和副秘书长、专家组的新闻界专员、负责起草会议记录的人出席主席团会议，但不得有任何表决权。欧洲绿党秘书长或其代表将一如既往被邀请参加主席团会议。主席团可邀请其他人参加会议，执行局每年至少与所有党团协调召开两次会议，每年为党团的权力分配做好准备。主席团和欧洲绿党委员会之间的联席会议也至少每年举行两次，由小组至少 1/3 成员正式提出的主席团决定，应提交下次全体会议。全会由多数决定是否就争议进行辩论和表决。每个议会委员会的全体和替补成员应任命一名协调员。该协调员负责组织有关成员的工作，并就本组织所处理的所有问题向专家组提供政治指导。协调员每年至少向全体会议报告其主管领域最重要的问题。协调员可以根据自己的需要开会，应主席团的邀请，每年至少两次，协调员与主席团联合会议讨论总的政治局势。根据主席团的提议，全体会议应任命一位本党团内部的监察员，其职责是找出解决问题的方法。

秘书处应负责所需的所有行政、技术和政治服务，以使该党团能够正常运作。秘书处应由秘书长和副秘书长监督。秘书长和副秘书长由选举产生，按照“议事规则”的规定分组。至少有一名副秘书长由本组织成员任命。在新的财政年度开始前，财政部门应该和秘书长或负责人协助，向主席团提交一份预算草案，然后由主席团提交全体大会修正和批准。该党团的预算应同时附上优先事项清单，列出分配给每个优先事项的财政资源。根据欧洲议会现行规定，主席或其委任的授权代表应有权代表该党团在全

① Greens/EFA, “Statutes of the Greens/EFA Group,” Oct. 4th, 2017, https://www.greens-efa.eu/en/article/document/statutes-of-the-greens-efa-group/.（上网时间：2017 年 10 月 4 日）

体会议批准的预算范围和该党团内部财务规则的范围内进行支出。根据《财务细则》，联合主席仍应负责执行年度预算，在该党团内组织工作和进行审议。[①] 该党团的总体运作，特别是其工作和组织议事规则对这些规定进行了说明。议员助理在党团工作中发挥了积极作用，修正这些章程的提案必须由全体会议的2/3多数通过。这个修正案的法定人数至少要有一半党团成员亲临现场才行。

二、凝聚力与竞争力

欧洲议会的权力有限，为了统一意见，使得权力最大化，欧洲议会党团之间会进行合作，而不是竞争。政党的凝聚力和竞争性是相互依存的，没有一定凝聚力的政党就不可能有特色，也就没有竞争力。欧洲议会党团竞争性向度就是其凝聚力的向度，欧洲议会党团只有在左右向度或一体化主权向度上竞争才能形成有凝聚力的竞争性党团。当一个问题越是和左右向度相关联时，欧洲议会党团在这个问题上就越具有凝聚力。但是部分学者认为欧洲议会的党团在左右向度上具有竞争性，但是其凝聚力却和左右向度没有必然的联系。

（一）凝聚力

政党的凝聚力是指政党内向性聚集的力量，这表现为政党成员行为一致性程度的大小，表明了政党的可靠性大小。[②] 党团是有凝聚力的，不是铁板一块。一般来讲，党团的凝聚力越强，运行能力就越强。欧洲议会党团的凝聚力是指欧洲议会中的党团在整合政党不同政治利益需求时，获得表达共同立场和进行统一行动的能力，最突出的表现就是其投票行为是否统一。党团凝聚力是欧洲议会作为欧盟政治体系中的重要行为者的基础。[③] 为保证每个党团的内部凝聚力，大多数议会政党采用一种惩罚体制，那就是“组织秘书处要求本党议员出席辩论和投票的命令”的体制。如果没有

---

① Greens/EFA, “Statutes of the Greens/EFA Group,” Oct. 4th, 2017, https://www.greens-efa.eu/en/article/document/statutes-of-the-greens-efa-group/.（上网时间：2017年10月4日）

② 王明进：《欧洲联合背景下的跨国政党》，当代世界出版社2007年版，第226页。

③ 张磊：《欧洲议会中的党团政治》，北京大学出版社2013年版，第157页。

一个有效的机制使党员遵守党纲，议会政党将成为一个毫无意义的政治集合体。但是，承认惩罚制度作用的有限性也非常重要。党团惩罚制度不能像惩罚个人那样惩罚某个国家代表团。如果对后者进行惩罚，拒绝某国代表团在党团内职位和利益的分配，那么可能影响整个跨国合作的微妙平衡。[①] 外国学者西蒙·希克斯（Simon Hix）认为三个最大的党团相对于小党团凝聚力更高，相同意识形态的党团投票更加相近。党团的高凝聚力能在投票中获胜，也增加了其影响政策结果的概率。凝聚力主要与党团决策方式、成员国代表团的意愿、专业领域分工等因素有关。[②] 激进左翼党团是异质化程度最高的欧洲议会党团，2009 年 7 月至 2013 年 4 月，欧洲议会的凝聚力平均值为 79.22%。在三个左翼党团中，绿党党团的凝聚力指数最高，为 94.57%，社会党党团为 91.35%。激进左翼党团各成员党的凝聚力指数有所下降，其中，激进左翼党团在以下六个领域内凝聚力指数最高：环境与公共医疗卫生、性别平等、国际贸易、公平与家庭事务、交通与旅游、就业与社会事务。[③] 而中间派自由和民主联盟党团凝聚力指数为 88.94%，右翼党团保守党党团为 86.61%。在政治层面，党团凝聚力指数较低，比如欧盟预算、欧洲宪法与欧洲议会程序等。目前，党团争论的焦点是要深化欧盟一体化进程，还是要转变欧盟经济治理方式。

影响欧洲议会党团凝聚力的因素包括各成员国政府和欧洲议员，欧洲议会议员经常在离开欧洲议会后重返本国国家政治。各国政府也是欧盟立法进程的中心，这使他们有可能对欧洲议会议员进行监督和施压。几乎所有的欧盟立法需得到欧洲议会和部长理事会的批准，后者由成员国政府的代表组成。因此，欧盟的立法制度是两院制的，其结构在某些方面可以与德国等联邦制的国家相媲美。党团可以在一定程度上有支配权，但它仍受本国国内政治系统中许多要素的支配，它是在内外政治经验不断积累的条件下向前发展的。欧洲议会政党组织也会试图保持其党员之间的政策一致

① 李景治、张小劲等：《政党政治视角下的欧洲一体化》，法律出版社 2003 年版，第 276—277 页。

② 张磊：《欧洲议会中的党团政治》，北京大学出版社 2013 年版，第 174 页。

③ 张莉、徐家林、单超：《欧洲联合左翼联盟/北欧绿色左翼的政治主张及其凝聚力》，《当代世界与社会主义》2015 年第 5 期。

性，以便在具有挑战性的环境中促进党内决策的达成，更好地理解欧洲议会党团的凝聚力，可能有助于改善其立法功能。当成员的政策偏好非常多样化时，党团的联盟建设和决策更加困难，欧洲议会中的跨国党团自20世纪90年代初变得更有凝聚力。了解国家的政策偏好，可以预测成员的投票行为。但是，当偏好之间发生冲突时，在面对一个民族政党和一个欧洲议会党团时，议员们更可能投票给自己的民族政党，而不是他们的党团，这也再次表明了民族政党是党团背后的驱动力。自从《里斯本条约》签署以来，欧洲议会已经变得更加有自主权，不仅可以决定何时谈判立法，而且可以任命欧盟的首席执行官。欧洲议会党团的成员们不但能自己建立统一战线，在国家一级之间还可利用欧洲政党的结构来寻求支持。正如投票观察欧洲公司（VoteWatch Europe）所显示的那样，欧洲议会的选票在欧盟政治集团内部的凝聚力出乎意料的高，尽管随着欧盟的不断扩大，文化和地理多样性日益增长。成员们来自27个国家，经济情况不同，文化和宗教传统不同，一些来自执政党，而另一些来自反对党。他们说24种语言，使用不同的语言让他们相互理解起来比较困难，达成共同立场比较耗时。然而，基于共同的价值观，成为党团一部分的社会化效应对塑造欧盟未来的共同愿景具有重要意义。

伦敦政治经济学院的西蒙·希克斯在2007年指出："我们的工作表明欧洲议会的政治正日益以党和意识形态为基础。投票越来越分裂，党派的凝聚力急剧上升，特别是在第四、五届议会中。"从图4—1中可以看出各党团在2014年欧洲议会选举中的党团凝聚力指数大小，其中，人民党党团指数最高，自由和直接民主欧洲党团指数最低。而社会党党团仅次于人民党党团和自由民主联盟党团，排名第三。

图4—2显示了欧洲议会选举第四次至第七次凝聚力指数在共同决定投票中的变化，其中，激进左翼党团在最近的一次选举中指数大幅下降，社会党党团呈稳步上升趋势。伦敦经济学院的西蒙·希克斯教授解释说，在2014—2019年的欧洲议会中，一个由欧洲人民党、自由党联盟和保守党党团组成的中右翼联盟"倾向于在有关单一市场监管（如金融服务监管）的立法上获胜，支持欧元区改革和国际贸易协定"。而由社会党党团、自由

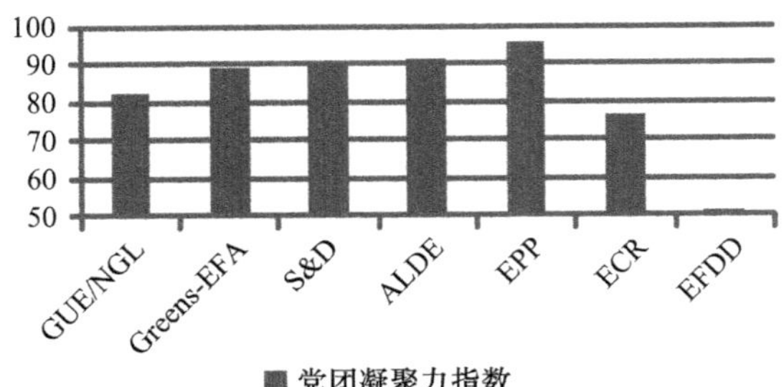

图4—1　欧洲议会党团在政策领域的凝聚力指数①

资料来源：Data from VoteWatch Europe（2015b,8）转引自：Frantescu，D. P，"Values topple nationality in the European Parliament，" European View Vol. 14，2015，p. 101.

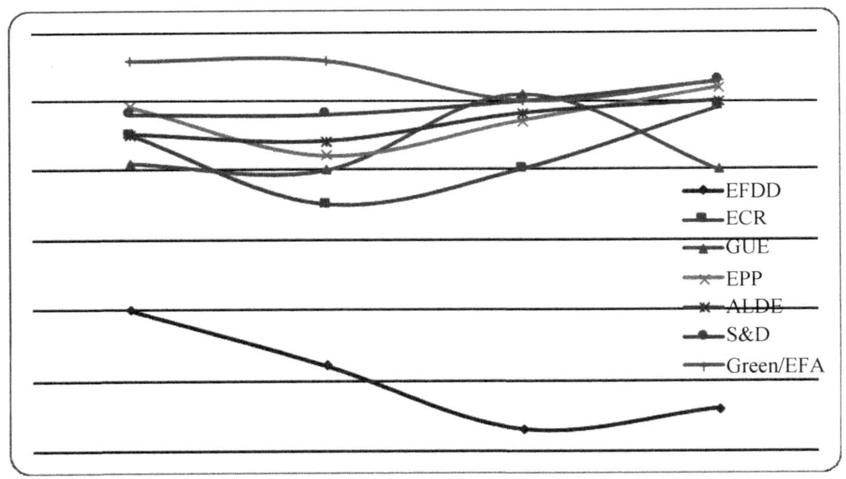

图4—2　共同决定点名表决中的凝聚力大小

资料来源：Data from VoteWatch Europe（2013a，4）转引自：Frantescu，D. P，"Values topple nationality in the European Parliament，" European View Vol. 14，2015，p. 101.

① 欧洲联合左翼—北欧绿色左翼联盟党团（GUE/NGL）、绿党与欧洲自由联盟党团（Greens/EFA）、欧洲议会社会党和民主主义者进步联盟党团（S&D）、欧洲自由民主联盟党团（ALDE）、欧洲人民党党团（EPP）、欧洲保守主义者和进步主义者党团（ECR）、自由和直接民主欧洲党团（EFDD）。

联盟党团、绿党党团和激进左翼联盟党团组成的中左翼联盟倾向于在有关司法和内政（如人员自由流动和难民政策）、环境标准和国际发展问题的立法上获胜。

（二）竞争力

欧洲议会党团在一定程度上具有现代政党政治特征，相互竞争的议会党团促使欧洲议会高效运转，它承担了欧盟代议机构的角色。[①] 议会内部斗争会对欧盟制定政策施加影响，因为每个党团的实力不同，且党团存在相互竞争。属于同一“政党家族”的政党相对来说政策偏好比较接近，党团不仅能够有效地组织和协调各种利益，还为欧洲议会提供了意识形态基础。[②] 党团进行投票时，意识形态偏好是影响党团投票的主要因素。党团之间可能因政策和目标分歧而产生竞争，这种竞争一方面使更多的议题得到讨论，另一方面也有利于欧盟制定政策和平衡各方的意见。两大党团——欧洲人民党党团和欧洲社会党党团存在竞争，他们在政治光谱中一个偏右、一个偏左，在提案起草和投票表决中常常相互制衡。为了使提案修正报告得到绝大多数人的支持，起草人往往会考虑多方意见，最终形成对提案的修正意见。一般认为，欧盟政治中的竞争包括“支持一体化和反对一体化”和“左右分野”两方面。欧盟在国内政治的传统领域内制定政策的能力逐渐提高，“左右分野”的竞争层面在欧洲议会内出现。[③] 党团作为欧洲议会的主要行为者，其政治行为与成员国政党行为类似，政治冲突主要以“左右分野”的形式展开。议会党团之间的政治冲突主要围绕市场的管制、社会和环境保护的程度、性别平等以及少数权利等几个方面展开。左翼政党更倾向于支持经济干预，右翼政党倾向于对市场进行放松管制。将冲突转化为左右分野的层面，简化了复杂的欧盟政治问题。“支持一体化与反对一体化”是“左右分野”竞争层面的主要补充，且与“左右分野”竞争层面存在一定的联系。[④]

---

① 张磊：《欧洲议会中的党团政治》，北京大学出版社 2013 年版，第 205 页。
② 张磊：《欧洲议会中的党团政治》，北京大学出版社 2013 年版，第 180 页。
③ 张磊：《欧洲议会中的党团政治》，北京大学出版社 2013 年版，第 176 页。
④ 张磊：《欧洲议会中的党团政治》，北京大学出版社 2013 年版，第 183—185 页。

第五章

党团的功能和左翼党团对欧洲及国际政治的影响

经过1979年直选后，欧洲议会是以政党的派系为组织原则构成和运作的，而不是以国家为单位的传统政党和议会体制的继续。党团弱化了国家的色彩，强化了政党地位，有利于欧洲议会高效运转。欧洲议会党团的活动一方面可以对在欧盟其他机构，如欧洲委员会和理事会中占据优势地位的国家起到抑制和平衡的作用；另一方面，还可以使不同国家的公民通过选举的欧洲议会议员将要求直接反映到欧盟，而不必通过本国政府这一环节。这样，既促进欧盟各成员国内部政治的多元化，也对欧洲一体化政治框架的发展起到润滑剂作用。① 本章重点阐述议会党团的功能和左翼党团在欧洲政治和国际政治中的影响力。功能和影响力是相关联的，欧洲议会左翼党团除履行党团的基本职能外，还影响着欧洲范围的超国家政治、国内政党政策制定，与右翼党团结盟影响欧洲议会决策，以及影响欧洲和世界社会主义运动、共产主义运动和新社会运动的发展形势。就欧洲议会党团功能来看，笔者从四个方面进行了概括：1. 影响议会决策和意识形态的追求、为跨国交流提供场所；2. 有助于成立和维系多层次联系；3. 为欧盟政治提供民主合法性；4. 形成竞争性的党团体制，深化欧洲一体化。在分析左翼党团的影响力之前，笔者先对议会党团的内外部影响进行了归纳，然后就左翼党团影响从五个方面进行介绍：影响欧洲一体化进程、影

① 李景治、张小劲等：《政党政治视角下的欧洲一体化》，法律出版社2003年版，第52页。

响政党政治和政策制定、与右翼党团结盟，共同影响欧盟政策、维护左翼的地位，遏制右转的趋势，影响欧洲和世界社会主义运动、共产主义运动和新社会运动，丰富政党国际合作的内容。总体而言，欧洲议会左翼党团的政治影响是明显的，对于欧洲国家内部的政策制定和政党格局形成，以及对于推进欧洲一体化进程和世界社会主义运动、共产主义运动和新社会运动都有一定的作用。

第一节　欧洲议会党团的功能

欧洲议会党团是基本的运行单位，事实上，出席全会的党团一般有四个中心任务：表达统一的政治信号；动员尽可能多的议员参加会议；在讨论和投票中最大程度地增强内部凝聚力；同其他党团建立联盟以取得投票的胜利。[①] 欧洲议会党团围绕其中心任务在议会内外发挥着重要功能，也在不断扩大其政治影响力。下面分四个方面依次阐述欧洲议会党团的主要功能：

一、影响议会决策和意识形态的追求

党团基于相近的意识形态，有较为明确的纲领。党团竞争也促进意识形态竞争，欧洲议会就某一具体政策进行辩论时，欧洲议会党团这种政策网络就被最大限度地用来增强成员凝聚力。欧洲议会党团简化政治冲突，提高欧洲议会的工作效率。欧洲议会党团影响欧盟决策，单个欧洲议会党团也会对欧盟主要决策机构产生影响，比如欧盟委员会和欧盟理事会。大体来说，欧盟的政策决策要经过提案草拟、提案审核和投票表决三个阶段。在第一阶段，欧盟委员会撰写立法提案草案，党团可通过公开辩论，或者向欧盟委员会撰写意见，对欧盟委员会形成一定的舆论压力，迫使其在撰写草案时考虑各个党团的意见。在第二个阶段，欧盟理事会和欧洲议会将分别审议提案并提出意见。在一读阶段，欧洲议会将提案转交至相应

① 李景治、张小劲等：《政党政治视角下的欧洲一体化》，法律出版社 2003 年版，第 275—276 页。

的议会委员会。议会委员会是不同专业的委员会，委员会首次会议选出主席和副主席。这些职位根据比例代表制，按照党团规模大小的顺序来分配，且由党团决定成员是否获得主席的职位。第三阶段至关重要，决定了之前的努力是否能够成功。相关议会委员会完成提案的修正报告后，再由大会表决。欧洲议会拥有提案否决权，如果欧洲议会最终没有通过有效多数的投票，则提案不通过。党团是具有高凝聚力的组织，在议会投票中保持了高度一致性，党团通过凝聚成员的投票来影响政策结果。

二、有助于建立和维持多层次联系的组织网络

欧洲议会中的党团是各政党的精英和议员们对热点问题等进行跨国沟通和交流的平台，它逐渐发挥着组织网络的功能，议会党团有助于欧洲政党开展跨国政治运动，并且通过各党团之间的政策协商，为进一步与部长理事会的合作做好准备。欧洲议会党团在欧洲议会和欧洲各国政府之间充当联系的桥梁，在确定欧盟议程、进行内部政策协调和给欧盟其他机构施加影响等方面起到重要作用。① 欧洲议会中的各党团针对各自特点，在制定有利于自己党团发展的政策时，还注重把欧盟的政治精英与普通大众联系起来，让更多的人参与进来，有助于把欧盟机构和市民社会联系起来。欧洲的左翼政党越来越重视与欧盟其他成员国政党进行跨国合作，力图在欧洲议会甚至更大的平台上发挥作用。② 它想通过国际合作来寻求国际援助，以满足政治利益，加入议会党团对东欧政党来说是进入欧盟层面的最好选择。东欧部分国家逐渐在参与欧洲议会的过程中，不断向西欧的国家民主化政治靠拢。欧洲议会中的不同议会党团提高了东欧地区政党体系的现代化程度，东西欧左翼政党也依次与相应的国际上的政党团体建立联系，比如欧洲国家的社会民主党与欧洲社会党和社会党国际纷纷联系起

① 李景治、张小劲等：《政党政治视角下的欧洲一体化》，法律出版社 2003 年版，第 303—305 页。

② 方雷、蒋锐：《政治断层带的嬗变——东欧政党与政治思潮研究》，山东大学出版社 2013 年版，第 69 页。

来，使东欧政党欧洲化水平提高，使东西欧政党政治形成一体化。① 另外，增强东西欧同类政党之间的合作，比如“东西欧地区的社会民主党组织活动或者进行沟通”“通过欧洲议会选举衡量政党自身在国内的地位”“调整政策，完善各方面的主张”，使其得到越来越多选民的支持。欧洲议会的左翼党团为欧洲各国政治精英沟通交流、传播思想和社会往来提供便利，为欧洲议会和本国政策的制定提供了新渠道，这种新的交流网络使得国内的政党与议会中的政党的联系加深。

三、为欧盟决策和政治提供民主合法性

按照精英政治的理念，党团能够在选民意志和欧洲层次治理之间提供一种链接，民主合法性的实现是有可能的。在欧盟机构框架内，欧洲议会一直作为欧洲立法与决策中的“补充性角色”。在这一制度格局下，欧洲议会的主要功能是征集其他欧盟机构的立法与决策的民主合法性。欧洲层面的政党政治积极发展，从而削弱了成员国政府的作用。把欧洲民主带入欧盟政治，为其发展带来一定的政治空间，党团制度的形成有利于增强欧盟决策民主合法性。长期以来，公众对欧洲议会中的委员会和相似机构具有神秘感和好奇心，与他们始终保持不信任和距离感。而欧洲议会党团的引入增加了欧盟代议制成分，增强了成员国政党代表与欧洲议会的联系，加强了欧盟决策的民主合法性。比如，欧洲绿党党团就是一个为欧洲议会提供民主合法性的好例子。由于欧洲绿党过去几十年的积极作为，欧盟已经大大扩展绿色议题的权能，但欧洲绿党对欧盟民主的作用是有限的。以对民主的一般性理解来观察“欧洲政党—欧洲选举—欧盟政体”这一政治轴线时就可以发现，其中间依然缺乏民族国家层面那样强烈甚或清晰的衔接。绿党追求共同的竞选宣言和协调的竞选战略，极力使欧洲选举迎合民族国家议题、国内政党竞争和全国范围的竞选运动。换句话说，绿党候选人或绿党议员所真正负责的是欧洲绿党的成员党而不是它本身。② 欧洲议

① 孙敬亭：《转轨与入盟——中东欧政党政治剖析》，中国文史出版社 2006 年版，第 205 页。

② 郇庆治：《绿党的欧洲化与欧洲民主：功能与局限》，《欧洲研究》2006 年第 6 期。

会的绿党党团积极促进欧洲议会民主制的形成，大多数绿党议员利用议员身份来实现某些绿色政策目标，尤其是借助某些特定的议会委员会。另外，它还在积极宣传绿色观念，以便促进欧洲公共空间的发展。欧洲绿党党团发挥的是政党的经典性功能，考虑到欧盟依然面临“民主赤字”难题的困扰，党团的这一功能对欧盟民主来说显得尤为重要。

四、形成比较完善的、竞争性的党团体制

在欧洲议会中，竞争性的党团体制是持续存在的，而欧洲议会党团通过强化在欧洲议会政治中的竞争来促进欧洲政党体制的进化。比如，欧洲绿党党团内部的意识形态均质化与战略协调，使其加速向欧洲政党转变。欧洲绿党的许多前沿性举措迫使其他欧洲政党做出回应。这些努力有助于一个欧洲政党体制的形成与巩固，而这就是所谓欧盟民主的可靠基础。[①] 欧洲一体化是两级政治互动的产物，这个问题反映在政党政治方面，对欧洲议会选举和议会中跨国党团的内聚力有消极影响。欧洲选举其实还是延续了国内政治经济问题，其选举所代表的民意并不是很强。选民们对次等选举兴趣不大；党团的内聚力也受到影响，主体党团容易出现中间化趋势。为了尽量减少意识形态的差别并加强合作，有些党派甚至超越党团，与自己利益相近的群体形成利益集团。另外，可以说欧洲议会的党团不断推动欧洲一体化向前发展，欧洲联盟的深刻认同需要从党团不断强化成员党的思想意识来加深，特别是欧洲议会在直选后，欧洲国家的民众在选举中选择代表，这种投票行为促使欧洲民众关注欧盟层面的政策及辩论，行使作为欧盟成员国公民的选举权力，让欧洲民众对欧盟有了切实的感知，这有利于他们形成一种欧盟公民的身份认同。

第二节　欧洲议会党团在议会内外的影响力

欧洲议会的党团在议会内外产生的影响力主要分为内部和外部两个方面：一方面，欧洲议会党团在内部拥有财政预算权和人事安排权，制定工

① 郇庆治：《绿党的欧洲化与欧洲民主：功能与局限》，《欧洲研究》2006 年第 6 期。

作议程的权利和维持着专门委员会日常工作的权利；另一方面，欧洲议会党团在议会外部的影响力主要是指影响欧盟其他机构发挥作用。

一、党团在议会内部的影响力

跨国党团的内部影响力，也是其在党团内部的职能，党团决定议会领导人的更换，也安排议会的议事日程，选择委员会报告的起草人，并决定发言时间的分配。其拥有庞大且不断增多的工作人员，从议会获得可观的经费且经常在议会自身高级官员的选择问题上一言九鼎。党团的权力也通过那些无党团的独立议员的无权状况反衬出来，例如，这些无党团的独立议员几乎不可能在议会中获得有权威的职位。全欧性政党通过协调各成员采取共同的竞选纲领，参加欧洲选举，选出欧洲议会议员。① 党团具有一定的权力，欧洲议会党团拥有相当大的物质和政治方面的权力。一是物质方面的权力，这方面的权力主要指的是党团的预算开支方面的权利，欧洲议会对每个党团进行一定的财政支持，且各个党团得到欧洲议会的资助数目不同，党团的预算大约占总预算的15%，预算的分配依靠特定的计数和国家等因素进行，党团经费主要用于购置办公用品和日常活动的开支。2007年，党团的预算开支总计5060万欧元。其中，欧洲社会党党团获得1420万欧元，绿党党团、激进左翼联盟党团获得270万欧元。②

二是政治方面的权力，这方面的权力主要指的是欧洲议会各党团在人事安排方面的权力。比如，欧洲议会的议长、副议长等均由选举产生。互相合作的两个党团往往比较占优势，欧洲议会的各个机构由各党团代表组成。在欧洲议会中，各委员会和领导人的设置按党团的比例组成。欧洲议会党团在投票批准欧洲理事会被提名上采取共同的立场。全体大会是欧洲议会的最高决策机构，全体大会以党团为基本单元展开工作，而且欧洲议会在制定规则的过程中给予党团越来越多的权力。

---

① 李景治、张小劲等：《政党政治视角下的欧洲一体化》，法律出版社2003年版，第76—77页。

② Corbett, Richard, Francis Jacobs and Michael Shackleton, "The European Parliament. 7th edition," London: John Harper, Publishing, 2007, p. 99.

三是党团在工作议程上起到重要作用，议员们差不多每月有两周时间要在布鲁塞尔开会，党团决定着欧洲议会的工作议程和政策结果。各党团在每月的第三周在布鲁塞尔举行会议，而全体大会于每月的第四个星期在斯特拉斯堡举行。在党团周，各个党团纷纷制定措施，进行大力度的宣传教育，党团各专门委员会之间的工作也逐渐达成共识。党团周好像常设委员会和全体大会之间的政治过滤器。[①] 在党团周，各个党团进行不同的利益需求的表达和阐述，经过各党团之间的充分协调，党派代表团形成共同的党团立场，从而有效地影响议会工作的进行。两大党团充分了解成员党派的意见，大党派在党团周更希望大家能够团结一致，从而有更多的机会进行磋商。

四是党团在维持专门委员会的日常工作方面产生影响，不同的专门委员会是欧洲议会基础的组织机构，是欧洲议会工作正常开展的细胞。目前，共有20多个常设的专门委员会，议员们需要面对各种各样的问题，需要准备各方面的知识。党团比例不同，也影响到这些专门委员会和党团领导人的设置。欧洲议会党团是重要的决策机构，它均衡协调党团内部利益，比如要轮流坐庄。各专门委员会的报告只有在全体大会通过才能形成决议，在欧洲议会的全体大会期间，党团具有优先发言权，具有要求进行或停止进行辩论的权利；具有要求闭会或休会的权利；还具有提出质询的权利。[②] 全会上阐明本党团的立场，但是各党团的发言时间有限。另外，全体大会的运转还需要各个党团动员本党团的议员积极参加。[③] 再有就是党团在全体大会中积极进行政治结盟。虽然这种关系是暂时的，合作流动性大，充分表现出欧洲议会的特点；但又是较稳定的，因为两大党团社会党党团和人民党党团各自有中左、中右的立场，容易造成议会决策中间化趋势，各小党团按照“左右”分野划线的两极化趋势并存的局面依然存

---

① Simon Hix and Christopher Lord, “Political Parties in the European Union,” London: Macmillan Press, 1997, p. 121.

② 阎小兵、邝杨：《欧洲议会——对世界上第一个跨国议会的概述与探讨》，世界知识出版社1997年版，第115—116页。

③ Simon Hix and Christopher Lord, “Political Parties in the European Union,” London: Macmillan Press, 1997, pp. 134－136.

在，这似乎又为欧洲议会的未来提供了某种暗示。①

在2009年欧洲议会第一任期内，社会党党团获得国际贸易委员会、就业与社会事务委员会、农业委员会等6个主席职位，绿党党团获得人权分委会和发展委员会2个委员会主席职位，激进左翼党团获得妇女权利和平等委员会1个委员会主席职位。有时党团会选出发言人，在委员会中表明本党团的立场，大多数情况下委员会的报告也是各党团沟通协调的产物。相同国家的议员构成党团的代表团，代表团权力的增加也提高了党团凝聚力，国家代表团对党团进行控制，影响欧洲议会本身的发展。无论是各国家的内部政党党章，还是欧洲议会层面的规定，对欧洲议会党团都做了规定，这都给予了欧洲议会党团的合法地位，有助于欧洲议会党团进行更规范化的运作。这还助推各成员国政党和欧盟相关机构建立联系，进一步推动欧洲一体化的发展。

二、党团在议会外部的影响力

在欧洲议会外，党团主要起从属作用，其是否可以成为公共权力和选民的链接，能否充当欧盟的决策精英与欧洲选民的联系纽带，这还有待观察。自1979年以来，有3/4欧洲议会的成员们通过这种方式选举并组建联盟。他们在议会内形成议会党团，与议会外的跨国联盟相对应。欧洲议会党团、欧洲政党联盟和成员国政党是三边合作关系。党团之间的合作不断解决欧洲一体化进程中的“民主赤字”问题，也使得欧洲议会不断扩权。从《单一欧洲法令》到《马约》再到《阿约》，党团功不可没。党团不断影响到委员会，欧洲议会的权力扩大后，与委员会冲突也加深了。党团与民族国家政党、跨国政党联盟保持着关系，不断加强其欧盟机构之间的互动，这是其在议会外发挥作用的重要部分。当前，还有由各国政党组成的欧洲跨国政党联盟，如欧洲社会党、欧洲人民党、欧洲自由民主联盟、欧洲绿党联盟等。②

欧洲议会党团与欧洲议会外部的跨国政党联盟相互促进并融合。比

① 李景治、张小劲等：《政党政治视角下的欧洲一体化》，法律出版社2003年版，第592页。

② 李宏：《欧盟层面政党：构成、功能及其走势》，《当代世界社会主义问题》2010年第1期。

如，绿党党团还经常与各欧洲绿党合作，对欧盟成员国政府和欧盟施加影响。绿党党团的议员既代表整个欧盟绿党的利益，又分别代表各自国家绿党的利益。欧洲绿党把欧洲议会中的绿色党团作为唯一的合作对象，为加强绿党在议会的力量而进行宣传活动。党团内部的精英也是其他机构的精英，人员之间的互相沟通也增强了欧洲一体化之间的联系。以绿党党团为例，一位欧盟委员会高级官员说："在欧洲议会，我们从绿党那里听到的东西最多。我们每周都要去那里，坐在他们面前。在欧洲议会，他们是个小党团，但却是一个重要的小党团。"① 绿党对左翼政党和党团的作用是潜移默化的，其积极推动欧洲统一的环境立法；绿党在一些国家不断地扩大影响力，也使得主流左翼政党运用绿色政策来绿化自己，并且制定更吸引人的政策来压制绿党的发展。目前，在欧盟和国际政治中，环境保护和可持续发展已经成为重要内容；由于欧洲议会实行比例代表制，欧洲绿党的选举成绩往往比国内的好。

第三节　欧洲议会左翼党团对欧洲和国际政治的影响

欧洲议会党团代表政党所在的国家和在欧洲的多重利益，党团需要随时调整公共利益和选区利益的平衡。政治学的传统观点是按照选举的结果，比如以获得议席的数量和是否能上台执政等来判断政党社会影响力的大小。但当描述欧洲议会左翼党团的影响力时，却不能完全以其选举的结果来判断影响力大小，应该也注重其在平衡左右翼政治以及在社会上教育动员群众的作用大小，甚至还超越国内范围，分析其在欧洲地区和国际社会上广泛形成的影响。一个议会党团内部的多样性并不一定是一种障碍，相反地，在某些条件下，可以成为相互充实以及增加集体活力的因素。社会党党团在欧洲议会中有着非常重要的地位，它是代表左翼力量的最大的一个党团。2015 年，英、西、葡、丹、芬等多个国家进行选举，右翼政党

① Elizabeth Bomberg, "Green Parties and Politics in the European Union," London and NewYork: Routledge, 1998, p. 139.

得票率均高于中左翼政党。[①] 当代社会民主主义政党虽然与传统的民主社会主义相比不断右转，但仍在很大程度上代表着社会进步的方向。在激进左翼党团中，尤其是共产主义政党在欧盟层面都未能发挥出全国层面的团结作用。各国共产主义等左翼政党在国内议会选举影响力有限，党团内各成员党一般是处于边缘性地位的小党，难以成为执政党，从而使其在欧盟层面制定的政策缺乏执行力。但在欧洲议会选举中，激进左翼党团取得越来越好的成绩。这也从侧面说明共产主义政党这类激进左翼政党仍有生存空间。目前，欧洲绿党党团已成为第三大党团，绿党越来越在议会制度国家中承担了平衡左、右翼政治力量格局的角色。绿党党团分散了部分左派政党的选票，对执政党选举有决定性作用。绿党党团在欧盟政治和国际政治中影响着各国环保、能源等政策的制定。但是，绿党还是难以成为欧洲社会的主流力量。

一、影响欧洲一体化进程

欧洲议会党团和欧洲一体化是相互联系而不断发展的，欧洲议会党团是欧洲一体化过程中政治发展的产物，同样地，欧洲议会党团的壮大又反过来加速了欧洲政治一体化的发展。欧洲社会党党团在 1979—1994 年是最大的党团。但是，党团内部难免产生分歧，但从总体上来看，该党团内共同性多于差异性。1950 年，欧洲煤钢共同体诞生，标志着欧洲一体化进入新阶段，社会党对舒曼计划做出不同的反应。20 世纪 50 年代中期，各社会党派都赞成本国成为欧洲共同体成员国，支持西欧进一步联合，除了英国工党持反对立场。在欧盟五次扩大过程中，欧洲社会党党团对各申请国加入欧共体均表示赞成，积极支持欧洲一体化发展。1992 年 2 月，《欧洲联盟条约》签署。目前，社会党党团的多数党派都积极支持并参与欧洲一体化进程。早前，欧洲议会中的共产党党团内部派别多，意见有分歧，意共和法共更是对立。两党对欧洲一体化的态度有所不同，如 20 世纪 70 年代英国、爱尔兰、丹麦等国申请加入欧共体，意共支持，法共则强烈反对。1984 年 12 月，当欧洲议会通过《建立欧盟联盟草案》时，法共反对，

---

① 张文红：《欧洲左翼力量的现状、困境与前景》，《当代世界》2017 年第 4 期。

持批评态度；意共赞成，支持欧盟扩大。20 世纪 90 年代后，共产党党团对欧洲一体化采取比较现实的态度，承认欧洲联合是不可逆转的进程，要求维护中下层人民的利益，建立一个广泛民主的欧洲。绿党党团与欧洲一体化是相互作用的，绿党党团不断推动欧洲一体化环境立法方面的建设。从 1984 年欧洲议会选举成立党团开始，绿党的地位不断上升。

在 20 世纪 90 年代后半期，绿党也加入部长会议、欧盟委员会等主要决策机构中。绿党党团通过参加议会选举宣传自己，对欧洲一体化的批判较激烈。20 世纪 90 年代中期，绿党对欧洲一体化的认同大大高于其他极左和极右政党。绿党对欧洲一体化的主要作用是通过营造社会舆论的氛围，形成社会压力。[①] 环境委员会成为提出议案的主力，对环境立法工作发挥了重要的作用。总之，绿党党团在 90 年代之前影响力较小。环境问题的高度重视和政治上的突出使得绿党处于欧洲“绿化”的前沿。他们与地区主义者的联盟凸显了绿党的重要性。绿党党团的另一个主要影响是推广绿色的欧洲，绿党党团成功推动政策变革的能力基于绿色政治的独特性。至今，绿党党团还在努力增强其影响欧洲一体化的能力。从时代特征看，欧洲一体化的发展促进欧洲地区性的政党团体的成立。欧洲左翼力量今后要想在欧洲政治格局立足，必须团结一致，共同提出有效的斗争战略，而且必须紧跟时代潮流。从近期看，绿党党团关注的是英国脱欧公投的直接后果。就中长期来看，绿党党团会坚定支持《巴黎协定》，并对欧洲一体化的措施持赞成态度。绿党党团始终支持欧洲一体化进程，并努力扩展其政治影响来增强欧盟的团结。

二、影响政党政治和政策制定

欧洲议会左翼党团在影响欧盟政策制定方面有较强的影响，而且党团内的政党也通过在议会中的影响力来扩大在本国的影响。在环境改善和发展模式上，绿党党团长期倡导欧盟民主化。欧盟对环境问题非常重视，绿化的欧洲使他们能够在欧洲议程上提出一些问题，但他们整合轨道的能力有限。近年来，欧洲绿党党团在欧洲议会提出“欧洲绿色新政”，欧洲绿

---

① 刘东国：《绿党政治》，上海社会科学院出版社 2002 年版，第 318 页。

党在推动欧洲和国际环境等方面发挥了主要作用，绿党党团高举生态环保的旗帜，通过开展各种形式的活动，唤起大众环境保护意识，并且督促政府和企业采取环境保护的措施。欧洲绿党对资本主义经济发展模式进行批评、对社会弊端进行揭露，也对整个欧洲提出可持续发展战略、节约能源、注重实现经济效益与社会效益统一的政策主张。绿党党团在环保问题上的认识和主张对于提高公众的环保意识，促进改变传统环保思想有着重要启示。绿党党团反对霸权主义与强权政治，努力改善南北关系，支持世界局势的缓和与稳定，为推动建立公正、合理的国际政治经济秩序发挥了重要作用。

社会党党团推崇凝聚政策，认为欧盟的主要目标之一是促进经济、社会和领土的凝聚力，促进各地区之间的团结，可以通过欧洲凝聚政策来实现这一目标。欧洲的凝聚政策对于缩小欧洲不同地区之间的发展差距以及通过地区和国家层面的投资促进经济发展至关重要。社会党党团对当今社会的经济、社会等问题进行分析，提出“三次改变”的理论。“三次改变”不仅是社会党党团提出的政策，还对制定出更加灵活变通的欧盟政策具有启发性，对欧洲地区乃至国际认识和解决经济新问题、社会热点等起到一定作用。社会党党团提出的“三次改变”的主要内容如下：第一次改变是指社会党党团认为一个新的宏观经济战略是可能的。这样的战略应该有五大要素：以增长为导向的公共财政，新的公共债务战略，解决破产银行，真正积极和包容的就业政策与新的欧洲社会团结方案。欧盟迫切需要制定一种新的以增长为导向的公共财政方式。从短期来看，应在一个国家特定的基础上考虑采取更注重增长的财政整顿办法，并鼓励国家预算政策再次提供必要的基础设施投资（特别关注环境友好型的基础设施投资），以及社会方面的投资（例如关注健康、育儿、教育和培训）。欧盟委员会最终应在进行政府财政监督时，适当考虑政府的生产性公共投资支出。从长远来看，改善欧盟有关国家预算政策执行的程序和规则，需要为社会和基础设施投资提供更为积极的政策环境，并且要有充足的预案应对突发的经济冲击。

第二次改变是社会党党团认为不平等的加剧导致社会贫穷和排斥的爆发。欧盟的政策应该有利于累进税，目前对增值税的依赖是过度的，应该减少。要实施金融交易税遏制投机活动，筹集投资资金，加强透明度，取消逃税转让定价，堵塞国家税收制度漏洞，杜绝逃税现象。工资和竞争力的可持续增长应该通过提高生产力来实现。欧洲有能力保证所有欧洲人获得健康和基本的能源需求，应该充分调动欧洲的政策和监管手段以减少不平等现象，包括就业和社会权利领域的不平等现象，制定强有力的性别平等议程和儿童平等机会方案。欧盟应该为减少国家内部的不平等和欧盟成员国收入水平的趋同制定目标。

第三次变化是平等的实践机会。目前，在欧盟，1/3 的儿童处于贫困或社会排斥的风险之中，大多数欧盟国家每 5 个儿童中就有 1 个生活在贫困之中。几百万儿童面临着粮食贫困和相关的健康不平等。收入不平等和 2008 年金融危机对教育、卫生和社会方案的公共开支的影响，使数百万孩子的生活非常困难。“欧洲儿童机会平等计划”应该解决儿童贫困问题，并为所有欧洲国家的儿童提供均等的机会。发展早期和高质量的托儿服务，重点关注处于危险中的儿童，这应是整个欧盟的主要项目，还要重点帮助单身母亲获得工作，从而减少家庭贫穷。

其实，欧洲议会选举主要还是围绕着国内问题展开。以激进左翼党团为例，长期以来致力于与各国在不同层面建立合作、保持团结，比如与一些社团组织、环保组织、女权主义组织、移民联合社团、人权联盟等建立合作关系。激进左翼党团已经成为其他党团在欧洲议会中增强团结力的对象。

三、与右翼党团结盟，共同影响欧盟政策

党团结盟主要依据政策偏好和意识形态偏好与其他党团开展合作并结成联盟。党团为了使议案通过，必须与其他党团结盟，且结盟主要以意识形态和政策倾向为基础。在 2009—2014 年第七届欧洲议会中，主要有三种党团结盟方式：人民党党团和社会民主党党团结成的大联盟（有时也包括自由民主党党团），社会党党团、自由民主党党团和绿党党团（有时也包括左翼联盟党团）结成的中左翼联盟，以及人民党党团、自由民主党党团

和保守党党团结成的中右翼联盟。[①] 大联盟通常出现在农业、宪法事务和法律问题等领域。中左联盟通常出现在公民自由事务领域，在经济和货币事务领域，人民党党团倾向于和自由民主党党团结成联盟，而社会民主党党团则与绿党党团意见比较一致。党团为了控制议会中的简单多数票，必须与其他党团结盟。目前，没有一个党团能够拥有议会简单多数选票，只有开展合作才能形成决议，从而促使两大党团有了共同投票的欲望。一旦在两大党团之外扩大合作范围，就能够形成绝对多数；否则，一旦出现缺席的情况，人民党党团和民主党党团、社会党党团的议员再合作，也难以形成决议。党团在立法程序中结盟，直接影响欧洲议会的政策走向，更何况长期以来，两大党团一直有合作结成大联盟的传统。在 2014 年欧洲议会选举后，为了与极右翼政党对抗，两大党团结成大联盟的比例由 73% 上升为 79.5%，但是当它面临巨大压力和敏感议题时，大联盟就很容易被打破。[②] 绿色党团最有效的影响欧盟决策的方式就是在议会的立法活动中发挥作用。在环境立法方面，绿党党团提出的民主和人权建设、欧盟扩大等方面对欧盟的政策制定产生了影响。

四、维护左翼位置，遏制右转趋势

尽管不同类型的左翼政治力量在理论纲领、政策主张等方面存在着差异，但它们仍具有一定的共性，在某种程度上代表着社会政治进步方向，是国际右翼保守势力的主要竞争对手。[③] 欧洲议会选举越来越成为衡量欧洲政治风向变化的“晴雨表”，欧洲议会受控于政党，也受控于政党的左右政治分野。欧洲议会出现大左翼和大右翼之间的竞争，但这种竞争在欧洲层面是难以实现的。相对来说，大左翼的形成比大右翼更容易一些。社会党党团和人民党党团很多时候是合作关系，为了行使权力，扩大在欧盟

---

① 张磊：《2014 年欧洲议会选举探析“欧洲选举”还是“次等国内选举”?》，《欧洲研究》2014 年第 4 期。

② VoteWatch Europe，“Who holds the power in the new European Parliament? And Why?” May. 2nd, 2018，http：//60811b39eee4e42e277a – 72b421883bb5b133f34e068afdd7cb11. r29. cf3. rackcdn. com/2015/02/VoteWatch_template_web. pdf.（上网时间：2018 年 5 月 2 日）

③ 蒋锐：《对当代社会民主主义的几点认识》，《当代世界社会主义问题》2008 年第 4 期。

机构中的影响，两者合作才能获得更高地位，从而实现目标。三大左翼党团都是欧洲议会左翼政党在欧盟内发挥作用的重要平台，所以在很大程度上也受制于议会制。其中的激进左翼党团和绿党党团在当今欧洲议会中占了越来越多的议席，在议会全会上和欧盟决策过程中也越来越突出。激进左翼党团和绿党党团谋求与主流左翼党团——社会党党团合作，并争取结成联盟。在历史上，极左政党一直和主流左翼社会民主党竞争相同的选民，尤其是当社会民主党的意识形态和政策趋同右翼时，极左政党通常采取多数选民拥护的纲领，民众的新选择为极左政党的生存提供了空间。在政党制度类似的德国、法国、荷兰等，极左政党相对有比较好的发展趋势。直到20世纪90年代，极左政党认识到国际联合的重要性，但极左的力量很难走向"中心"，因为仅靠边缘者的支持很难赢得多数席位。激进左翼党团注重加强同社会运动的联系，努力凝聚反体制者。在欧洲，左翼为改善工人状况的斗争推动了人类进步事业，对遏制本国国内政策右转、维护世界秩序起到重要作用。在当前欧盟民主赤字的背景下，欧洲各国左翼力量共同反对强化右翼的政策。

五、影响世界社会主义运动，丰富政党国际合作内容

欧洲议会内部的左翼党团研究对于世界社会主义运动的发展，把握整个欧洲和世界社会主义的发展态势有重要的作用。从国际关系合作的角度看，历史长河中不乏政党国际合作的典范，比如共产国际、社会党国际等，欧洲议会包括的政党范围则更广。在全球资本主义第四次机体危机背景之下，左翼思潮不断发展，急需加强内部联系是其产生与发展的主要动因。左翼政党和党团重视利用各种平台和机制在国际舞台上联合并发声，如欧洲的左翼党团与世界多国共产党、左翼政治力量共同讨论当今世界的重大问题，以扩大自身影响力，而左翼党团内部的政党参加欧洲范围和世界范围的会议与论坛等活动，如欧洲共产党会议也有助于欧洲地区共产党组织凝聚共识，加强团结和联合斗争。可以说，欧洲共产党会议是区域联合的一种探索，欧洲共产党和工人党倡议与世界共产党和工人党国际会议都加强了共产党和工人党的联系，并促进世界社会主义运动的发展。另外，左翼政党和党团还积极参与国际论坛，比如参加国际马克思大会和全

球左翼论坛。左翼政党和研究学者们积极从理论角度对资本主义制度展开批判，并提出独具特色的治理方略。从欧洲议会左翼党团的现实表现和政策理论的影响力来看，他对指导欧洲左翼运动，处理欧洲社会民主党、共产党和绿党等新社会运动之间的关系有一定的积极作用。欧洲左翼政党的政策纲领涉及范围很广，包括经济发展、国内政策变化、国际关系变化，以及选举、结盟、工会、女权运动、生态运动等，而这些政策的变化也对整个国际社会主义运动形势起到一定影响。在当今社会主义发展大潮中，左翼党团还要进一步建立国际政治联盟，而这势必对欧洲各国的社会主义运动和国际共产主义运动继续发挥一定作用。

第六章

欧洲议会左翼党团的发展前景

欧洲议会左翼党团仍然有着十分广阔的政治运作空间，为了实现欧盟民主的目标，欧洲议会党团需要更好地发挥欧洲公众与欧盟机构之间的联系功能。随着全球化的迅猛发展，产业工人减少，社会进一步分化，价值观变得多元化。欧洲的社会矛盾频发，移民问题和文化冲突等日益凸显。目前，欧洲议会左翼党团面临着复杂多变的形势，要解决各方面的问题，必须深刻剖析自身的优劣势，看清现实，理性面对各种机遇和挑战。要实现理论和实践的双创新，要努力成为欧洲公民政治意愿表达与争论的制度性保证，而不能只表现为议会内权力追逐者的争斗。从党团发展历史来看，左翼党团的变化是动态发展的，党团在议会内部的运行离不开其成员党的表现，成员党在国内受到经济发展、政治制度和政党政策纲领等多方面的影响，欧盟虽然是区域一体化的典范，但随着政治环境复杂化、价值观多元化，加之左翼政党传统理论滞后、理论政策真空等问题出现，欧洲地区出现严重的政治认同危机。左翼党团正面临多重危机的外部因素冲击，中左翼政党发展形势不利，极右翼政党逐渐崛起。左翼政党党员数量锐减、党内矛盾突出，其在社会中的影响力逐步减弱。左翼政党面临多方困境的主要原因是意识形态趋中，缺乏批判性的政策纲领，部分理论政策向右翼屈服。左翼党团还面临形成大左翼联盟比较困难、党团内有影响力的政党阶级基础分化、对选民的吸引力下降等困境。在欧洲一体化的进程中，民粹主义政党不断崛起，因为难民问题和移民潮爆发，欧洲议会党团在政策协调上出现更多矛盾。从国际环境上看，欧洲频发恐怖主义袭击，这对欧盟安全造成恶劣影响，甚至引起全球的关注。另外，乌克兰危机演变和中东地区危机等，都进一步造成欧盟内部的分化，普通民众对欧盟内部的民主信任度大大下降。

未来，左翼党团的不确定因素增加，而且在可预见的范围内，它的发展前景依然充满变数。此外，要理性分析左翼党团的自身优劣势，左翼政党向来注重以团结来共同维护国际秩序，且左翼党团在推动欧盟治理方面发挥了重要作用。当下，左翼党团应该紧紧抓住当今经济危机、社会问题、思想多样、政治摇摆和科技创新等带来的机遇，努力作为。未来欧洲议会左翼党团的发展前景广阔，左右翼联盟的趋势尚存，欧洲右翼冲击政坛的威胁犹在，各党团都注重加强内部的凝聚力。除此之外，左翼党团的未来发展还取决于欧洲的政治格局变化与左翼党团的理论和实践活动。

第一节　左翼党团的自身优势和劣势

对左翼党团的优劣势进行分析，必然离不开对党团内部政党优劣势的分析，左翼党团中三大类型的左翼政党具有共同的优势：三者有共同的历史渊源，意识形态偏左；具有左翼联盟的传统；左翼政党的阶级基础近似等等。同时，它们还具有自身的劣势：党团联盟和政党联合存在困难；党团中的政党功能衰弱，越来越缺乏批判性；左翼党团的政党意识形态具有趋同性；左翼政党理论政策真空；自身定位不清晰等。

一、自身优势

分析一个党团的自身优势，必须分析党团内部政党的优势，议会党团是跨国政党组成的党团，党团内部具有一定的凝聚力，政党之间也有一定的聚合力。左翼党团在与右翼党团形成结盟的过程中起到突出的作用。主流左翼政党和边缘性的左翼政党之间有一定的历史渊源，意识形态均偏左，而且具有中下层阶级的共同支持，在竞争与合作之中形成对欧盟民主治理的认同，保证欧盟的治理效率，推动欧洲一体化进程。

（一）党团内左翼政党有历史渊源，意识形态趋同

欧洲议会中的党团政党政治性强，意识形态色彩浓厚。笔者对左翼党团大体构成成分进行了分析，认为三大左翼党团——社会党党团、激进左

翼党团、绿党党团基本对应了欧洲政党家族中的社会民主主义政党、激进政党和新社会运动型政党。三大左翼党团必须努力争取更多选民的支持，才能扩大其政治影响力。因为党团想要获得好的选举业绩或者制定出有影响力的政策，必须拥有大量的选民基础。三大左翼党团有共同的历史渊源，它们随着世界格局的发展变迁而变化。共产党和社会党在19世纪中后期曾同为一家，两者关系的发展变化复杂而微妙，既有合作，更有纷争，历经波折。马克思主义主导下的传统的社会民主主义思潮可以追溯到第一国际时期。第二国际后期，随着伯恩施坦修正主义在国际工人运动中的泛滥，欧洲各国社会民主党的右翼和中派逐渐放弃马克思主义，改奉伯恩施坦主义或社会改良主义。到一战爆发前后，以社会改良主义为特征的社会民主主义思潮逐渐成为国际工人运动中的主流，并在二战前后演变为民主社会主义思潮。冷战结束后，民主社会主义思潮重新回归社会民主主义，基本放弃了社会主义的目标。自20世纪90年代后，激进左翼政党开始了去激进化进程，虽然它从整体上比社会民主党的定位更偏左。虽然左翼政党都主张反对和批判资本主义秩序，力争成为反体制的政党，共产党和社会民主党通过议会斗争来限制资本的权力，努力减少社会不平等，保护劳动人民的利益；新社会运动力量主要采取集会、游行、示威和抗议等激进方式来表达各自的愿望。

（二）具有左翼之间结盟的传统，左右翼党团会组成联盟

在《共产党宣言》中，马克思恩格斯提出同盟处理党际关系的基本原则："共产党都支持一切反对现存的社会制度和政治制度的革命运动。在所有这些运动中，它们都强调所有制问题是运动的基本问题，不管这个问题的发展程度怎样。最后，共产党人到处都努力争取全世界民主政党之间的团结和协调。"① 这说明团结一致容易产生合力，分裂对社会党和共产党都不利。二战期间，西欧共产党和社会党为了反抗法西斯主义，建立了人民阵线，共同反对右派的进攻。虽然共产党和社会党有政策上的分歧和理论上的差别，但它们都是以社会主义为目标，关心劳工人民利益的，这是

① 中共中央马克思恩格斯列宁斯大林著作编译局：《马克思恩格斯选集》第1卷，人民出版社1995年版，第307页。

建立广泛的左翼联盟的基础。欧洲一体化进程的深入发展提出建立广泛的左翼联盟的迫切性，而未来欧洲资本主义向社会主义过渡也为左翼联盟的建立提出必要性。[①] 欧洲左翼在国际联合方面出现一种大左翼联合的趋势，这引发世界上越来越多国家的关注，英国学者卢克·马奇指出，这是其在当代最显著的发展，也更多契合马克思和恩格斯的著名论断“工人没有祖国”。社会民主党、共产主义政党和新社会运动型政党在欧洲联合起来，就形成反对国际资本力量的强大阵线。欧洲左翼政党有强烈的合作意向，也具备合作的能力。为了寻求政治力量的横向或纵向联合，多数政党在合作时坚持了相互尊重和平等对待的原则。[②] 传统左翼政党和绿党之间的合作具有很大的可行性和现实性。绿党一直拥有年轻化的、高学历的成员，绿党政党形象具有稳定性。红绿结合是许多绿党在国内与左翼政党结盟的主要方式。克里斯·鲁茨指出：“在多数情况下，绿党成员和选民都不同程度地倾向于传统政治范畴中的左派。”[③] 部分绿党成员来自传统左翼政党，绝大多数成员和主要领导骨干都是前社会党或共产党成员。[④] 绿党力量的上升期正好是左翼政党力量较弱时期。受环境因素的影响，公众在进行投票选举时更加侧重生态环境保护方面的影响，绿党在改革的进程中逐渐吸收绿色价值和政策主张。社会民主党等左翼执政党在处理环境问题时不得不既照顾其传统选民，又增加扩大合作阵营的选票，而且将这个难题推给绿党，这样可以减少其政治风险。在当下，欧洲面临右翼民粹主义的崛起，相信欧洲的左翼力量会再度联合起来，共同阻止右翼发展。

（三）左翼党团得到中下层阶级支持者的政治认同

支持社会民主党、共产主义政党和新社会运动型政党这三类左翼政党的选民有较高重合性，他们近似的意识形态主张在危机态势中得到某种辩护和验证，所以弱势群体在全球化过程中容易成为其支持者，三大左翼党

---

① 陶涛：《西欧社会党与欧洲一体化研究》，北京大学出版社2000年版，第170—171页。

② 陈子飞：《后危机时代欧洲左翼政党的整体价值取向及政治诉求》，《中共天津市委党校学报》2017年第2期。

③ Dick Richardson and Chris Rootes（ed.），“The Green Chalenge：The Development of Green Parties in Europe，” London and New York：Routledge，1995，p. 248.

④ 刘东国：《绿党政治》，上海社会科学院出版社2002年版，第94—95页。

团能得到这些中下层阶级支持者的政治认同。这些政党坚持“左”的称谓，以之作为身份标志吸引选民的支持。左翼政治应该像椭圆的运动轨迹那样，同时围绕两个中心点进行活动：其一是在社会保障范畴内争取好的工作；其二是在革新的民主背景下争取实现个人自由。而左翼政党的价值主要体现为在提高普通市民特别是低收入者的生活水平中所发挥的作用。[①]左翼政党往往在维护和支持中下层阶级利益方面具有优势，随着中间阶层的分化和衰落，欧盟诸国普遍形成以两翼政党、上下两级为主的代表方式。中左翼和中右翼分别代表中上层和中下层的各阶层利益。这种以上、下级为主的政党政治代表方式，必然存在中间阶层代表不足的问题。[②] 在欧洲各国的政坛中，社会民主党强于激进左翼政党，也更容易得到经济状况较差人群的支持。在很多南欧国家和部分西欧国家，中下层民众是传统激进左翼政党和社会民主党争夺的主要群体。而对于大部分北欧国家和部分西欧国家的“新左翼”政党而言，他们不仅需要和社会民主党争夺中下层弱势群体，还需要得到新中产阶级的支持；绿党党团拥有相对稳定的选民基础，他们主要由“新中产阶级”所主导的年轻、受过高等教育的社会文化专家和学者等城市居民组成。近年来，左翼政党和党团都意识到要努力争取外来移民支持的重要性。大规模的国际移民快速涌入欧洲，长期处于社会最底层的他们没有归属感，迫切希望得到当地政府的认可，欧洲议会左翼党团开始寻求他们的支持，因此左翼政党纷纷采取新策略来创建救助体系。

（四）确保欧盟的治理效率，推动欧洲一体化进程

自 1979 年直选以来，欧洲议会党团就成为操纵制度运作过程的主角，不断提高欧盟治理的合法性。议会往往以两个大党团为主导，一个是左翼党团社会党党团，另一个是右翼人民党党团。社会党党团的优势是其他党团无法超越的，自 1979 年以来，它一直是所有左翼党团中覆盖范围最广、成员多而凝聚力较高的有组织的党团。而其他政党若要对欧洲治理施加影响，就

---

① 米夏尔·布里主编，王学东、张文红译：《一个团结的左翼联盟面临的机遇及战略性挑战》，中央编译出版社 2011 年版，第 104 页。

② 林建华：《冷战后欧盟诸国社会民主党政坛沉浮研究》，人民出版社 2010 年版，第 61 页。

必须在两大党团间进行选择。长期以来，小党团越来越被边缘化。欧洲左翼政党通过在议会内部选择一个大党团，这些政党共同进行辩论，最后整合成相同的立场；再通过党团外部活动，比如结盟对欧洲议会的决策产生影响。同时，这些政策主张通过政党影响欧盟其他机构。因此，欧洲议会党团体制保证了欧盟的治理效率。欧洲议会党团体制有竞争与合作两个方面，虽然竞争不是常态，但是长期存在。竞争和合作往往相伴，竞争能够促进党团进一步寻求对欧盟民主治理的认同。议题涉及范围广泛且多样，当涉及社会经济领域时，两大党团往往要进行激烈的竞争，政党政治被认为是解决民主赤字的一项选择，欧洲议会党团能够提出具有竞争性的议案，为欧洲选民提供不同的替代选择。有时即使一方的立场在欧洲议会获得通过，另一方也不会予以支持；当议题涉及欧洲制度问题时，两大党团才可能为了欧洲议会的整体利益而走向联合。但在欧洲一体化问题上，尤其是在进行欧盟宪法公决时，政党内部也往往会发生混乱。[①] 可以说，在国内政党能够进行竞争的领域，欧洲议会党团同样会发生竞争；而在欧洲议会党团需要进行跨意识形态联合的地方，国内政党也难以展开有效的竞争。社会党党团和人民党党团的联合正是欧盟治理的制度要求。从这个角度来说，党团间的联盟行为被认为是欧盟进行相对有效治理的推动力量。[②] 因此，左翼党团具有保证欧盟治理效率的优势，可以进一步推进欧洲一体化的良好发展。

二、自身劣势

分析党团的自身劣势，离不开分析党团内部政党的劣势，现在欧洲各国正在经历“政党危机”，无论是左翼政党的执政联盟问题、意识形态问题，还是组织基础和执政策略等，欧洲的左翼政党真正出现“身份危机”。下面从四个方面概括欧洲议会左翼党团自身的劣势：

（一）左翼党团联盟和政党联合不稳定

左翼政党之间有结盟的传统，左右翼政党或党团组成联盟是必要的，

① Simon Hix and Christopher Lord, “Political Parties in the European Union,” London: Macmillan Press, 1997, pp. 27 – 53.

② Josep M. Colomer, “How Political Parties, Rather thanMember – states, Are Building the European Union,” Vol. 7, 2002, p. 2.

因为加强自身联合和国际范围内的合作有助于提高自身影响力。左翼政党在欧洲层面的合作方式多样，跨党联盟的影响力也在逐渐增加。但在左翼党团中，大左翼联盟是不容易出现的，这与它自身的体制有关。但欧洲议会内部的左翼党团往往表现出结盟不稳定的现象，这也与欧洲各国国内政治形势和政党在本国的联盟等因素有关。在欧洲议会外，2004 年“欧洲左翼党”成立。这个跨国政党联盟的多数成员也来自欧洲议会的左翼党团，政党之间因为存在不同的观点，所以这个联盟自成立以来，并没有增强左翼党团的联盟稳定性。三大左翼党团对欧洲议会层面的部分决策并不感兴趣，因此这时候结盟的欲望更低，即使就议案达成一致意见，一些决议也很难化为统一实际的行动。主要原因还在于左翼党团内部政党多元化，政策主张、价值观念等具有很大的差距，以致左翼阵营之间难以形成稳定的政治联盟。① 因此，左翼党团自身的劣势包括左翼党团一直存在结盟和联合的不稳定性。

（二）左翼党团中的政党功能衰弱，越来越缺乏批判性

欧洲议会党团发挥功能主要依托于政党，基于欧洲的政治环境、制度条件和党团的组织结构，欧洲议会党团不能承担政党所承担的基本功能，所发挥的功能只是符合欧洲治理的需要而已。② 在社会党党团中，欧洲的大多数社会民主党目前面临着逐渐弱化的趋势，动员民众的功能、制定议题的功能和制衡右翼的功能大大削弱。以往，每当社会民主党面对经济危机时，其一定能够迅速率领广大中下层人民进行示威游行和罢工来表达不满。而如今，其在发动大规模的群众运动方面吸引力大大下降，政党动员能力衰弱，不能再创造对自己有利的社会环境。左翼政党具有批判性，虽然欧洲左翼政党对资本主义的运行提出批评意见，组织抗议活动，有一些为广大人民所接受，但已经丧失最初的那种批判力，在应对经济危机和重振经济上，几乎从未提出过独具特色的方案。激进左翼政党同样存在政治立场危机，它寻求以多元的方式去影响社会，而不仅限于议会选举，这就

① 蒯正明、蒋苗苗：《主权债务危机背景下欧洲左翼政党发展的状况及其评析》，《江西师范大学学报》2013 年第 6 期。

② 王明进：《欧洲议会党团：一种特殊的政党组织》，《北京行政学院学报》2006 年第 4 期。

会引发建设性与批判性的矛盾。[①] 在欧洲面临多方面的危机时，右翼政党注重提高自己在社会关注焦点议题上的影响，主要包括恢复经济、增加就业率等。很多选民似乎在面临选择之时放弃了左翼政党，他们还是基于"保守政党擅长经济建设"的认识，选择更信任右翼的传统主张。对左翼党团中形形色色的政党来说，左翼政党自身批判性的缺失也会影响欧洲议会左翼党团的批判性。

（三）左翼党团内部政党意识形态具有趋同性

21 世纪初，西欧左翼就出现意识形态模糊的现象，各政党的鲜明差别主要是意识形态的不同。左翼政党意识形态的特征主要是强调公平正义等。[②] 而在当今社会，左翼党团的社会民主党强调实用主义，在指导思想上已经与经典社会民主主义意识形态有所偏离，在某种程度上向右靠拢。比如，德国前总理施罗德在接受媒体采访时曾说："我既非左派又非右派，我就是我；旧的意识形态已被历史的力量所压倒，我只对当前产生效果的东西感兴趣。"如今，政党的意识形态具有趋同性，以至于它们在政治舞台上立场不稳定。越来越多的学者逐渐在模糊着内部政党的意识形态界限，这种观点越来越具有代表性。比如，欧洲绿党党团始终面临的一个政治风险是它可能主动或被动地进一步温和化其政治意识形态。因此，这个风险是可评估的，也是可以预测的，应该找到解决途径来抑制这种错误的发展趋势。只有左翼政党和左翼党团制定政策时，凸显出其明显的左翼色彩，才可能化解严重社会矛盾，也才会获得更多的选民支持。

（四）左翼党团的政党理论政策出现真空，自身定位不清晰

传统的左翼政党在价值观和社会实践上出现偏差，它既强调要社会实现公平正义，也要实行一些私有化的市场政策。左翼政党不断调整自己的纲领政策，但是又缺乏明确的建设性纲领。激进左翼政党虽然能对主流局势进行批判，但对于如何制定出有关未来发展的政治替代方案还有待强

① 邢文增：《国际共产主义运动：变动世界中的国外激进左翼学术研讨会综述》，《马克思主义研究》2014 年第 8 期。

② 姜辉：《西方左右翼政治划分面临的挑战及其继续存在的可能性——兼论西方左翼的发展前途》，《马克思主义研究》2005 年第 5 期。

化。左翼政党自身定位不清晰，它不能仅仅将自己定位为反对派，而必须发挥建设性作用才行。社会党党团中的社会民主党对无节制的市场经济进行抨击，但未能提出有效的政策，丧失了社会民主党制定政策的能力。左翼政党屡次失败表明社会党出现了身份危机。① 在欧洲，大部分社会民主党的理论政策出现真空，他们纷纷放弃社会主义的目标，在制定党的国内政策时，治国策略和政治模式偏离现实。对于社会党党团，有学者指出社会民主党只是扮演了资本主义制度的“保健医生”，对资本主义制度进行简单的修修补补而已，因此进行社会民主党自身的身份界定是当下必要的事情。

部分激进左翼政党制定的政策纲领较为激进。激进左翼中的共产主义政党往往因为影响力有限，在多方交流中没有产生实质性的影响。在对待自身身份，尤其是涉及历史和现实问题时，许多政党变得模糊不清，在这两者之间不停徘徊；且在多边交流中，共产主义政党还要回避社会主义建设的现实性，更多地谈到国际议题。欧洲地区的共产主义政党由于宗派主义情结，存在互不认同的现象，它们在国内和国际上影响力弱小，难以发挥像主流左翼那样强大的作用，主要原因是这些共产主义政党并没有很好地解决理论和道路问题。而对于激进左翼党团来说，它作为一个囊括众多共产主义政党的党团，部分政策分歧难以消除，但它们都认同建设和发展社会主义必须走符合各自国情党情的道路，打破走唯一道路的束缚。它的政治目标的定位是模糊的，在针对发达国家向社会主义过渡的条件问题上，激进左翼政党提出制度替代，并以此作为自己的发展特色，同社会民主主义做了区分，部分共产主义政党在党纲中严格提到由资本主义向社会主义过渡途径的问题。大体上来看，主要采用议会斗争和工人运动相结合的方式，但如何在资本主义制度下将两者很好地结合这一问题却未解决。绿党党团中的绿党同样存在这个问题，绿党的思想纲领同现实社会出现不融合的情况，绿党虽然是以生态学原则为理论纲领的，但其在发展中的哲学困惑目前远未解决。欧洲绿党联合会领导人之一尼基·克尔物韦耶希说：“绿党一直致力于环保事业，但我们最终发现政府行为更能使人们增

① 史志钦：《欧洲社会民主党的转型与困境》，《人民论坛》2013 年第 12 期。

强环保意识。”[①] 问题就在于欧洲的绿党同时面临内外部因素的限制。绿党无形中迫使主流政党接收其绿色的价值观，进而影响主流政党制定环境政策，因此主流左翼政党也纷纷披上“绿色外衣”。因此，在这种情况下，如何保持绿党自身的竞选特色就成了一道难题。

第二节　左翼党团面临的机遇和挑战

机遇与挑战并存，两者总是相互联系、相互影响。欧洲左翼政党在发展的过程中处于重重困境之中，欧洲议会的左翼党团也面临着不同的机遇和挑战。当今社会，“抵抗运动的时空不平衡发展和工人阶级经济、政治、社会以及意识形态的断裂是对世界社会主义未来发展的两大挑战”。[②] 总体而言，面临右翼势力的攻击，各个左翼党团的发展前景不一但可能是向好的。

一、机遇

就目前欧洲面临的社会环境来看，欧洲议会左翼党团的机遇仍旧不少，主要包括以下几个方面：经济形势、社会矛盾、思想文化多元化、政治摇摆性增大、科技创新等。欧洲议会左翼党团和政党在面临机遇时，必须抓住机遇并顺势而为，才能努力突破自我，不断地吸引民众，并且不断地扩大其政治影响力。

（一）经济形势不利

年复一年的紧缩政策并没有缓和经济下滑的趋势，在 2011 年和 2012 年，欧盟实行了严厉的财政紧缩政策，这加深了欧洲大部分地区的经济衰退，使一些国家经济陷入萧条状态。其中包括公共投资急剧减少、工资和养老金空前减少、影响最脆弱群体的社会支出减少、失业率上升等。从经济基础与上层建筑的维度来看，西方社会危机的实质是广大民众及各阶层

---

① 丁琳琳、俞蕾：《欧洲绿党在政府行为上的角色研究》，《才智》2009 年第 3 期。

② ［德］英格·索尔提著，寇静娜编译，林德山校：《全球资本主义第四次机体危机背景下左翼和世界社会主义的未来》，《当代世界与社会主义》2014 年第 3 期。

对资本主义制度和经济危机所引发的社会问题的抗议。随着国际经济竞争的加剧，民族国家的主权受到一定程度的冲击，执政党为了在竞争中取得胜利，以资本流动规律为导向，降低工资和减少生产成本，放松经济管制，使本国能够更加有实力吸引国际资本。历史反复证明，越是经济困难的时代，民众就越倾向于选择激进的方式解决问题，因为他们都急于摆脱困境，对循序渐进的改革失去了耐心。[①] 世界社会主义等左翼进步理论和力量每次面临资本主义危机的爆发时期，就会加大对资本主义批判的力度，而其中左翼的部分观点也在危机加剧中得到实际的支持。在这一时期，左翼等社会主义力量会再次受到鼓舞，因此可以说，在面临经济形势不利的情况下，左翼政党和党团又获得调整社会主义理论政策的好时机，经济危机时期是暂时的胜利时刻，是扭转左翼政治颓势的良机，从欧洲政治发展进程的"惯例"来看，这一"胜利"也应该是顺理成章的结果。

（二）社会问题增多

当前，西方社会危机反映了人们对资本主义的普遍不满，社会中贫富分化严重、失业率高涨等，是金融危机在社会领域的延伸，但同时也是左翼政党走出低谷、走向复兴的机遇。在有关社会福利问题上，社会民主党陷入尴尬境地。欧洲的社会民主党纷纷改革，采用全方位的社保政策，使用高额累进税和最低工资标准等政策来推行其福利模式。但是，这种政策增加了投资成本，降低了效应和收益。[②] 欧洲地区的福利国家是需要改革的，也要抓住改革的良好时机。社会民主党比较谨慎，控制更加严格，它重点关注最需要帮助的群体，而其中外来移民所占比例明显过大。但是这样做，往往使得那些更为贫穷的潜在得益者不满，他们被排除在福利救助之外，这使左翼政党在选举中失去最核心的政治支持。所以，不断涌现的社会问题也在促使左翼政党寻找新的机遇来改变现状。

在面对如此多的社会矛盾时，不得不提到移民这个问题。在整个欧

① 史志钦：《多重危机下的欧洲政治社会极化趋势研究》，《学术前沿》2017 年第 2 期。

② 林建华：《冷战后欧盟诸国社会民主党政坛沉浮研究》，人民出版社 2010 年版，第 82 页。

洲，移民是与右翼极端分子的消极内涵相关的主要流行语之一。[①] 在这种情况下，移民尤其是西欧社会中的穆斯林，被认为是所有社会问题的根源。在右翼极端主义的世界里，失业、犯罪、住房短缺、利益欺诈等可以直接归咎于移民，移民是造成各种经济和文化问题的原因。移民被视为这些问题的根源，由右翼极端主义分子重新阐述，并以种族/民族霸权作为解释社会冲突的模式。当人们在“他们的”文化中感觉不到存在感，而在国内，同质的和静态的文化因移民流动而“混杂在一起”时，就会出现问题。因此，所有的问题都不仅可以通过停止移民来解决，而且可以通过遣返生活在各国的“外国人”来解决。右翼极端主义意识形态与广泛中心立场的种族主义直接联系在一起，这种种族主义不是以公开的方式，而是以生物或种族主义的词语来界定的，是由文化差异来解释的。极端主义对移民和民族宗教多样性的煽动影响了政党形成政治意见和决策的过程。社会上与民族和宗教多样性密切相关的问题，表达了对右翼极端分子所提出的多元民主的批评。政治被描绘成腐败、精英主义和权力迷恋，政治家被视为独占鳌头。右翼极端主义政党喜欢把自己表现为“普通人的捍卫者”。

（三）思想理念多元化

随着欧洲一体化进程的深化，欧洲社会新思潮受到多元化的影响，也开始发生转变，欧洲地区思想的多元化导致核心支持者的不断变化，同时也为左翼政党进一步创新理念，吸引民众提供了更多选择，也提供了更多机遇。欧洲左翼政党的传统选民受到各种新思潮的冲击，逐渐出现分化现象，分为中产阶层和蓝领阶层，这部分人拥有较高程度的教育水平，而蓝领阶层往往是处于社会中下层的普通大众。从总体上看，在思想上，左翼政党的主要传统选民与政治精英的政治态度不同。这些传统选民对欧洲一体化进程也持怀疑态度，虽然左翼政党在执政中努力实现多文化融合，但大部分选民却逐步转为更强硬、主张民族同化、反对移民的政治阵营。[②]

---

① ［奥］约瑟夫·鲍姆著，刘琦译：《欧洲左翼面临的多重挑战与社会生态转型》，《国外社会科学》2017 年第 3 期。

② 赵刚印：《债务危机背景下的欧洲左翼政党：现实困境与发展前景》，《中共天津市委党校学报》2013 年第 2 期。

另外，左翼政党的历史渊源、政党纲领和政策在某种程度上具有相似性，且三大类型左翼政党的一些社会传统价值在今天依然具有吸引力，比如公正、平等、团结等传统价值观符合欧洲民众的心理需求，左翼政党关于提高劳动力素质、应对老龄化社会、促进社会公正、提高社会包容以及建设现代化福利等主张，具有实践意义。社会民主党在理论包容性上有明显的优势，如何在新的环境下创新社会民主主义理论，在思想多元化中找寻自己的价值观定位，都是社会民主党需要迫切解决的问题；对于激进左翼政党来说，尤其是共产主义政党，马克思主义理论是其产生与发展的依据，它的无产阶级国际主义理论、关于社会主义的理论等重要思想，都是各国共产党和工人党进行理论创新的基础。① 因此，共产主义政党需要充分抓住欧洲地区左翼政党思想多元化的时机，在变化中寻求新的发展方向，不断实现对社会主义道路和实现共产主义社会目标的探索。

（四）政治摇摆性增大

在政治领域，右翼民粹主义不断冲击左翼政坛，左翼政党为了维护国际秩序，在政治摇摆性不断增加的情况下，又面临新的发展机遇。欧洲政治的摇摆性主要是围绕着“左”和“右”进行。战后，欧洲的政党，无论是保守党还是自由党，尽管在国内的政治主张有分歧，但对国际秩序的维护主张基本一致。冷战结束十几年以来，欧洲左翼的整体情况是各国左翼力量一直试图扩大整个欧洲范围内的左翼政党和力量，希望团结协作和联合扩大政治影响。欧洲左翼力量纷纷认识到不能仅在民族国家对抗新自由资本主义全球化，要在全欧洲成立尽可能多的左翼组织，让左翼政党在欧洲层面更好地发挥作用。当政治摇摆偏向右翼政治的时期，左翼政治同样拥有反思和调整时期，左翼政党在与右翼政治争夺选票的过程中，也注重改变策略来提升传统选民的支持率。民粹主义在欧洲复归的重要原因是欧洲的债务危机、难民危机、恐怖主义威胁等日益突出，欧洲的民众对传统政治的“精英主义”感到失望，转而支持激进政

① 王喜满、王子凤：《1999—2011 年世界“共产党和工人党国际会议”评析》，《马克思主义研究》2012 年第 4 期。

党，特别是极右翼政党。[①] 民粹主义运动的兴起，表明共同体构建的路径在向民族国家回归，这意味着对外偏离超民族国家建构路径，对内排斥移民和少数民族群体。[②] 社会党党团中各国社会民主党受到“进步”保守主义和民粹主义的双重挤压。欧洲的中右力量挤压了社会民主党的政治空间，也分化了一部分传统的支持力量。欧盟新成员国最近的选举表明极端右翼政党势力高涨，必须研究改变的政治环境对于左翼阶级投票和左翼党派认同的影响，这是政治稳定的关键指标。最重要的是，似乎有一种新的平等意识必须得到提升，必须缩小理性公民的传统定义与国家认同更加感性的概念间的差距。对绿党党团来说，主流左翼政党争抢绿色政治空间有局限性，因为它们在价值体系上存在差异，且主流政党在争取新选民时，还要考虑如何维护旧选民，因此主流政党在制定政策时往往会表面上绿化。

（五）科技创新日益凸显

新科技创新为左翼政党和议会左翼党团的发展提供了机遇。随着创新不断深化，大数据这类智能化、自动化的科技创新已经成为重要的生产要素。在技术手段层面，自动化、智能化被视作世界工人阶级联合起来的新武器。2011 年发生了“占领华尔街”运动，并且超越美国后在多国迅速蔓延。[③] 资本主义社会使人们从体力劳动中解放，从而创造了高于以往任何社会的生产力水平。自动化和智能化等新科技革命成果使劳动者获得第二次解放，使人的生产能力、生产方式发生巨大变化，创造了高于资本主义的生产力。[④] 在当今欧洲社会，各左翼政党必须打破统治阶级对大众传媒的垄断，尤其是通过新科技创新，打破传统工具的垄断，要致力于实现社会主义革命的胜利，必须把大众传媒工具从巨大资本中解救出来，使其成

① 王聪聪：《欧洲多重危机背景下的激进左翼政党》，《当代世界社会主义问题》2017 年第 1 期。

② 史志钦、刘力达：《民粹主义的蔓延与欧洲的未来》，《红旗文稿》2017 年第 8 期。

③ 中共中央马克思恩格斯列宁斯大林著作编译局：《马克思恩格斯选集》第 1 卷，人民出版社 1995 年版，第 108 页。

④ 苑芳江：《当前西方社会运动与世界社会主义前景》，《国外社会科学》2017 年第 3 期。

为全民工具。[①] 现如今，民粹主义者充分利用网络与新媒体的传播来扩大影响。民粹主义者通过新媒体来宣扬自己的观点，激进右派的党派表现为反精英，通常以非常挑衅的方式运作，用非常强硬的语言拒绝妥协。它们利用全球化带来的怨恨，推动了一种福利沙文主义（民族偏好）。他们的目标是被称为“全球化失败者”的选民，他们鼓励同化，以期取代现有的多元文化。看起来，一种所谓新的政治正确性已经形成，这与社会中占主导地位、被进步力量推动的宽容和多元文化态度截然相反。这个新的叙述方式吸引了越来越多的选民，也对主流政治产生了影响。左翼政党在与右翼政党竞争的同时，必须在科技创新的背景下寻找新发展机遇，对于如何改变科技革命导致就业岗位减少的现象，也是左翼政党想要找办法解决的实际问题。

二、挑战

当今欧洲社会，从政治上来说，欧洲的事情并未变好。人民对于民主和主流政党和机构不断失望，银行卡违约率持续增长，欧洲正在经历自大萧条和二战以来状况最差的危机。从经济上来说，欧洲大陆是一片乱糟糟，随着欧元区经历着总体上过去五年中最低的增长率，失业的情况达到前所未有的水平，尤其是年轻人失业率高、贫穷和不平等的现象急剧增长。而极端主义、民族主义的政党获得越来越多的支持。左翼党团和政党都面临来自多方面不同程度的挑战，包括外部的民粹主义浪潮冲击、内部的政党分裂、党团分化重组、组织基础弱化和左右翼联盟遇到困难等。欧洲议会左翼政党和党团只有在其广度和矛盾性上真正理解、接受其想要代表的群体的切实利益，并将他们的利益与吸引人的计划紧密联系起来，才可能取得成功。

（一）极端主义和民粹主义浪潮汹涌

民粹主义在俄国革命时期中（19 世纪中到 20 世纪初）出现，那就是所谓的有平均主义幻想的平民革命派。俄国早期马克思主义者均系从民粹派转变而来，如普列汉诺夫、列宁等，他们也对民粹主义做了分析。列宁

---

① ［俄］K. 琼科夫：《通向社会主义的途径》，《马克思主义研究》2015 年第 9 期。

认为民粹主义作为一种小生产者的平均主义思潮，必定盛行于一切小生产者占优势的国度。[①] 随着英国脱欧公投的获胜和唐纳德·特朗普当选美国总统，新民粹主义成为欧美政党与政治关注的热点。[②] 民粹主义政党反对经济全球化和欧洲一体化，它不仅弱化欧洲整体力量在世界政治中的地位，而且增加了欧洲政治的不确定性。[③] 可以说，这些都冲击了欧洲的政坛格局，极端主义政党的崛起也再次使得现行制度根基发生动摇，主流政党对危机的应对不足导致反建制派的崛起。[③]当前，很多反建制派政党影响力不断攀升，一旦极端主义政党掌握政权，尤其是在大国上台执政，其示范效应会影响整个欧洲，届时欧洲将面临大的变局。[④] 民粹主义也称平民主义，其历史悠久，主张平民群众的价值理想与利益至上，并将其作为所有行为的合法性源泉；要求全体普通群众直接参与政治过程。当前，欧洲民粹主义是在同一时期下不同国家出现的政党政治的集合，主要包括三种：左翼民粹主义、右翼民粹主义、温和的民粹主义。左翼民粹主义有希腊的激进左翼联盟和西班牙的“我们能”党等；右翼民粹主义多集中在西欧、北欧地区，主要包括地区的、种族的和极端右翼的民粹主义政党。极右翼政党提出要退出欧盟、关闭边境、遣返难民移民等要求。[⑤]

针对极端主义和民粹主义的汹涌浪潮，各左翼党团对于右翼的崛起纷纷提出看法，比如激进左翼党团认为极端主义是一种危险的现象，是一种仇恨的表现形式，一旦获得权力和合法性，暴力可以通过法律或政治手段变得更难控制。反对极端主义和民粹主义的斗争应被视为所有政治家、教育制度、媒体和公民社会所认可的欧洲社会的共同责任。民粹主义和极端主义分子所提倡的欧洲到底是什么样的呢？如果继续他们的仇外情绪，生活会变成怎样呢？一些具有极端主义色彩的提议实际上会导致歧视性的、

---

① 周全华：《列宁语境中的民粹主义释义》，《政治学研究》2014 年第 2 期。

② 张可：《民粹主义阴云笼罩下的欧盟：2016 年欧盟形势特点》，《当代世界》2017 年第 1 期。

③ 史志钦、刘力达：《民粹主义的蔓延与欧洲的未来》，《红旗文稿》2017 年第 8 期。

④ ［英］托尼·布莱尔：《唯有强大的中间派才能抵御民粹主义的兴起》，《中国新闻周刊》2017 年第 2 期。

⑤ 张磊：《2019 年欧洲议会选举及其影响——基于“次等选举”“欧洲议题”和民粹政党三重视角的分析》，《欧洲研究》2019 年第 4 期。

侵略性的或仇恨性的言论。民粹主义凭借鲜明的反体制旗帜赢得支持，大大压缩社会主义及左翼力量的政策空间。欧洲受到种族主义、仇外心理的挑战。几年前，令人难以想象的仇恨言论越来越流行，且在政治辩论中逐渐被接受了，亲欧和疑欧势力的分裂将主导未来欧洲议会的工作。大量疑欧成员国的涌入使辩论的基调变得更加严厉，但这也可能鼓励欧洲议会议员更强烈地捍卫欧洲价值观。

（二）形成大左翼或大右翼联盟比较困难

欧洲议会的党团是通过跨意识形态的联盟运作的，由于欧洲议会在欧盟整个制度框架中权力最弱小，在欧盟发展的长期历史中，大多数欧洲议员为了实现政策目标，必须增加立法权力。其中，大党团为了使欧洲议会获得更多的权力，需要克服意识形态分歧而合作，而且欧盟立法程序的技术规则更强调了这一倾向。《单一欧洲法案》和《马斯特里赫特条约》的签署都逐渐增加了议会权力，但是议会在行使权力方面有严格的限制，必须得到欧洲议员绝对多数的支持才行。因此，党团大联盟是维护欧盟治理民主和有效性的一种技术上的需要。但是，人们往往批判社会党党团与人民党党团联盟，因为他们认为这反而限制了欧洲议会党团发挥民主的作用，也就成为欧盟治理的负面因素。但在议会中形成单独的大左翼或大右翼联盟比较困难，规模较小的党团，比如极左或极右党团，甚至是独立议员往往以反体制的人员为主。因此，人民党党团和社会党党团不得不维持一种合作关系。克里斯托夫·洛德对欧洲议会中形成大右翼的可能性进行了分析，得出的结论是这种大右翼的联盟实际上是行不通的。相对而言，左翼政党形成大左翼的可能性还是要大一些的，但总体来说，大左翼或大右翼在形成时都会面对困境。欧洲议会的出勤率较低，特别是小党团的出席率更低。在绝对多数规则下，当遇到20%的缺勤率时，要求大右翼和大左翼的出勤人数要占到总议员人数的61%才能行使权力。而欧洲议会的缺勤率通常是30%，这意味着这一比例要达到66.5%才能行使欧洲议会的权力。而且，大左翼和大右翼要获得绝对多数，必须在议会中占有足够多的议席。① 欧洲自由民主改良党党团是个复杂的混合体，其成员有些在自由

① 王明进：《欧洲联合背景下的跨国政党》，当代世界出版社2007年版，第243页。

市场和国家干预问题上倾向于右翼，另一些则可能和社会党人意见一致，自由民主改良党团成为一个靠不住的盟友。特别是1999年之后，由于欧洲议会选举全部采取比例代表制，这一结构可能变得更加稳定。① 为了行使更多的权力，扩大欧洲议会在欧盟中的影响，在某些基本问题，比如预算问题上，由于两大党团自身或者大左翼、大右翼各自联盟均不能达到这一程序规则所要求的多数，社会党党团和人民党党团只能在进行合作时才能推动更大目标的实现。所以，两大党团又不得不合作，欧盟的制度逻辑使欧洲议会权力的增强、欧洲议会党团形象的提高成为最优先的目标，党派目标则是第二位的。其他议会党团在欧洲一体化问题上态度比较模糊，有时表现出敌对的态度，这就使社会党党团和人民党党团建立大联盟变得更为困难。形成大左翼或大右翼党团的困难还可以从成员党所在的国内情况来窥见，由于中左翼政党处境不利，右翼力量在加强。社会民主党与激进左翼政党难以形成稳定的政治联盟，与绿党的合作倒更成为一种现实的选择，中右翼力量的联合空间大为扩大。因此，国内的政党联盟趋势也可以从侧面反映出欧洲议会党团联盟的发展趋势，它们之间是有一定联系的。

（三）主流左翼阶级基础分化，选举业绩不断受挫

产业分工和经济结构发生新变化，引起传统政党政治阶级基础发生变化。传统的阶级概念难以确切概括当今的社会结构，出现严重的“社会排斥”现象，这些被排斥的主体是社会的下层人们，而过去他们大多是左翼政党的支持者。② 从社会党党团内部的社会民主党来看，阶级基础持续萎缩，中间阶层分化加速。由于阶级关系变化，社会民主党的发展模式开始转型。19世纪末20世纪初，社会主义政党是“群众党”，它拥有广泛的基层组织。20世纪50年代后，由于阶级矛盾趋于缓和，“群众党”选举策略又发生改变。20世纪60年代，欧洲的左翼政党从“群众党”向“全民党”转变，左翼政党开始制定逐渐向中间选民靠拢的政策。20世纪90年代后，左翼政党又支持“第三条道路”，社会和经济政策逐渐向右转，其

---

① 王明进：《欧洲联合背景下的跨国政党》，当代世界出版社2007年版，第245—246页。

② 林德山：《欧洲政治右倾化与欧洲政党政治的变化趋势》，《当代世界》2002年第9期。

传统选民大量流失，政党逐渐“卡特尔化”，选民更加注重价值判断和现实利益需求。党员人数大幅度减少：1997—2010 年，英国工党党员人数从 40.5 万锐减到约 19 万名，人数锐减了一半以上；1999—2009 年，挪威工党党员人数从 61327 名下降到 50269 名，减少了近 1/5；2005—2010 年，荷兰工党党员人数从 6111 名减少到 54504 名。除此之外，党员老龄化现象严重。党组织活动经费主要来源于党员们的支持，党员人数的下降必然导致经费的减少。20 世纪 80 年代，欧洲的社会民主党在选举中的得票率大约占中左翼阵营总得票率的 53%，在此之后社民党越来越缺乏竞争力。目前，欧洲其他左翼政党的得票率占到中左翼阵营总得票率的 55%。

激进左翼党团内部政党大多数是激进的左翼政党，它们的阶级基础减弱，党员队伍流失，缺乏活力。来源变得多元化，也使得激进左翼联合变得愈加困难。① 传统劳动人民不再是社会主义力量的基础，其政治“流动性”不断增强，这批劳动人民在极端主义影响下，很容易从一个阵营转投另一个阵营。多数非执政的共产党力量比较小，内部权力争斗和组织发生分离。比如，法国共产党党员人数从 1996 年的 27 万人锐减至 13.4 万人。在总统选举中，2007 年法共候选人的得票率仅为 1.93%。从绿党党团来看，同样面临群众基础缺失的挑战，其中绿党为实现自己的施政纲领和政治目标最大化而不断地妥协。绿党所代表的利益群体与选民群体有差异，这主要是说，绿党代表的利益群体是整个生态，它超越了人类这个整体，而选民是人类，选民的利益与生态的利益之间有冲突，当有冲突发生时，如果绿党或绿党联盟政府偏向于损害某些人的利益，那么就会遭到选民的反对，丧失其吸引力。而且，绿党主张对物质主义、消费主义进行抗议，在某种程度上陷入生态环境与选民赖以生存的经济形态的两难选择。主流政党受挫，如德国社会民主党在 2019 年民调中支持率进一步下滑。中左翼在意大利大选中垮台，两个民粹主义政党掌权。在瑞典，社会民主党领导的政府支持率下降，无法继续执政。在英国，工党无法从保守党手中夺取权力，这主要是因为它本身在诸如脱欧之类的重大问题和财富再分配的目

① 邢文增：《国际共产主义运动：变动世界中的国外激进左翼学术研讨会综述》，《马克思主义研究》2014 年第 8 期。

标上存在分歧。[①] 西方民主制度结构性地制造了社会割裂和政治冷漠，政治冷漠不仅表现为公众不参与，还表现为参与的任意性，这为政客操纵民意提供了机会。[②]

（四）左翼政党的分裂与竞争，政党体制出现碎片化趋势

欧洲是竞争性的政党体制，如今，欧洲的政党体制呈现出碎片化的发展趋势。欧洲政党体制的分裂使得选民基础弱化，政治空间被他党抢夺。竞争性政党体制限定了政党的选择空间，政党施行新的战略和模式的难度增大，而政党要赢得大选，就得回应选民不同的短期诉求，政党需要短期内见政绩，否则执政地位不稳。[③] 欧洲左翼政党的首要任务是防止欧盟各国内部发生进一步的社会分裂与民主倒退，并且要在欧洲层面扩大自身影响。在欧洲政党格局中，左翼政党情况各不相同，甚至有些部分变得支离破碎、派系林立。欧洲大多数国家实行多党制，许多国家长期保持两党轮流执政的格局。但过去 30 年，这种格局逐渐发生了改变，出现了五党格局，这就是中间派的社会民主党和一个中右翼政党、左派的绿党和激进左翼、和中右翼主流政党更有的自由/保守主义政党或极右翼政党，原来的社会民主党的传统支持结构被一分为三了。民粹主义政党的崛起导致政党体制发生结构性变化。比如，2018 年 3 月 4 日意大利举行的国内选举打破了中左、中右轮流执政的格局，形成民粹主义政党上台的三足鼎立之势。而且，一些国家的社会民主党受冷战思维和欧洲政治思潮中的“反共”意识影响，不愿与共产党等政党合作，而坐视右翼组建联合政府。[④] 这种行为虽然在短期内能提高政治影响，但短期的投机行为必将在以后遭到惩罚。政党分裂与竞争带来政治影响力危机，希勒布兰德·恩斯特（Hillebrand Ernst）强调，由于社会民主主义者试图改变构成劳工运动的传统，这给小型左翼政党提供了发展空间，同时也造成政党的分裂，进一步形成

---

① Bershidsky, Leonid, “This is How Europe can Defeat Populists in 2019,” Gulf News, Dec. 31, 2018.

② 王明进：《英国脱欧进程不确定性的消极影响》，《人民论坛·学术前沿》2019 年第 6 期。

③ 王燕：《欧洲的困境与社会党的未来》，《当代世界社会主义问题》2017 年第 1 期。

④ 陈晨：《作为“关键少数”的欧洲社会党》，《中国社会科学报》2016 年 11 月 24 日，第 5 版。

多元化的政党格局。政党的分裂造成左翼政党选举基础的减少，政党规模逐渐变小，左翼政党的影响力也逐渐衰退。[①] 激进左翼与主流左翼政治的分裂已经危及左翼政治联盟的基础。就绿党党团来看，欧洲选举体制是绿党党团弱势地位的主要限制因素。在国内，左翼联盟日益分化的趋势十分明显，主流左翼政党认为调和联盟中不同利益群体间的矛盾和冲突越来越难，为迎合广大中间群体而不得不牺牲社会中下层群体的利益，社会中下层转向激进左翼和极右翼，从而进一步削弱了左翼联盟的政治基础。

第三节　左翼党团的前景展望

欧洲议会中的左翼党团在面对自身困境的同时，还面临着一些新的机遇，如果能成功抓住机遇，那么拥有良好的发展前景也是可能的，欧洲议会各左翼党团要尽快调整政策定位，形成推动经济发展的公共政策。比如，社会民主党人要突破思维局限，吸纳其他左翼运动者的支持；而对共产党来说，困难和挑战是结构性的，在可预见的未来难以实现整体复兴；欧洲的绿党在确立政治影响的同时，其未来发展仍存在一些不确定因素。至少从近期看来，虽然欧盟内右翼民粹主义政党普遍崛起，但左翼政党的右倾化会是一种暂时现象，左翼党团的发展前景是可预测的，也是值得期待的。

一、左翼党团与右翼党团结盟的趋势会持续存在

在欧洲议会中，左翼党团与右翼党团的结盟对于投票决定是否形成重要的政策而言至关重要。欧洲议会左翼党团和右翼党团虽然在意识形态上存在较大差异，但是双方合作的趋势也正在加强。

（一）结盟的方式多样

党团得票率与党团的意识形态表现有关，意识形态相近的党团之间更容易结成投票联盟。党团结盟往往是为了制定有利于自己党团的政策。除

① 谷宇：《左翼政党——国际发展趋势国际学术研讨会综述》，《上海行政学院学报》2012年第1期。

了相近意识形态党团间的结盟，例如，除了左翼党团结盟外，左右翼大联盟也十分重要。欧洲议会的左右翼党团结盟形式是多样化的。不同的立法程序和投票规则都需要获得多数才能使议案通过，重要的立法程序需要议会绝对多数才能通过。单一的大党团，有时甚至两大党团比如人民党党团或社会党党团，联手都很难达到绝对多数的人数要求。因此，要想使法案在欧洲议会通过，党团之间就需要结成联盟。

复兴欧洲党团（原自由民主联盟党团，ALDE）处在最关键的中间位置，在两大党团没有形成大联盟时，它的投票往往有决定性作用。在第七届欧洲议会中，自由民主联盟党团和人民党党团结盟的次数少于和社会党党团结盟的次数。而在公民自由、正义和内政事务领域及环境、公共健康和食品安全领域，中左翼结盟更为明显，自由民主联盟党团和社会党党团结盟的频率要高于和人民党党团结盟的频率。[①] 原来的自由党党团领导人格雷厄姆·沃森谴责大联盟，并表示希望确保委员会主席、理事会主席、议会主席和高级代表的职位不因两大党团之间的协议达成而被排除在第三方之外。

（二）右翼党团与左翼党团的合作

作为超国家机构，欧洲议会的权力有限。为统一意见，使得权力最大化，欧洲议会党团间有时会以合作取代竞争。在2004—2009年间，欧洲议会党团形成大联盟的频率相较之前有所下降，两大党团从合作模式向竞争模式倾斜。需要指出的是，2017年欧洲议会中期领导层改选，为应对选举，社会民主党党团议员强调应当加强党团成员之间的团结，并希望与绿党党团、激进左翼党团及自由民主党党团中不支持与人民党党团合作的议员结成中左翼大联盟，从而赢得欧洲议会中期领导层改选的胜利。

随后，右翼人民党党团的候选人当选为欧洲议会的新一任议长，而先前的中左翼联盟由于人数并不占优势，选举遭到挫折，在许多领域受到右翼党团联盟的限制，[②] 所以左翼党团不得不采取守势。2019年欧洲议会选

---

① Hix, Simon, "What to expect in the 2009 - 2014 European Parliament: Return of the Grand Coliation? Swedish Institute for European Policy Studies," European policy analysis, 2009, p. 9.

② 林德山：《欧洲左翼政党的现状与前景》，《当代世界》2015年第8期。

举后，第一大右翼党团发展形势更加突出，超过第一大左翼党团的得票数。由于右翼党团的胜利，整个欧洲议会的整体右倾正日益显现。虽然左右翼之间的差异仍然长期存在，但大左翼和大右翼竞争的情况不易出现。在可预见的未来，以人民党党团为代表的右翼党团和以社会党党团为代表的左翼党团之间的合作将会大于竞争。① 从目前形势看，左右翼组成联盟竞争仍将成为未来发展的趋势。

二、右翼党团冲击左翼党团，左翼党团仍具有较强影响力

随着进行 9 次欧洲议会直选后，在欧洲议会党团政治中，虽然右翼不断崛起，但左翼党团的光谱位置整体变化不大。在当今，欧洲的左翼政党逐渐弱小，右翼政党表现强势；在未来，无论是在国内还是欧洲议会，这种趋势还会维持下去。

（一）*左右翼政党沉浮起落*

一般情况下，在议会政治中，政党在议会中的沉浮起落是常态。② 而且在未来相当长一段时期内，左翼党团与右翼党团相比也将处于劣势地位。欧洲左翼阵营面临着生存和发展的压力，虽然他们都在不断批判资本主义，但在个别方面也越来越体现出自身的特色，表现出更大的差异，左翼政党也纷纷提倡要按照独特的发展道路来发展自己。如果在未来的国内选举，抑或是欧洲议会选举中，左翼政党能够整合左翼力量，团结起来，共同建立左翼更大范围的联盟，并且能够更加科学有效地提出创新型的战略，那么左翼联盟重新振作、重新崛起完全可以成为现实。③ 如今，社会党党团和激进左翼党团的选举业绩呈现下滑的趋势，绿党党团呈现出逐渐上升的趋势，大多数绿党组织在此次选举中都有收获，其中最为突出的是德国绿党。选举业绩也折射出当下欧洲议会中的左翼政党处于困境之中，亟须改变。

---

① 王明进：《欧洲联合背景下的跨国政党》，当代世界出版社 2007 年版，第 242 页。

② 姬文刚：《当前东欧左翼政党面临的问题及其前景分析——以波兰、匈牙利、捷克为主要分析对象》，《当代世界与社会主义》2014 年第 5 期。

③ 林建华、张有军、李华锋等：《冷战后欧盟诸国社会民主党政坛沉浮研究》，人民出版社 2010 年版，第 56 页。

（二）右翼民粹主义崛起对左翼党团形成冲击

2016年，民粹主义势力有所增强，英国通过“脱欧公投”、意大利通过“宪法改革公投”、奥地利进行总统选举等，分别表明民粹主义已经成为欧洲不同国内的重要力量。左翼民粹主义和右翼民粹主义比较起来，右翼势力更加明显地冲击着左翼政坛。极右翼的势力在欧洲政坛获得支持，主要也是因为它们选取社会关注的热点问题，法国的国民阵线成为第三大政党，比利时的弗拉芒集团和波兰的新右派国会党成为第一大党，意大利五星运动党、荷兰自由党、丹麦人民党、奥地利自由党、真芬兰人党、匈牙利约比克党、希腊金色黎明党也成为第三大党。极右翼政党通过夸大不同种族、国家和地区的差异，打破了主流政党的政治禁忌，宣扬分裂主义、民族保护主义等极端思想。极右翼把就业压力、身份认同挫败感与对代议制民主的不满相联系，发动了极端化的民主斗争。

2017年是奠基欧洲一体化的《罗马条约》签订60周年，但欧洲却要在种种危机和挑战中纪念这一历史性的时刻。[①] 2017年是欧洲的大选年，法国、德国、荷兰等国进行国内选举。2018年3月，意大利进行了国内选举。民粹主义势力不断崛起，即便工人阶级萎缩了，社会精英与普通民众之间的矛盾仍会存在，左翼与右翼之间的对立会永远存在。当社会经济的发展状况在客观上要求政府实行左翼政策时，有关政党还将普遍出现左倾化。当社会富足状态消失之后，左翼理念又会流行开来。因此，就像第二次世界大战结束后，欧洲因出现经济繁荣阶段而出现社会的总体右倾化只会是一种暂时现象。[②] 如今，民粹主义政党冲击既有的政党格局，但它尚未取代传统的主流政党，这种主流的政党格局依然会存在下去，右翼民粹主义政党的崛起暂时促进欧洲政治右转，且其影响力是跨政治光谱的。[③] 它很难改变传统的图谱结构，左右翼政治力量就像钟摆一样来回摆动，并持续下去，但左翼党团在政治光谱中的位置变化不大。在当前严峻的形势

---

① 王明进：《欧洲一体化之船驶向何方——当前欧盟的多重危机与重大不确定性》，《学术前沿》2017年第4期。

② 夏庆宇：《谈当前欧洲左翼运动研究中的三个问题》，《中共南京市委党校学报》2017年第3期。

③ 张伟：《民粹主义风潮冲击欧洲》，《新华每日电讯》2016年12月6日。

下，左翼党团要如何应对右翼势力的冲击，继续有序发展，还需进一步观望，预计欧洲将在较长时间处于经济低迷、政治动荡、一体化停滞的境地。

三、左翼党团内部凝聚力不断增强

党团凝聚力是欧洲议会作为欧盟政治体系中的重要行为者的基础。目前，党团争论的焦点是要深化欧盟一体化进程还是转变欧盟经济治理方式。需要指出的是，为了应对当前的欧洲政治局势，欧洲议会左翼党团内部的团结趋势正在不断加强。

（一）凝聚力与竞争性的相互依存

政党的凝聚力和竞争力是相互依存的，没有一定凝聚力的政党就不可能有特色，也就没有竞争力。欧洲议会党团竞争性向度就是其凝聚力的向度，欧洲议会党团只有在左右向度或一体化主权向度上竞争才能形成有凝聚力的竞争性党团。当一个问题与左右双方均有较强关联度时，欧洲议会党团在这个问题上才越具有凝聚力。党团的高凝聚力能在投票中获胜，也增加了其影响政策结果的概率。凝聚力主要跟党团决策方式、成员国代表团的意愿、专业领域分工等因素有关。激进左翼党团是异质化程度最高的欧洲议会党团，2009 年 7 月至 2013 年 4 月，欧洲议会的凝聚力平均值为 79.22%。在 3 个左翼党团中，绿党党团的凝聚力指数最高，为 94.57%，社会党党团为 91.35%，激进左翼党团各成员党的凝聚力指数有所下降。其中，激进左翼党团在以下六个领域的凝聚力指数最高：环境与公共医疗卫生、性别平等、国际贸易、公平与家庭事务、交通与旅游、就业与社会事务。而中间派自由和民主联盟党团的凝聚力指数为 88.94%，右翼党团保守党党团为 86.61%。在政治领域，党团凝聚力指数较低，比如在欧盟预算、欧洲宪法与欧洲议会程序等方面凝聚力指数较低。

（二）多样性基础上的统一性增强

对一个特定党团来说，其内部凝聚力与该党团和其他党团形成的联盟密切相关。党团之间达成的协议可能对党团内部一致性产生影响，或者减轻党团的一些压力，放松对党团内部完全统一的要求，允许某种程度的内部分歧存在，因为党团之间的交易可以在一定程度上弥补这些分歧。

自2014年以来，大多数党团已经具有高度的内部凝聚力，尤其是右翼党团。这可以用事实来解释，党团内部有一半成员是新的，还没能真正发挥自己的作用。比如，欧洲议会最大的党团欧洲人民党党团在议会任期的第一时期动员能力就比以前好。根据2015年的欧洲投票观察（Vote Watch Europe）数据，截至2014年底，欧洲人民党党团内部凝聚力评分为95%，达到了自2004年以来的最高水平。同样，自由民主党联盟党团凝聚力评分曾经排第四名，现在已经升至第二位，评分从88%提高到91%。保守党党团虽然在选举后变得更强大，凝聚力评分却从86%下降到76%。社会党党团比选举前凝聚力评分有所减少，但拥有最大负面影响的是绿党党团，凝聚力评分下跌了6%，到2014年底达到历史最低点，为88.5%。自由和直接欧洲党团比任何其他党团凝聚力都低。事实上，它们只有一半投票的时间，而在其他情况下，他们内部的欧洲怀疑论者间很难达成一致意见，会相互抵消票数。在这里值得一提的是，2014年，法国国民阵线及其盟友的企图尚未实现，在2014年其盟友组成另一个欧洲怀疑论的民族主义组织也失败了。它们都没有成功，主要是因为缺乏联合潜力，也就是说，它们找不到来自足够多国家的成员与它们的成员联合起来。①

目前，检验欧洲左翼政党执政能力可以从其能否迅速对危机做出反应，能否很好地消除危机的不良影响来窥见。新社会运动虽然目前还面临各种问题，但同左翼运动仍然存在很大的“红绿联盟”的可能性，但同时其无政府主义思潮也会为未来国际政坛增添不利因素。社会运动没有与社会主义运动形成联合，更多的是街头抗议，世界社会主义替代资本主义仍然是一个曲折的过程。② 社会主义实现形式是多样的，欧洲的左翼政党有不同的特点，左翼党团的凝聚力增强是在多样性基础上的统一。左翼党团若能增强凝聚力，从更深远的意义上看，是能够促进欧洲和国际共产主义

---

① Doru Petrisor Frantescu, “Values topple nationality in the European Parliament,” European View Vol. 14, 2015, pp. 102 - 103.

② 苑芳江：《当前西方社会运动与世界社会主义前景》，《国外社会科学》2017年第3期。

和世界社会主义运动的复兴的。

四、左翼党团继续推进欧盟未来政策的制定和发展

欧洲议会党团作为欧洲议会一级的决策机构，是欧洲议会内部机构运作的主导力量，其行为还影响着欧盟政治的未来发展。欧洲议会左翼党团能够有效促进欧盟政策的发展方向。针对左翼中不同意识形态色彩的政党应该区别分析，对左翼党团政策也要区分清楚。社会党党团要突破思维局限，吸纳其他左翼运动者的支持；而对于激进左翼党团来说，困难和挑战是结构性的，在可预见的未来，难以实现整体的复兴；绿党党团尽管在2019 年 5 月的选举中取得十分好的成绩，但是其未来的发展仍存在一些不确定因素。

（一）左翼党团对未来发展的政策建议

欧洲议会左翼党团为改善欧洲工人状况的斗争，推动人类进步事业的发展，对遏制欧洲各国国内政策的右转、维护世界秩序起到重要作用。虽然欧洲议会大选结束之后，左翼党团与右翼党团在部分领域的合作趋势不断加强，但是各党团仍保持着较强的自主性。各左翼党团在推动欧盟政策制定或发展上积极畅想，并提出自己的政策建议。2017 年 2 月 22 日，《欧洲动态》刊发了《欧盟 60 周年：罗马峰会是重申誓言的机会》一文，这篇文章由社会党党团主席皮特拉和副主席罗德里格斯等人联合撰写，其中针对欧盟未来的发展问题，他们认为主要集中在繁荣、安全和人权、国际合作和民主四个领域。而展望未来，他们集体认为需要重新思考欧盟如何才能真正做到自给自足。①

对绿党党团来说，随着绿党自身的发展，各国绿党逐渐调整原初的设想和原则，它的总发展趋势是建立集中稳定的中央权力机构和各级机构，而这种变化也有助于绿党适应现实竞争。“欧洲 2020 战略”仍然是欧盟决策的指导方针，减少失业和社会不平等对欧洲一体化的成功而言至关重

① 驻欧盟使团经商参处：《欧洲议会社会党团主席撰文纪念欧盟 60 周年，展望未来》，http：//www. mofcom. gov. cn/article/i/jyjl/m/201703/20170302528298. shtml。（上网时间：2017 年 3 月 6 日）

要。向新的增长模式过渡必须符合可持续发展的原则，包括经济、社会和环境三个方面。任何就业战略必须以创造高质量和可持续的就业机会为基础，而不仅仅是减少失业现象本身。一个新的增长模式必须以社会正义为基础，与此同时，欧盟要实现增长目标，必须着眼于研发、创新，在传统和新兴领域创造新产品、新方法和提供更多的潜在服务，包括无障碍商品和服务。针对2014—2020年“多年金融框架”启动两年后欧盟政策的资金来源出现新危机的问题，它认为今后几年的多边投资框架中可用的资源可能不足以应对危机的发生，或者不足以为欧盟2030年的优先事项筹措资金。因此，需要对多年筹资框架进行中期修订。此外，欧盟2020年的优先事项，以及可能在欧盟最高政治层面决定的其他优先事项，应附带一个具有约束力的融资计划，包括评估其对欧盟预算的影响，否则就不可能实现真正的成功。鉴于欧盟在外部面临的新挑战，绿党党团认为与欧盟内部的挑战紧密相连；鉴于全球治理水平（环境、能源、财政、税收等）的进展，欧盟需要集中精力，加强政策的连贯性。因此，必须鼓励合作伙伴一起朝同一个方向努力，应调动欧盟所有外部行动（战略伙伴关系、贸易协定、多边和双边合作以及文化间对话等），以实现全球治理改善和成员广泛的融合。

近年来，欧洲的经济、地缘政治、人口、技术、环境、社会等各个方面在国内和国际两个层面都发生了深刻的变化。在欧盟，气候变化和资源约束需要深层次的能源转型、产业转型和循环经济的出现；数字革命的新阶段为欧洲发展带来新机遇，需要一个长期的解决方案来克服数字鸿沟和数据安全的挑战，同时把握这场新革命的潜力创造就业机会；与全球网络的地理分布进行重组，可持续交通系统和能源基础设施需要进一步发展；社会变革深刻，根据老龄化、移民和性别再平衡现象，世代之间的新差异要求在教育和社会政策方面采取新的办法。它们所提供的潜力应该得到充分发挥，以帮助欧盟实现其可持续发展目标。

欧洲2020年战略的下个阶段目标应该解决的问题是，欧盟应该为所有成员国建立一个更好的框架，以便利用这种模式转向侧重于高质量工作的新增长模式。以下所有战略重点都应转化为新的投资和就业机会，并进行相应的改革：促进能源转型和促进循环经济；为数字的和进步的社会制定解决方案；促进基于研发、文化和创意产业的部门的创新；加强社会投资、打击社会不平等、注重终身学习、保健、性别平等、青年参与、文化间对话和社会包容。应以能源联盟和数字单一市场等已经在实施的举措为基础，牢牢把单一市场作为推动结构性经济增长的主要手段。作为欧洲议会中的主要政治力量，左翼党团在促进欧盟团结、加强欧盟解决全球治理过程中的一系列问题发挥着不可替代的重要作用。为了应对未来的挑战，欧洲议会左翼党团有能力也有信心进一步加强团结，不断促进欧盟在解决全球议题上发挥更大的重要作用。

（二）注重特殊性和连贯性，力推高质量新增长模式

在2019年后，欧洲议会比以往任何时候都变得更加分散和分化，欧洲议会选举的结果给欧盟和其他成员国的领导人带来巨大挑战：如何处理和引导新的政治环境就变得十分重要，那么如何管理一个更加分散和多样化的欧洲也变得十分重要。欧洲议会2019年的大选结束之后，欧盟需要应对各种出现的新问题，对左翼党团而言，欧盟需要解决的问题不仅来自内部，也来自于外部，需要有机结合起来加以应对。正是在这一认识之下，欧洲议会左翼党团认为，应当保持欧盟政策连贯性，继续推动高质量的增长模式，进一步加强欧盟成员国内部以及欧盟与其他国家和地区之间的战略合作关系，加强双边乃至多边的对话与合作，为欧盟在全球一体化过程中探索新的路径，最终实现更大范围内的全球治理。随着全球一体化趋势的不断加强，在欧洲内部也出现逆全球化的声音，欧洲议会左翼党团在推动全球化进程中发挥着重要的作用，在促进社会平等、性别平等、加强文明之间的交流与对话上长期持积极的态度，而左翼党团的不断发展，有助于增进不同文明之间的交流，推进地区和平与发展。

欧洲议会内部的政治局势随着2019年大选总体尘埃落定，但未来会发生怎样不同的变化需静待观察。当前，欧洲注重绿色发展，但绿党党团的发展或许会引发新的冲突。随着西欧绿党崛起，它们扩大组织基础，制定了更具包容性和吸引力的方案。欧洲将推动更多的环境政策出台，欧洲的绿色新政发展路径仍不确定，除欧盟以外地区的许多政客对欧盟的环境、贸易和社会问题的绿色政策持敌对态度，可能在欧盟内部引发新的冲突。

由于民粹主义浪潮的不断兴起，欧洲地区和国家也受到较大的冲击，右翼政党崛起给左翼政党带来较大的冲击。如果左翼党团能够加强凝聚力，与右翼党团进一步协商合作，它未来仍然具有较大的发展空间。

结　语

政党是国家机构和公民社会联系的桥梁，欧洲议会党团是议会政治最活跃的组成部分，是欧盟和国内政治的联系纽带，对欧盟政治和世界政治都产生重要影响。本书选取欧洲议会中的左翼党团为研究主体，分析了左翼党团的发展历史、现实政治表现、议会党团的功能、在欧洲和国际社会上的地位和作用，同时分析了当今的国际形势和左翼党团自身的优劣、面临的机遇和挑战，并对其发展前景进行了预测。随着金融危机的蔓延，阶级结构发生变化，思想意识变得多样化，欧洲左翼的构成和表现形式变得更加丰富多彩。由于极端右翼思想以新的形式出现，各左翼政党也越来越意识到需要与其他国家联系起来，应对普遍存在的民粹主义情绪。左翼党团呼吁要采用进步的贸易政策，必须努力建立更加透明、民主的全球贸易体系，呼吁以真正的伙伴关系进行合作，尊重各国的主权和领土完整，努力建立平等合作的国际关系；必须为所有人保证基本的人权和民主自由；谴责欧盟将人权问题置于地缘战略和经济利益之上，希望欧盟以强有力的行动来确保人民的经济和社会权利。另外，本书还从经济、政治、文化、社会、生态、外交等层面对三大左翼党团的理论政策进行了概括，对比了左翼党团之间、左翼党团和其他党团之间理论政策的趋同和差异。在实践中，欧洲议会左翼党团除了在议会中开展正常的活动和日常运行外，还在议会外的欧洲层面和国际层面参与各种活动。

欧洲议会的三大左翼党团在发展过程中有各自的特点，有自身的优劣势，也面临着内外部不同的机遇和挑战。欧洲左翼政党，无论是共产党、社会党还是绿党，都要重塑意识形态、改进活动方式等，三大类型的左翼政党都有生存的空间，并且就主流社会民主党来说，社会民主主义是国家意识形态的重要组成部分。三大左翼政党在欧洲仍然存在组织基础，三大左翼党团也都对欧洲及其成员的未来发展进行了展望，包含提供一系列解决欧洲及其公民面临的问题的建议。比如，采取可持续的移民和庇护办法来促进一体化；支持公民和工人的自由流动；确保青年人获得高质量的工作；消除贫困，建立更加公平的欧洲；平衡经济和社会目标；使欧盟层面的决策过程更加民主和公开；制定新的、更加有利于工业的经济政策。激进左翼党团的共产主义政党虽然声称坚决捍卫中下阶层的利益，但它又同时在全球化中支持民族主义，从而陷入被动。激进左翼力量虽然弱小，但它同社会党在斗争策略上注重联合。对绿党党团而言，无论其支持者的目标多么有野心，绿党在国内从来就没有可能代替主流的左翼或右翼政党而成为主导的内阁党。它们期望的最好结果，要么是足够强大以进入联合政府，促使其恪守生态原则；要么是作为一种选举上的威胁力量，迫使现存政党更多地关注生态环境。第二种战略可能比第一种要成功得多。绿党提出许多理论政策，也对经济发展与生态环境的关系进行了新的反思；绿党对西方传统的价值体系和思维方式产生了一定的影响。如今的欧洲绿党已经逐渐参与国内政权，它不断地为欧洲和全球政治注入活力。

然而，欧洲议会中的左翼党团的政治实践并没有对传统的代表理论进行彻底重构，党团在议会内部必须进一步转型，发挥有效运作的价值。总而言之，只要资本主义制度存在下去，左翼运动就会继续下去。左翼政党和左翼党团在未来的发展取决于欧洲政治格局的变化，比如欧洲左右翼政治力量的对比情况。未来欧洲议会中左翼与右翼党团还会存在结盟的情况，并且合作多于竞争，且未来发展还有赖于左翼政党对自身缺陷的克服程度及力量整合情况。欧洲议会左翼党团的发展前景并不是完全不乐观的，仍然有很多发展空间，同时也会日益影响到欧洲乃至世界政治格局的发展。无论是欧洲议会还是各国政府，欧洲主流左翼和议会中的左翼党团依然有赢得更多议席的胜算。

附　录

党团名称（缩写）对照表

英文缩写	英文全称	中文全称
S&D	Group of the Progressive Allicance of Socialists and Democrats	社会党和民主主义者进步联盟党团
EPP	Group of European People's Party，Christian Democrats	人民党党团（基督教民主主义者）
ECR	European Conservatives and Reformists	保守主义者和进步主义者
ALDE	Alliance of Liberals and Democrats for Europe	欧洲自由民主联盟党团
GUE/NGL	European Unified European Left – Nodic Green Left	欧洲联合左翼—北欧绿党左翼联盟党团
Greens/EFA	The Greens/European Free Alliance	绿党与欧洲自由联盟党团
FDD	Europe of Freedom and Direct Democracy Group	自由和直接民主欧洲党团
UEN	Union for Europe of the Nations	民族欧洲联盟党团
ENF	Europe of Nations and Freedom	欧洲民族与自由党团
IND/DEM	Independence and Democracy Group	独立与民主党团
EDD	Europe of Democracies and Diversities Group	民主和多样化的欧洲党团
EPP – ED	Group of the European People's Party (Christian Democrats) and European Democrats	欧洲人民党（基督教民主党）与欧洲民主党党团
PES	Group of the Party of European Socialists	欧洲社会党党团

续表

英文缩写	英文全称	中文全称
EFD	Europe of Freedom and Democracy Group	欧洲自由和民主
EFDD	Europe of Freedom and Direct Democracy Group	欧洲自由和直接民主
COM	Communist and Allies Group	共产党和联盟
GUE	Group for the European United Left	欧洲统一左翼
LU	Left Unity	左翼团结
GUE	Confederal Group of the European United Left	欧洲联合左翼
RBW	Rainbow Group in the European Parliament	彩虹党团
V	The Green Group in the European Parliament	欧洲议会绿党党团
S	Group of the Socialists	社会主义者党团
SOC	Socialist Group	社会主义党团
PES	Group of the Party of European Socialists	欧洲社会主义者党团
PES	Socialist Group in the European Parliament	社会党党团
ENL	Europe of Nations and Liberal	民族欧洲和自由
ELDR	European Liberal, Democratic and Reformists Group	欧洲自由、民主和改革者党团
EPD	Europe Progress Democrats	欧洲进步者党团
TCI	Techinical Group of Co-ordination and Defence of Independent Groups and Members	技术协调和保护独立团体和成员党团
UDE	European Democratic Union	欧洲民主联盟党团
DEP	Group of European Progressive Democrats, European Progressive Democrats	欧洲进步民主党团
DE	European Democratic Group	欧洲民主党党团
DC	Christian Democratic Group	原基督教民主党党团
LD	Liberal and Democratic Group	自由和民主党团

续表

英文缩写	英文全称	中文全称
FE	Forza Europe	欧洲力量党团
ERA	Europe Radical Alliance	欧洲激进联盟党团
FE	Europe of Nations	民族欧洲党团
I – EN	Independents for a Europe of Nations	民族欧洲独立党团
ITS	Identity，Tradition and Sovereignty Group	认同、传统与主权党团
L	Group of Liberals and Allies	自由民主党党团

参考文献

一、中文文献

（一）中文译著和著作

［1］中共中央马克思恩格斯列宁斯大林著作编译局：《马克思恩格斯全集》，人民出版社 2008 年版，第 130—178 页。

［2］中共中央马克思恩格斯列宁斯大林著作编译局：《列宁全集》，人民出版社 2017 年版，第 50—55 页。

［3］中共中央马克思恩格斯列宁斯大林著作编译局译：《共产党宣言》，人民出版社 2009 年版，第 31 页。

［4］毛泽东：《毛泽东选集第三卷》，人民出版社 1991 年版，第 307 页。

［5］［英］唐纳德·萨松：《欧洲社会主义百年史》，社会科学文献出版社 2008 年版，第 5 页。

［6］［英］克里斯托弗·皮尔森，姜辉译：《新市场社会主义》，东方出版社 1999 年版，第 53 页。

［7］［美］莫顿·卡普兰，薄智跃译：《国际政治的系统和过程》，上海人民出版社 2007 年版，第 56 页。

［8］［美］罗伯特·基欧汉、海伦·米尔纳，姜鹏、董素华译：《国际化与国内政治》，北京大学出版社 2003 年版，第 3 页。

［9］［英］拉卡托斯，欧阳绛译：《科学研究纲领方法论》，商务印书馆 1992 年版，第 127 页。

［10］［德］贝娅特·科勒、科赫主编:《欧盟治理模式》，社会科学文献出版社 2008 年版，第 63 页。

［11］［英］安东尼·吉登斯，李惠斌、杨雪冬译:《超越左与右：激进政治的未来》，社会科学文献出版社 2000 年版，第 29 页。

［12］［英］乔安娜·马尔沙维克，嘉华译:《欧洲议会与欧盟各国国家议会》，中国人民大学出版社 2011 年版，第 97 页。

［13］［英］卢克·马奇，于海青、王静译:《欧洲激进左翼政党》，社会科学文献出版社 2014 年版，第 229 页。

［14］［法］法布里斯·拉哈、周弘:《欧洲一体化史 1945—2004》，中国社会科学出版社 2005 年版，第 65 页。

［15］［美］戈德斯通:《国家、政党与社会运动》，上海人民出版社 2015 年版，第 35 页。

［16］［意］福尔维奥·阿蒂纳等、周弘:《全球政治体系中的欧洲联盟》，中国社会科学出版社 2009 年版，第 34 页。

［17］［英］平德，戴炳然译:《欧盟概览》，外语教学与研究出版社 2009 年版，第 5 页。

［18］［德］得斐迪南·穆勒—罗密尔，［英］托马斯·波古特克，郇庆治译:《欧洲执政绿党》，山东大学出版社 2005 年版，第 10 页。

［19］［比］尤利·德沃伊斯特著，王浦劬:《欧洲一体化进程：欧盟的决策与对外关系》，中国人民大学出版社 2007 年版，第 66 页。

［20］［比］许秋枫、洪邮生、张志尧:《欧洲的梦想与现实—欧洲统一的历程与前景》，南京大学出版社 2000 年版，第 84 页。

［21］赵晓呼主编:《政党论》，天津人民出版社 2002 年版，第 86 页。

［22］刘东国:《绿党政治》，上海社会科学院出版社 2002 年版，第 318 页。

［23］程卫东、李靖堃译:《欧洲联盟基础条约》，社会科学文献出版社 2010 年版，第 75 页。

［24］方雷、蒋锐:《政治断层带的嬗变—东欧政党与政治思潮研究》，山东大学出版社 2013 年版，第 71 页。

［25］张永桃主编，计秋枫、洪邮生、张志尧：《欧洲的梦想与现实—欧洲统一的历程与前景》，南京大学出版社 2000 年版，第 159 页。

［26］王学东、张文红：《中国共产党和欧洲左翼政党的发展》，中央编译出版社 2011 年版，第 133 页。

［27］孙学峰、阎学通：《国际关系研究实用方法案例选编》，人民出版社 2011 年版，第 32 页。

［28］舒新：《中国共产党对外交往的理论与实践》，山东大学出版社 2008 年版，第 265 页。

［29］张磊：《欧州议会中的党团政治》，北京大学出版社 2013 年版，第 35—185 页。

［30］周余云：《全球化与世界政党变革》，中共中央党校出版社 2007 年版，第 80 页。

［31］曾令良：《欧洲联盟法总论》，武汉大学出版社 2007 年版，第 25 页。

［32］阎小冰、邝杨：《欧洲议会—对世界上第一个跨国议会的概述与探讨》，世界知识出版社 1997 年版，第 42 页。

［33］郭华榕、徐天新：《欧洲的分与合》，京华出版社 1999 年版，第 45 页。

［34］王明进：《欧洲联合背景下的跨国政党》，当代世界出版社 2007 年版，第 243—246 页。

［35］李景治、张小劲：《政党政治视角下的欧洲一体化》，法律出版社 2003 年版，第 62—592 页。

［36］郇庆治：《多重管制视角下的欧洲联盟政治》，山东大学出版社 2002 年版，第 25 页。

［37］陈林、候玉兰：《激进，温和，还是僭越？—当代欧洲左翼政治现象审视》，中央编译出版社 1998 年版，第 32 页。

［38］陶涛：《西欧社会党与欧洲一体化研究》，北京大学出版社 2001 年版，第 60 页。

［39］舒新：《中国共产党对外交往的理论与实践—以与当代西方社会

民主党的关系为例》，山东大学出版社 2010 年版，第 55 页。

［40］姜辉、于海青:《西方世界中的社会主义思潮》，社会科学文献出版社 2012 年版，第 13 页。

［41］于洪君:《剧变中的国际关系与政党情势》，社会科学文献出版社 2016 年版，第 62 页。

［42］史志钦:《全球化与世界政党变革全球化与世界政党变革》，中共中央党校出版社 2007 年版，第 8 页。

［43］张荣臣:《马克思恩格斯政党理论研究》，中央编译出版社 2001 年版，第 53 页。

［44］刘泓:《欧洲联盟：一种新型人们共同体的建构》，中国社会科学出版社 2008 年版，第 67 页。

［45］赵宬斐:《政党政治与政治现代性—基于马克思主义政治哲学视野的研究》，中央编译出版社 2010 年版，第 31 页。。

［46］王世洲:《欧洲共同体法律的制定与执行》，法律出版社 2000 年版，第 15 页。

［47］杨娜:《欧洲治理体系中欧盟理事会权力的嬗变》，南开大学出版社 2013 年版，第 22 页。

［48］倪世雄:《当代西方国际关系理论》，复旦大学出版社 2001 年版，第 36 页。

［49］陆海燕:《新社会运动与当代西方政治变革》，武汉大学出版社 2011 年版，第 25—77 页。

［50］郇庆治:《当代欧洲政党政治选举向度下的西欧社会民主党研究》，山东大学出版社 2007 年版，第 25 页。

［51］张志军:《20 世纪国外社会主义：理论、思潮及流派》，当代世界出版社 2008 年版，第 5 页。

［52］戴炳然:《欧洲共同体条约集》，复旦大学出版社 1993 年版，第 15 页。

［53］姜辉:《欧洲发达国家共产党的变革》，学习出版社 2004 年版，第 87 页。

［54］刘文秀：《欧盟的超国家治理》，社会科学文献出版社2009年版，第5页。

［55］林勋健：《西方政党是如何执政的》，中共中央党校出版社2001年版，第25页。

［56］阎小兵、邝杨：《欧洲议会—对世界上第一个跨国议会的概述与探讨》，世界知识出版社1997年版，第11页。

［57］王韶兴、吕连仁：《政党政治研究第四届中国政党论坛文集》，山东大学出版社2012年版，第63页。

［58］田德文：《欧盟社会政策与欧洲一体化》，社会科学文献出版社2005年版，第5页。

［59］姚勤华：《欧洲联盟集体身份的建构（1951—1995）》，上海社会科学院出版社2003年版，第32页。

［60］吴辉：《西方政党学说史》，时事出版社2015年版，第6页。

［61］雷建锋：《欧盟多层治理与政策》，世界知识出版社2010年版，第11页。

［62］王浦劬：《政治学基础》，北京大学出版社2005年版，第78页。

［63］周穗明：《西方左翼论当代西方社会结构的演变》，江苏人民出版社2008年版，第43页。

［64］潘琪昌主编：《欧洲国际关系》，经济科学出版社2000年版，第57页。

［65］欧共体官方出版局编，苏明忠译：《欧共体基础法》，国际文化出版公司1991年版，第8页。

［66］李巍、王学玉主编：《欧洲一体化理论与历史文献选读》，山东人民出版社2001年版，第86也。

［67］林建华、张有军、李华锋等：《冷战后欧盟诸国社会民主党政坛沉浮研究》，人民出版社2010年版，第56—277页。

［68］杜艳华等：《中国共产党对外党际交流史鉴》，上海人民出版社2011年版，第270—307页。

［69］刘玉安、蒋锐：《从民主社会主义到社会民主主义》，人民出版

社 2010 年版，第 246 页。

［70］黄宗良、孔寒冰主编:《世界社会主义史论》，北京大学出版社 2005 年版，第 188 页。

［71］林勋健:《政党与欧洲一体化》，当代世界出版社 2000 年版，第 62—65 页。

［72］《“改革与创新—当代世界社会主义的理论与实践”学术研讨会暨当代世界社会主义专业委员会 2014 年年会论文集》，社科文献出版社 2014 年版，第 114—124 页。

（二）中文期刊、报纸、译文

［1］轩传树:《欧洲左翼政党现状分析—基于欧洲议会选举的研究》，《社会科学》2010 年第 1 期，第 28 页。

［2］刘文秀:《欧洲议会的权力及其运行机制》，《欧洲》2000 年第 3 期，第 28—29 页。

［3］王明进:《欧盟的跨国政党网络》，《国际关系学院学报》2003 年第 1 期，第 5 页。

［4］林德山:《欧洲左翼政党：概念、分类与结构》，《中国社会科学报》，2011 年 9 月 27 日。

［5］蒋锐:《对当代社会民主主义的几点认识》，《当代世界社会主义问题》2008 年第 4 期，第 78 页。

［6］《民粹主义风潮冲击欧洲》，《新华每日电讯》，2016 年 12 月 6 日。

［7］毛莉:《“第三条道路”式微，欧洲左翼力量走向何方?》，《中国社会科学报》，2015 年 5 月 20 日。

［8］沈丹:《从政党政治看欧洲社会民主党的意识形态右转》，《社会主义研究》2003 年第 3 期，第 128 页。

［9］王学军、张森林:《“第三条道路”与民主社会主义的终结》，《马克思主义研究》2012 年第 11 期，第 126 页。

［10］王强:《关于 20 世纪 80 年代以来欧洲社会民主党转型的综述研究》，《理论界》2010 年第 10 期，第 100 页。

[11] 黎一献:《政治生态语境下欧洲社会民主主义的民主观探析》,《南京航空航天大学学报》2015 年第 3 期,第 6 页。

[12] 姜辉:《西欧传统左翼政党与新社会运动的关系》,《当代世界与社会主义》2003 年第 5 期,第 56 页。

[13] 岳强:《金融危机后欧洲激进左翼共产主义政党该如何发展》,《党团建设》2013 年第 1 期,第 71 页。

[14] 轩传树、朱美荣:《全球金融危机背景下的欧洲极左政党现状分析》,《科学社会主义》2010 年第 6 期,第 141 页。

[15] 王明进:《浅析欧洲议会党团体制》,《欧洲研究》2005 年第 6 期,第 5 页。

[16] 王明进:《欧洲议会党团:一种特殊的政党组织》,《北京行政学院学报》2006 年第 4 期,第 8 页。

[17] 郇庆治:《作为欧洲党的欧洲绿党:以 2009 年欧洲议会选举为例》,《欧洲研究》2009 年第 6 期,第 68 页。

[18] 贾瑞霞:《2014 年欧洲议会选举对中东欧国家政局的影响》,《当代世界》2014 年第 7 期,第 69 页。

[19] 王聪聪:《红绿政治新发展:激进绿色左翼的思考—萨拉·萨卡访谈录》,《中国地质大学学报》2014 年第 6 期,第 109 页。

[20] 张磊:《2014 年欧洲议会选举探析》,《欧洲研究》2014 年第 7 期,第 5 页。

[21] 姜辉:《西方左右翼政治划分面临的挑战及其继续存在的可能性—兼论西方左翼的发展前途》,《马克思主义研究》2005 年第 5 期,第 89—90 页。

[22] 赵伯英:《2009 年欧洲议会选举及其影响》,《当代世界》2009 年第 9 期,第 23 页。

[23] 蒯正明、蒋苗苗:《主权债务危机背景下欧洲左翼政党发展的状况及其评析》,《江西师范大学学报》2013 年第 6 期,第 27 页。

[24] 田德文:《欧洲左翼的彷徨与转型》,《人民论坛》2017 年第 5 期,第 123 页。

[25] 王聪聪:《比较视野下的欧洲激进左翼政党选举支持探析》,《欧洲研究》2017 年第 3 期, 第 65—68 页。

[26] 王军、赵献梓:《危机与重建: 从 2009 年欧洲议会选举看欧洲社会民主党的现实困境》,《当代世界与社会主义》2010 年第 1 期, 第 60 页。

[27] 史志钦、刘力达:《民族主义、政治危机与选民分野—2014 年欧洲议会选举中极右翼政党的崛起》, 《当代世界与社会主义》2015 年第 2 期, 第 114 页。

[28] 郇庆治:《2014 年欧洲议会选举中的欧洲绿党: 以中东欧国家为中心》,《国外理论动态》2015 年第 1 期, 第 99—101 页。

[29] 项佐涛:《中东欧政党政治的“欧洲化”程度研究》,《当代世界与社会主义》2013 年第 2 期, 第 84 页。

[30] 王聪聪:《欧洲多重危机背景下的激进左翼政党》,《当代世界社会主义问题》2017 年第 1 期, 第 85 页。

[31] 刘春元、石方方:《欧洲危机与欧洲左翼党的主张—欧洲左翼党第五次代表大会综述》,《世界社会主义研究》2017 年第 5 期, 第 84 页。

[32] 牛田盛:《社会主义是及时和必要的—2013 年欧洲共产党会议述评》,《马克思主义研究》2014 年第 3 期, 第 142 页。

[33] 刘春元:《2014 年欧洲共产党会议述评》, 《江西师范大学学报》2015 年第 7 期, 第 34 页。

[34] 王喜满、苏莉佳、张晓曼:《2017 年欧洲共产党会议的理论主张、主要特点和简要评价》, 《当代世界与社会主义》2017 年第 5 期, 第 81 页。

[35] 游楠、张皓:《欧洲议会三大左翼党团间政策趋同和差异比较研究》,《学术探索》, 2019 年第 12 期, 第 39 页。

[36] 王喜满、王子凤:《1999—2011 年世界“共产党和工人党国际会议”评析》,《马克思主义研究》2012 年第 4 期, 第 114 页。

[37] 张莉、徐家林、单超:《欧洲联合左翼联盟/北欧绿色左翼的政治主张及其凝聚力》,《当代世界与社会主义》2015 年第 5 期, 第 88 页。

[38] 王瑜:《欧洲议会中的跨国党团》, 《学习时报》, 2008 年 8 月

4 日。

［39］李宏：《欧盟层面政党：构成、功能及其走势》，《当代世界社会主义问题》2010 年第 1 期，第 87 页。

［40］《“欧洲激进左翼”：一支活跃在欧洲政坛的新生政治力量》，《马克思主义研究》2014 年第 3 期，第 19 页。

［41］张文红：《欧洲左翼力量的现状、困境与前景》，《当代世界》2017 年第 4 期，第 43 页。

［42］张磊：《2014 年欧洲议会选举探析“欧洲选举”还是“次等国内选举”?》，《欧洲研究》2014 年第 4 期，第 140 页。

［43］王聪聪：《欧洲左翼党的欧洲重建方案》，《中国社会科学报》，2014 年 5 月 28 日。

［44］陈子飞：《后危机时代欧洲左翼政党的整体价值取向及政治诉求》，《中共天津市委党校学报》2017 年第 2 期，第 60—61 页。

［45］邢文增：《“国际共产主义运动：变动世界中的国外激进左翼”学术研讨会综述》，《马克思主义研究》2014 年第 8 期，第 148 页。

［46］姜辉：《西方左右翼政治划分面临的挑战及其继续存在的可能性—兼论西方左翼的发展前途》，《马克思主义研究》2005 年第 5 期，第 85 期。

［47］史志钦：《欧洲社会民主党的转型与困境》，《人民论坛》2013 年第 12 期，第 73 页。

［48］丁琳琳，俞蕾：《欧洲绿党在政府行为上的角色研究》，《才智》2009 年第 3 期，第 247 页。

［49］夏庆宇：《谈当前欧洲左翼运动研究中的三个问题》，《中共南京市委党校学报》2017 年第 3 期，第 52 页。

［50］史志钦：《多重危机下的欧洲政治社会极化趋势研究》，《学术前沿》2017 年第 2 期，第 8—17 页。

［51］赵刚印：《债务危机背景下的欧洲左翼政党：现实困境与发展前景》，《中共天津市委党校学报》2013 年第 2 期，第 25 页。

［52］王喜满、王子凤：《1999—2011 年世界“共产党和工人党国际会

议”评析》,《马克思主义研究》2012 年第 4 期，第 146 页。

[53] 王聪聪:《欧洲多重危机背景下的激进左翼政党》,《当代世界社会主义问题》2017 年第 1 期，第 83 页。

[54] 史志钦、刘力达:《民粹主义的蔓延与欧洲的未来》,《红旗文稿》2017 年第 8 期，第 34—35 页。

[55] 苑芳江:《当前西方社会运动与世界社会主义前景》,《国外社会科学》2017 年第 3 期，第 29 页。

[56] 周全华:《列宁语境中的民粹主义释义》,《政治学研究》2014 年第 2 期，第 51 页。

[57] 张可:《民粹主义阴云笼罩下的欧盟：2016 年欧盟形势特点》,《当代世界》2017 年版第 1 期，第 16 页。

[58] 林德山:《欧洲政治右倾化与欧洲政党政治的变化趋势》,《当代世界》2002 年第 9 期，第 31 也。

[59] 林德山:《十字路口的欧洲社会民主主义：现实挑战与争论问题》,《当代世界与社会主义》2016 年第 3 期，第 141 页。

[60] 陈晨:《作为“关键少数”的欧洲社会党》,《中国社会科学报》，2016 年 11 月 24 日。

[61] 谷宇:《“左翼政党—国际发展趋势”国际学术研讨会综述》,《上海行政学院学报》2012 年第 1 期，第 110 页。

[62] 郇庆治:《绿党的欧洲化与欧洲民主：功能与局限》,《欧洲研究》2006 年第 6 期，第 99—103 页。

[63] 林德山:《欧洲左翼政党的现状与前景》,《当代世界》2015 年第 8 期，第 59—61 页。

[64] 王燕:《欧洲的困境与社会党的未来》,《当代世界社会主义问题》2017 年第 1 期，第 78 页。

[65] 姬文刚:《当前东欧左翼政党面临的问题及其前景分析—以波兰、匈牙利、捷克为主要分析对象》,《当代世界与社会主义》2014 年第 5 期，第 82 页。

[66] 苑芳江:《当前西方社会运动与世界社会主义前景》,《国外社会

科学》2017 年第 3 期，第 28 页。

［67］张伟:《民粹主义风潮冲击欧洲》,《新华每日电讯》，2016 年 12 月 6 日。

［68］［德］英格·索尔提，寇静娜编译，林德山校:《全球资本主义第四次机体危机背景下左翼和世界社会主义的未来》,《当代世界与社会主义》2014 年第 3 期，第 28 页。

［69］［奥］约瑟夫·鲍姆，刘琦译:《欧洲左翼面临的多重挑战与社会生态转型》,《国外社会科学》2017 年第 3 期，第 14 页。

［70］［俄］K. 琼科夫:《通向社会主义的途径》,《马克思主义研究》2015 年第 9 期，第 13 页。

［71］［英］托尼·布莱尔:《唯有强大的中间派才能抵御民粹主义的兴起》,《中国新闻周刊》2017 年第 2 期，第 26 页。

［72］［捷］吉瑞·胡德克，闻牧译:《左翼力量在欧洲—东西欧的不同经历对于合作与统一的挑战》，《国外理论动态》2009 年第 12 期，第 38 页。

（三）中文网站

［1］驻欧盟使团经商参处:《欧洲议会社会党团主席撰文纪念欧盟 60 周年，展望未来》，2017 年 3 月 6 日 http：//www. mofcom. gov. cn/article/i/jyjl/m/201703/20170302528298. shtml。（上网时间：2017 年 3 月 6 日）

［2］杨迅、杜一菲等:《习近平总书记中国共产党与世界政党高层对话会主旨讲话引发国际社会热议》，2017 年 12 月 4 日 http：//www. china. com. cn/news/2017 - 12/04/content_41965139. html。（上网时间：2017 年 12 月 4 日）

［3］孟娜、徐剑梅:《国家主席习近平在布鲁塞尔会见欧洲议会议长舒尔茨》，2016 年 3 月 31 日 http：//www. gov. cn/xinwen/2014 - 03/31/content_2650587. html。（上网时间：2016 年 3 月 31 日）

［4］张朔:《刘云山会见欧洲议会社会党党团代表团》，新华网，2015 年 10 月 11 日，http：//www. xinhuanet. com/politics/2015 - 06/17/c_1115651291. html。（上网时间：2015 年 10 月 11 日）

［5］谭晶晶：《孙春兰会见欧洲议会左翼联盟党团代表团》，人民网，2016 年 10 月 11 日 http：//cpc. people. com. cn/n1/2016/1011/c64094 – 28770142. html。（上网时间：2016 年 10 月 11 日）

［6］鲁金博：《第 19 届世界共产党与工人党国际会议在圣彼得堡召开》，新华网，2017 年 11 月 3 日，http：//www. xinhuanet. com/world/2017 – 11/03/c_1121903736. html。（上网时间：2017 年 11 月 3 日）

二、英文文献

（一）英文著作

［1］Hix，Simon，A. Noury，and G. Roland，“Democratic Politics in the European Parliament”，Cambridge：Cambridge University Press，2007.

［2］Benoit，Kenneth，Michael Laver，“Party Policy in Modern Democracies”，London：Routledge，2006.

［3］Zielonka，J，“Explaining Euro – paralysis：why Europe is unable to act in international politics”，Basingstoke：Macmillan，1998.

［4］E. Hass，“The Uniting of Europe”，California：Staford University Press，1958.

［5］Pauwels T，“Populism in Western Europe：Comparing Belgium，Germany and the Netherlands”，Abingdon：Routledge，2014.

［6］Stefano Bartolini，“The political mobilization of the European left，1860 – 1980：the class cleavage”，Cambridge，UK；New York：Cambridge University Press，2000.

［7］Kreppel，Amie，“The European Parliament and Supranational Party System”，Cambridge：Cambridge University Press，2002.

［8］Richard Corbett，Francis Jacobs，Michael Shackleton，“The European Parliament”，London：John Harper Publishing，2000.

［9］Bomberg，E，“Green parties and politics in the European Union”，London：Routledge. 1998.

［10］Corbett，Richard，Francis Jacobs and Michael Shackleton，“The

European Parliament. 7th edition", London: John Harper Publishing, 2007.

[11] Elizabeth Bomberg, "Green Parties and Politics in the European Union", London and NewYork: Routledge, 1998.

[12] Emile Noel, "Working together: the Institutions of the European Community", Luxembourg: Office of Official Publications of the European Communities, 1994.

[13] Emil Joseph kirchner, "The European Parliament: Performance and Prospects" Aldershot, Hapshire: Gower Pub. Co. Ltd. , 1984.

[14] Martin Holland, "European Community Integration", London: Pinter Publisher, 1993.

[15] Palmer, Michael, "European Parliament: What It Is, What It Does, How It Works", Oxford: Pergamon Press, 1981.

[16] Weale, A. , et al. , "Environmental governance in Europe", Oxford: Oxford University Press, 2000.

[17] Paul Magnette, "What is the European Union? Nature and Prospects", Basingstoke: MacMillan, 2005.

[18] Michael Newman, "After the "Permissive Consensus", in J. Richardson (ed.), European Union: Power and Policy Making. London: Routledge, 2006.

[19] Stefano Bartolini, "Restructuring Europe", Oxford: Oxford University Press, 2005.

[20] Duch R and Stevenson R, "The Economic Vote: How Political and Economic Institutions Condition Election Results", Cambridge: Cambridge University Press, 2008.

[21] Henjak A, "Socioeconomic Change, Changing Political Cleavages, and the Emergence of New Parties", Budapest: Central European University, 2009.

[22] Kriesi H, Grande E, Lachat R, et al, "West European Politics in the Age of Globalization", Cambridge: Cambridge University Press, 2008.

[23] Meguid B, "Party Competition between Unequals: Strategies and E-

lectoral Fortunes in Western Europe", Cambridge: Cambridge University Press, 2005.

[24] Smilov D and Toplak J, "Political finance and corruption in eastern Europe: The transition Period", Hampshire: Ashgate, 2007.

[25] Sartori G, "Parties and party systems: A framework for analysis", Cambridge: Cambridge University Press, 1976.

[26] Norris P (ed.). "Passages to power: Legislative recruitment in advanced democracies", Cambridge: Cambridge University Press, 1997.

[27] Taggart P, "Populism", Buckingham: Open University Press, 2000.

[28] Budge I and Farlie D, "Explaining and Predicting Elections: Issue Effects and Party Strategies in Twenty - three Democracies", London: Taylor & Francis, 1983.

[29] Laver, M., & Shepsle, K, "Making and breaking governments: Cabinets and legislatures in parliamentary democracies", Cambridge, UK: Cambridge University Press, 1996.

[30] Van der Brug W, Van der Eijk C and Franklin M, "The Economy and the Vote: Economic Conditions and Elections in Fifteen Countries", Cambridge: Cambridge University Press, 2007.

[31] Burgess, M, "Federalism and European Union: The Building of Europe, 1950 - 2000", London: Routledge, 2000.

[32] Mudde C, "Populist Radical Right Parties in Europe", Cambridge: Cambridge University Press, 2007.

[33] Best H and Cotta M (eds), "Parliamentary representatives in Europe, 1848 - 2000, Legislative recruitment and careers in eleven European countries", Oxford: Oxford University Press, 2000.

[34] Borg I and Groenen PJ, "Modern Multidimensional Scaling: Theory and Applications", New York: Springer Science &Business Media, 2005.

[35] Mahoney C, "Brussels versus the Beltway: Advocacy in the United

States and the European Union", Washington: Georgetown University Press, 2008.

[36] Greenwood J, "Interest Representation in the European Union", Basingstoke: Palgrave Macmillan, 2011.

[37] Griffiths, R. T, "Europe's First Constitution. The European Political Community, 1952 – 1954", London: The Federal Trust, 2000.

[38] Earnshaw D and Judge D, "The European Parliament", London: Routledge, 2003.

[39] Greenwood J, "Interest Representation in the European Union", Basingstoke: Palgrave Macmillan, 2011.

[40] Kriesi H, Grande E, Lachat R, et al, "West European Politics in the Age of Globalization", Cambridge: Cambridge University Press, 2008.

[41] Pogunkte T, Aylott N, Carter E, Ladrech R and Luther KR, "The Europeanization of National Political Parties", London: Routledge, 2007.

[42] Pauwels T, "Populism in Western Europe: Comparing Belgium, Germany and The Netherlands", New York: Routledge, 2014.

[43] Wessels W, Maurer A and Mittag J, "Fifteen into One? The European Union and its Member States", Manchester: Manchester University Press, 2003.

[44] March L, "Radical Left Parties in Europe", London: Routledge, 2011.

[45] Taggart P, "Populism: Concepts in the Social Sciences", Buckingham: Open University Press, 2000.

[46] Rittberger, B, "Building Europe's parliament: Democratic representation beyond the nation state", Oxford: Oxford University Press, 2005.

[47] Schlesinger, Philip and Deirdre Kevin, "Can the European Union Become a Sphere of Publics? In E. O. Eriksen and J. E. Fossum (eds.), "Democracy in the European Union: Integration through Deliberation?", London: Routledge, 2000.

[48] Hefftler, C., Neuhold, C., Rozenberg, O., & Smith, J. (Eds.), "The Palgrave handbook of national parliaments", London: Palgrave, Macmillan, 2015.

[49] Klingemann, H. – D., A. Volkens, J. Bara, and I. Budge, "Mapping Policy Preferences II", Oxford: Oxford University Press, 2007.

[50] Thomassen, Jacques, ed, "The Legitimacy of the European Union after Enlargement", Oxford: Oxford University Press, 2009.

[51] Westlake, M, "A Modern Guide to the European Parliament", London: Pinter, 1994.

[52] Wessels, Bernhard, "Performance and Deficits of Present – Day Representation", in S. Alonso, J. Keane and W. Merkel (eds.), "The Future of Representative Democracy", New York: Cambridge University Press, 2011.

[53] Lightfoot, S, "Europeanizing social democracy? The Rise of the PES", Oxford: Routledge, 2005.

[54] O'Brennan, J., & Raunio, T. (Eds.), "National parliaments within the enlarged European Union: From 'victims' of integration to competitive actors?" Abingdon: Routledge, 2007.

[55] Cox, G. W. and McCubbins, M. D, "Setting the Agenda", Cambridge: Cambridge University Press, 2005.

[56] Ringe, Nils, "Who Decides and How? Preferences, Uncertainty and Policy Choice in the European Parliament", Oxford: Oxford University Press, 2010.

[57] Heywood, Andrew. "Politics", Houndmills: Macmillan, 1997.

[58] Hanley, D, "Beyond the Nation State", London: Palgrave Macmillan, 2008.

[59] Dalton, R, "Democratic Challenges, Democratic Choices: The Erosion of Political Support in Advanced Industrial Democracies", Oxford: Oxford University Press, 2004.

[60] Wille, A, "The normalization of the European Commission: politics

and bureaucracy in the EU executive", Oxford: Oxford University Press, 2013.

（二）英文期刊

[1] Hix, Simon, and Abdul Noury, "After Enlargement: Voting Patterns in the European Parliament", Legislative Studies Quarterly, Vol. 34, 2009, pp. 159 – 174.

[2] Simon Hix, "Towards a partisan theory of EU politics. Journal of European Public Policy", Vol. 12, 2008, pp. 1254 – 1265.

[3] Whitman, R., and A. Juncos, "The Lisbon treaty and the foreign, security and defence policy: reforms, implementation and the consequences of (non –) ratification. European Foreign Affairs", Vol, 14, 2009, pp. 25 – 46.

[4] Richard Rose, GabrielaBorz, "Aggregation and Representationin European Parliament Party Groups", West European Politics, Vol. 36, 2013, pp. 474 – 497.

[5] Albright, Jeremy J, "The Multidimensional Nature of Party Competition", Party Politics, 2010, Vol. 16, pp. 699 – 720.

[6] Claes H. de Vreese, Susan A. Banducci, Holli A. Semetko, Hajo G. Boomgaarden, "The News Coverage of the 2004 European ParliamentaryElection Campaign in 25 Countries", European Union Politics, 2006, Vol. 7, pp. 477 – 504.

[7] Christopher Lord, "What Role for Parties in Eu Politics?" Journal of European Integration, 2002, Vol. 24, pp. 39 – 52.

[8] Coultrap, John, "From Parliamentarism to Pluralism: Models of Democracyand the European Union's "Democratic Deficit", Journal of Theoretical Politics, 1999, Vol. 11, pp. 107 – 35.

[9] Thomas Diez, Ian Manners, Richard G. Whitman, "The ChangingNature of International Institutions inEurope: the Challenge of the European Union", Journal of European Integration, 2011, Vol. 33, pp. 117 – 138.

[10] Alberto Alesina, Nazio Angelon and Ludger Schuknecht, "What does the European Union do?", Public Choice, 2005, Vol. 123, pp. 275 – 319.

［11］ Michael Minkenberg, "The West European Radical Right as a CollectiveActor: Modeling the Impact of Cultural and Structural Variables on Party Formation and Movement Mobilization", Comparative European Politics, 2003, Vol. 1, pp. 149 – 170.

［12］ Van de Steeg, Marianne, "Public Accountability in the European Union: Is the European Parliament able to hold the European Councilaccountable?" European Integration online Papers: 2009, Vol. 8, p. 18.

［13］ Richard Whitaker, Philip Lynch, "Understanding the Formation andActions of Eurosceptic Groups in the European Parliament: Pragmatism, Principles and Publicity", Government and Opposition, 2014, Vol. 49, pp. 232 – 263.

［14］ Nathalie Brack, "The roles of Eurosceptic Membersof the European Parliament andtheirimplications for the EU", International Political Science Review, 2015, Vol. 36, pp. 337 – 350.

［15］ Robert W. Knecht, "A Commentary on the Insitutional and Political Aspects of Regional Ocean Governance", Ocean&Coastal Management, 1994, Vol. 24, pp. 42 – 43.

［16］ Simon Hix, "Towards a partisan theory of EU politics", Journal of European Public Policy, No. 12, 2008, pp. 1254 – 1265.

［17］ Jonathan White, "Transnational partisanship: idea and practice", Critical Review of International Social and Political Philosophy, 2014, Vol. 17, pp. 377 – 400.

［18］ Lukas Pukelis, "The role of parliamentary committee chairs in coalition governments: office and policy theses reconsidered", East European Politics, Vol. 32, No. 2, 2016, p. 218.

［19］ Dominic Hoeglinger, "The politicisation of European integration in domestic election campaigns", West European Politics, 2016, Vol. 39, No. 1, p. 60.

［20］ Rita Marcella, Graeme Baxter and Sylvie Davies, "The information needs and information – seeking behaviour of the users of the European Parliamentary Documentation Centre: A customer knowledge study", Journal of Documentation, 2007, Vol. 63, No. 6, p. 926.

[21] Takis poulos, "The European Left and the myth of the European social model", The International Journal of inclusive democracy, Vol. 2, No. 14, 2006, p. 12.

[22] Herbert Kitschelt, "The Comparative Analysis of Electoral and Partisan Politics: A Comment on a Special Issue of West European Politics", West European Politics, Vol. 33, No. 13, 2010, p. 666.

[23] Hermann Schmitt and Eftichia Teperoglou, "The 2014 European Parliament Elections in Southern Europe: Second – Order or Critical Elections?" South European Society and Politics, Vol. 20, No. 3, 2015, pp. 287 – 309.

[24] Fabio García Lupato, "Talking Europe, Using Europe: The EU and Parliamentary Competition in Italy and Spain (1986 – 2006)", The Journal of Legislative Studies, Vol. 20, No. 1, 2014, p. 36.

[25] Silke Adam, Eva – Maria Antl – Wittenberg, Beatrice Eugster, Melanie Leidecker – Sandmann, Michaela Maier, Franzisca Schmidt, "Strategies of pro – European parties in the face of a Eurosceptic challenge", European Union Politics, Vol. 1, 2000, pp. 1 – 23.

[26] Adam S, "Domestic adaptations of Europe: A comparative study of the debates on EU enlargement and a common constitution in the German and French quality press", International Journal of Public Opinion Research, 2007, Vol. 19, No. 4, p. 411.

[27] Charlotte Burns, Neil Carter, Graeme A. M. Davies & Nicholas Worsfold, "Still saving the earth? The European Parliament's environmental record", Environmental Politics, 2013, Vol. 22, No. 6, p. 936.

[28] Burns, C. Who pays? Who gains? How do costs and benefits shape the influence of the European Parliament?" Journal of Common Market Studies, 2005, Vol. 43, No. 3, p. 486

[29] Tsebelis, G. and Garrett, G., "Legislative politics in the European

Union", European Union Politics, 2000, Vol. 1, No. 1, p. 28.

[30] Simon Lightfoot, "Representative Politics in the European Parliament?" The International Journal of Human Rights, Vol. 12, No. 2, 2008, p. 290.

[31] Luis Ramiro and Raul Gomez, "Radical – Left Populism during the Great Recession: Podemos and Its Competition with the Established Radical Left", Political Studies, Vol. 3, 2016, p. 5.

[32] Stanley B, "The Thin Ideology of Populism", Journal of Political Ideologies, Vol. 13, No. 1, 2008, p. 98.

[33] Van der Brug W, Fennema M and Tillie J, "Anti – Immigrant Parties in Europe: Ideological or Protest Vote", European Journal of Political Research, Vol. 37, 2000, pp. 77 – 102.

[34] Sergiu Gherghina, Mihail Chiru, "Practice and payment: Determinants of candidate list position in European Parliament elections", European Union Politics, Vol. 11, No. 4, 2010, p. 551.

[35] Patzelt WJ, "Recruitment and retention in western European parliaments", Legislative studies quarterly, Vol. 24, No. 2, 1999, p. 269.

[36] Iskander De Bruycker, "Power and position: Which EU party groups do lobbyists prioritize and why?" Party Politics, Vol. 22, No. 4, 2016, p. 555.

[37] De Bruycker I and Beyers J, "Balanced or biased: interest groups and legislative lobbying in the European news media", Political Communication, Vol. 32, 2015, p. 456.

[38] Beyers J, "Gaining and seeking access: the European adaptation of domestic interest associations", European Journal of Political Research, Vol. 41, 2002, p. 586.

[39] Holyoke TT, "Choosing battlegrounds: interest group lobbying across multiple venues", Political Research Quarterly, Vol. 56, 2003, p. 328.

[40] Rasmussen A. Interest group – party interaction in EU politics", Party Politics, 2012, Vol. 1, No. 18, p. 88.

[41] Scarrow SE, "Political career paths and the European parliament. Legislative studies Quarterly, 1997, Vol. 22, No. 2, p. 256.

[42] Carol Mershon, Olga Shvetsova, "Parliamentary Cycles and Party Switching in Legislatures", Comparative Political Studies, 2008, Vol. 41, p. 100.

[43] Anne Rasmussen, "Interest group – party interaction in EU politics", Party Politics, Vol. 18, No. 1, 2016, p. 90.

[44] Kriesi HP, "Tresch A and Jochum M. Going public in the European Union: Actor repertoires of Western European collective political actors", Comparative Political Studies, Vol. 40, No. 1, 2007, p. 66.

[45] Matthijs Rooduijn and Tjitske Akkerman, "Flank attacks: Populism and left – right radicalism in Western Europe", Party Politics, Vol. 1, 2016, pp. 1 – 12.

[46] Rydgren J, "Is extreme right – wing populism contagious? Explaining the emergence of a new party family", European Journal of Political Research, Vol. 44:, 2005, p. 423.

[47] Arzheimer K. Contextual factors and the extreme right vote in Western Europe 1980 – 2002", American Journal of Political Science, Vol. 53, No. 2, 2009, p. 268.

[48] Canovan M, "Populism for political theorists?" Journal of Political Ideologies, Vol. 9, No. 3, 2004, p. 242.

[49] Zaslove A, "The populist radical right in government: The structure and agency of success and failure", Comparative European Politics, Vol. 1, 2001, pp. 1 – 28.

[50] Tsebelis, G., & Yataganas, X, "Veto players and decision – making in the EU after nice: Policy stability and bureaucratic/judicial discretion", Journal of Common Market Studies, Vol. 40, No. 2, 2002, p. 288.

[51] Nils Ringe, Democratic Politics in the European Parliament", West European Politics, Vol. 31, No. 2, 2008, p. 628.

[52] Christine Neuhold & Anna – Lena Högenauer, "An information network of officials? Dissecting the role and nature of the network of parliamentary representatives in the European Parliament", The Journal of Legislative Studies, Vol. 22, No. 2, 2016, p. 239.

[53] Hooghe L, Marks G and Wilson CJ, "Does left/right structure party positions on European integration?" Comparative Political Studies, Vol. 35, No. 8, 2002, p. 988.

[54] Checkel, J, " 'Going native' in Europe? Theorizing social interaction in European institutions", Comparative Political Studies, Vol. 36, No. 1, 2003, p. 215.

[55] Ferrara, F. & Weishaupt, T, "Get your Act Together: Party Performance in European Parliament Elections", European Union Politics, Vol. 5, No. 3, 2004, p. 286.

[56] Wonka A, Baumgartner F, Mahoney C and Berkhout J, "Measuring the size and scope of the EU interest group population", European Union Politics, Vol. 11, No. 3, 2010, p. 468.

[57] Reh, C, "Pre – cooking the European constitution? The role of government representatives in EU reform", Journal of European Public Policy, Vol. 14, No. 8, 2007, p. 1190.

[58] Mattila, Mikko, and Tapio Raunio, "Drifting further Apart: National Parties and their Electorates on the EU Dimension", West European Politics, Vol. 35, No. 3, 2012, p. 600.

[59] Stokman, F. and R. Thomson, "Winners and Losers in the European Union", European Union Politics, Vol. 5, No. 5, 2004, p. 23.

[60] Babak Amini, "Situating the Radical Left in Contemporary Europe", Socialism and Democracy, Vol. 29, No. 3, 2015, p. 18.

[61] Luis Raniro, "Support for radical left parties in Western Europe: social background, ideology and political orientations", European Political Science Review, Vol. 8, No. 1, 2016, p. 23.

［62］ Juncos, A. , & Pomorska, K, “Invisible and unaccountable? National representatives and council officials in EU foreign policy”, Journal of European Public Policy, Vol. 18, No. 8, 2011, p. 1011.

［63］ Muller, W. C, “Political Parties in Parliamentary Democracies: Making Delegation and Accountability Work”, European Journal of Political Research, Vol. 37, 2000, p. 320.

［64］ Sergio Fabbrini, “The European Union and the Puzzle of Parliamentary Government”, Journal of European Integration, Vol. 37, No. 5, 2015, p. 578.

［65］ Zaslove A, “Here to stay? Populism as a new party type”, European Review, Vol. 16, No. 3, 2008, p. 321.

［66］ Maurer, A. , Parkes, R. and Wagner, M, “Explaining Group Membership in the European Parliament: The British Conservatives and the Movement for European Reform”, Journal of European Public Policy, Vol. 15, No. 2, 2008, p. 252.

［67］ Lord, Christopher J. , and Johannes Pollak, “The EU's Many Representative Modes: Colliding? Cohering?” Journal of European Public Policy, Vol. 17, No. 1, 2010, p. 123.

［68］ Johan Hellström, “Partisan responses to Europe: the role of ideology for national political parties' positions on European integration”, Journal of European Public Policy, Vol. 15, No. 2, 2008, p. 190.

［69］ Ray, L, “Validity of measured party positions on European integration: assumptions, approaches, and a comparison of alternative measures”, Electoral Studies, Vol. 26, No. 2, 2007, p. 16.

［70］ Puetter, U, “Europe's deliberative intergovernmentalism: the role of the Council and European Council in EU economic governance”, Journal of European Public Policy, Vol. 19, No. 2, 2012, p. 168.

［71］ Kriesi H, “The role of European integration in national election campaigns”, European Union Politics, Vol. 8, No. 1, 2007, p. 85.

［72］ Gayil Talshirm,“Knowing right from left: The politics of identity between the radical left and far right”, Journal of Political Ideologies, Vol. 10, No. 3, 2005, p. 312.

［73］ Karlas J,“National parliamentary control of EU affairs: Institutional design after Enlargement”, West European Politics, Vol. 35, No. 5, 2012, p. 1096.

［74］ Williams C and Spoon JJ,“Differentiated party response: The effect of Euroskeptic public opinion on party positions”, European Union Politics, Vol. 16, No. 2, 2015, p. 186.

［75］ Mattila M and Raunio T,“Drifting further apart: National parties and their electorates on the EU dimension”, West European Politics, Vol. 35, No. 3, 2015, p. 590.

［76］ Karlas J,“Parliamentary control of EU affairs in central and eastern Europe: Explaining the variation”, Journal of European Public Policy, Vol. 18, No. 2, 2011, pp. 258 – 273.

［77］ Berthold Rittberger,“No integration without representation! European integration, parliamentary democracy, and two forgotten Communities”, Journal of European Public Policy, Vol. 13, No. 8, 2006, p. 1211.

（三）英文网站

［1］ EFDD. Directdemocracy, http: //www. efddgroup. eu/about – us/direct – democray.

［2］ ENF. Charter, http: //www. enfgroup – ep. eu/charter/.

［3］ PES historyhttps: //www. pes. eu/en/about – us/history/.

［4］ PES. The Party, https: //www. pes. eu/en/about – us/the – party/.

［5］ EG. Organisation, https: //europeangreens. eu/organisation.

［6］ EL. Member party, http: //www. european – left. org/about – el/member – parties.

［7］ Greens/EFA,“About the Group”, Jan. 5th, 2018, https: //www. greens – efa. eu/en/our – group/about – greens – efa/.（上网时间：2018 年 1

月 5 日）

［8］ Greens/EFA，“The EU must become a world leader on renewable. Renewable Energy Directive”，https：//www. greens – efa. eu/en/article/press/the – eu – must – become – a – world – leader – on – renewables/. （上网时间：2018 年 1 月 7 日）

［9］ EUROPEAN LEFT，“let's create a different europe!”，Mar. 3rd，2020，https：//www. european – left. org/wp – content/uploads/2019/01/7392 – 01_EL_Wahlpr19_A6_EN_V02_190321. pdf. （2020 年 3 月 3 日）

［10］ GUE/NGL European United Left/Nordic Green Left，“About the group”，Mar. 3rd，2020，https：//www. guengl. eu/about – the – group/. （2020 年 3 月 3 日）

［11］ GUE/NGL，“Another Voice in the European Parliament”，June. 1st，2017，http：//www. guengl. eu/showPage. php? ID = 10218 $ LANG = 1&GLANG = 1. （上网时间：2017 年 6 月 1 日）

［12］ The GREENS/EFA in the European Parliament，“About the Group”，Mar. 3rd，2020，https：//www. greens – efa. eu/en/our – group/about – greens – efa/. （上网时间：2020 年 3 月 3 日）

［13］ Manifesto 2019，“Time to renew the promise of Europe”，Mar. 2nd，2020，https：//europeangreens. eu/sites/europeangreens. eu/files/8. % 20PROOFREAD% 20Adopted% 20% 20EGP% 20Manifesto% 202019. pdf. （上网时间：2020 年 3 月 2 日）

［14］ Cas Mudde，“The European Parliament Elections Show the Increasingly Fragmented Nature of European Party Systems”，Jun. 12th，2016，http：//blogs. lse. ac. uk/europpblog/2014/06/12/the – european – parliament – elections – show – the – increasingly – fragmented – nature – of – european – party – systems/. （上网时间：2016 年 6 月 12 日）

［15］ “Browse table MEPs by Member State and political group”，https：//www. europarl. europa. eu/meps/en/search/table；“Parliament's seven political groups”，Mar. 3rd，2020，https：//www. europarl. europa. eu/news/en/headlines/eu – affairs/20190612STO54311/parliamet – s – seven – political – groups.（上网时间：2020 年 3 月 3 日）

［16］“Political groups of the European Parliament”，Mar. 3rd，2020，https：//en. wikipedia. org/wiki/Political_groups_of_the_European_Parliament# Social_Democats.（上网时间：2020 年 3 月 3 日）

［17］PES，“PES Fundamental Program”，May. 2nd，2017，http：//www. pes. eu.（上网时间：2017 年 5 月 2 日）S&D，“Policies”，May. 2nd，2017，http：//www. socialistsanddemocrats. eu/policies.（上网时间：2017 年 5 月 2 日）

［18］S&D，“Development co – operation & humanitarian aid”，May. 2nd，2017，http：//www. socialistsanddemocrats. eu/policies/development – co – operation – humanitarian – aid – 0.（上网时间：2017 年 5 月 2 日）

［19］S&D，“Policies”，May. 2nd，2017，http：//www. socialistsanddemocrats. eu/policies.（上网时间：2017 年 5 月 2 日）

［20］S&D，“EU migration debate：European Socialists and Democrats urge reason and real facts ahead of JHACouncil”，Dec. 4th，2019，http：//www. socialistsanddemocrats. eu/newsroom/eu – migration – debate – european – socialists – and – democrats – urge – reason – and – real – facts – ahead – jha.（上网时间：2019 年 12 月 4 日）

［21］S&D，Economic affairs，tax & the EU budget，Dec. 4th，2019，http：//www. socialistsanddemocrats. eu/policies/economic – affairs – tax – eu – budget – 0.（上网时间：2019 年 12 月 4 日）

［22］S&D，“Industry research energy”，Dec. 14th，2019，http：//www. socialistsanddemocrats. eu/policies/industry – research – energy – 0.（上网时间：2019 年 12 月 14 日）

［23］S&D，“Internal market consumer protection”，Dec. 14th，2019，http：//www. socialistsanddemocrats. eu/policies/internal – market – consumer – protection – 1.（上网时间：2019 年 12 月 14 日）

［24］S&D，“International trade globalization”，Dec. 14th，2019，http：//www. socialistsanddemocrats. eu/policies/international – trade – globalisation. （上网时间：2019 年 12 月 14 日）

［25］ S&D，“Culture education”，Nov. 24th，2017，http：//www. socialistsanddemocrats. eu/policies/culture – education – 1. （上网时间：2017 年 11 月 24 日）

［26］ S&D，“Development co operation humanitarian aid”，Nov. 24th，2017，http：//www. socialistsanddemocrats. eu/policies/development – co – operation – humanitarian – aid – 0. （上网时间：2017 年 11 月 24 日）

［27］ S&D，“Environment health agriculture fisheries”，Aug. 15th，2017，http：//www. socialistsanddemocrats. eu/policies/environment – health – agriculture – fisheries – 0. （上网时间：2017 年 8 月 15 日）

［28］ S&D，“Transport，tourism，regions”，Aug. 15th，2017，http：//www. socialistsanddemocrats. eu/policies/transport – tourism – regions – 0. （上网时间：2017 年 8 月 15 日）

［29］ S&D，“Employment social affairs gender equality”，Aug. 15th，2017，http：//www. socialistsanddemocrats. eu/policies/employment – social – affairs – gender – equality – 0. （上网时间：2017 年 8 月 15 日）

［30］ S&D，“Justice liberties citizenship home affairs”，Jul. 15th，2017，http：//www. socialistsanddemocrats. eu/policies/justice – liberties – citizenship – home – affairs – 0. （2017 年 7 月 15 日）

［31］ GUE/NGL's Brexit working Group，“working on behalf of EU citizens and UK citizens on citizen's rights，the financial settlement and the border in Ireland”，Feb. 21st，2018，http：//www. guengl. eu/policy/action/gue – ngls – brexit – working – group. （上网时间：2018 年 2 月 21 日）

［32］ GUE/NGL，“Trade &foreign affairs”，Feb. 11th，2018，http：//www. guengl. eu/policy/priority/trade – foreign – affairs. http：//www. guengl. eu/policy/action/gue – ngls – brexit – working – group. （上网时间：2018 年 2 月 21 日）

［33］ GUE/NGL，“Economic and financial crisis，” http：//www. guengl. eu/policy/priority/economic – and – financial – crisis.（上网时间：2016 年 3 月 16 日）

［34］GUE/NGL，“Binding treaty，” http：//www. guengl. eu/policy/action/bindingtreaty.（上网时间：2016 年 3 月 16 日）

［35］GUE/NGL，“Commission proposal outsources human rights to Turkey，” http：//www. guengl. eu/news/article/commission – proposal – outsources – human – rights – to – turkey.（上网时间：2016 年 3 月 16 日）

［36］GUE/NGL，“Environment，climate change and energy”，May. 18th，2016，http：//www. guengl. eu/policy/priority/environment – climate – change – and – energy.（上网时间：2016 年 5 月 18 日）

［37］GUE/NGL，“Combating poverty social exclusion”，May. 28th，2017，http：//www. guengl. eu/policy/priority/combating – poverty – social – exclusion.（上网时间：2017 年 5 月 28 日）

［38］GUE/NGL，“Civil liberties，data privacy protecting the vulnerable”，May. 18th，2016，http：//www. guengl. eu/policy/priority/civil – liberties – data – privacy – protecting – the – vulnerable.（上网时间：2016 年 5 月 18 日）

［39］GUE/NGL，“EU Foreign & Security policy creates more problems than it solves”，May. 18th，2016，http：//www. guengl. eu/news/article/eu – foreign – security – policy – creates – more – problems – than – it – solves.（上网时间：2016 年 5 月 18 日）

［40］GUE/NGL，“Trade &foreign affairs”，Mar. 4th，2018，http：//www. guengl. eu/policy/priority/trade – foreign – affairs.（上网时间：2018 年 3 月 4 日）

［41］Greens/EFA，“Europe on the Far Right. Developments and Strategies against，” Mar. 4th，2018，https：//www. greens – efa. eu/en/article/event/europe – on – the – far – right –4466/.（上网时间：2018 年 3 月 4 日）

［42］Greens/EFA，“Protection of fundamental rights in the EU，European Parliament calls for more ambition”，Mar. 4th，2018，https：//www. greens –

efa. eu/en/priority/group/rights – and – freedoms/. （上网时间：2018 年 3 月 4 日）

［43］Greens/EFA，“Loopholes must not undermine good progress on passenger rights”，Rail Passenger Rights，Mar. 4th，2018，https：//www. greens – efa. eu/en/article/press/loopholes – must – not – undermine – good – progress – on – passenger – rights/. （上网时间：2018 年 3 月 4 日）

［44］Greens/EFA，“Binding standards needed to keep network safe. EU Commission Cyber Security Strategy”，Sept. 13th，2017，https：//www. greens – efa. eu/en/article/press/binding – standards – needed – to – keep – network – safe/. （上网时间：2017 年 9 月 13 日）

［45］Greens/EFA，“EU countries must not shirk their shared responsibilities towards refugees in Europe，Refugee relocation”，Sept. 13th，2017，https：//www. greens – efa. eu/en/article/press/eu – countries – must – not – shirk – their – shared – responsibilities – towards – refugees – in – europe/. （上网时间：2017 年 9 月 13 日）

［46］Greens/EFA，“CETA，Deal will proceed to parliamentary vote without additional scrutiny”，Jan. 24th，2017，https：//www. greens – efa. eu/en/article/press/ceta – 6960/. （上网时间：2017 年 1 月 24 日）

［47］Greens/EFA，“Six ways to improve the Erasmus programme”，Jun，12th，2017，https：//www. greens – efa. eu/en/article/news/six – ways – to – improve – the – erasmus – programme/. （上网时间：2017 年 6 月 12 日）

［48］Greens/EFA，“Linguistic and minority rights must be respected in Europe. Press release from EFA MEP Josep – Maria Terricabras（Catalonia）”，Sept. 8th，2015，https：//www. greens – efa. eu/en/article/press/linguistic – and – minority – rights – must – be – respected – in – europe/. （上网时间：2015 年 9 月 8 日）

［49］Greens/EFA，“Climate”，Jun，12th，2017，https：//www. greens – efa. eu/en/priority/group/climate/. （上网时间：2017 年 6 月 12 日）

［50］Greens/EFA，“Greens/EFA Position Paper on the future of Cohesion

Policy", Jun, 12th, 2017, https://www.greens - efa.eu 4Greens/EFA Position Paper on the future of Cohesion Policy.（上网时间：2017 年 6 月 12 日）

[51] Greens/EFA, "Road Mobility Package must deliver for workers and the environment. Road transport", May.18th, 2017, https://www.greens - efa.eu/en/priority/group/road - transport/.（2017 年 5 月 18 日）

[52] Greens/EFA, "EU nature legislation", Dec, 2nd, 2016, https://www.greens - efa.eu/en/article/news/eu - nature - legislation/.（上网时间：2016 年 12 月 2 日）

[53] Greens/EFA, "Happy 20th anniversary Mr. Juncker! EU Parliament voted on 20th GMO in 2 years", Oct.24th, 2017, https://www.greens - efa.eu/en/article/news/happy - 20th - anniversary - mr - juncker/.（上网时间：2017 年 10 月 24 日）

[54] Greens/EFA, "EU Global Strategy for the European Union's Foreign and Security, Greens/EFA Group issues alternative EU strategy", Jun.28th, 2016, https://www.greens - efa.eu/en/article/document/eu - global - strategy - for - the - european - unions - foreign - and - security - 6626/.（上网时间：2016 年 6 月 28 日）

[55] Greens/EFA, "Foreign Affair", Jun.28th, 2016, https://www.greens - efa.eu/en/priority/group/foreign - affairs/.（上网时间：2016 年 6 月 28 日）

[56] Greens/EFA, "Fundraising Training: Migration, Refugees & Asylum Seekers Projects. Call for participants", Sept.28th, 2017, https://www.greens - efa.eu/en/article/event/fundraising - training - migration - refugees - asylum - seekers - projects/.（上网时间：2017 年 9 月 28 日）

[57] Greens/EFA, "Reaction of Greens/EFA presidents, European defence cooperation", Nov.13th, 2017, https://www.greens - efa.eu/en/article/press/reaction - of - greens - efa - presidents/.（上网时间：2017 年 11 月 13 日）

[58] S&D, "Environment health agriculture fisheries", Nov.13th, 2017,

http：//www. socialistsanddemocrats. eu/policies/environment – health – agriculture – fisheries – 0. （上网时间：2017 年 11 月 13 日）

［59］ GUE/NGL，“Agriculture and fisheries”，Nov. 13th，2017，http：//www. guengl. eu/policy/priority/agriculture – and – fisheries. （上网时间：2017 年 11 月 13 日）

［60］ Greens/EFA，“Major changes needed if CAP is to be made fit for purpose. A fitness check on the CAP”，Nov. 20th，2017，https：//www. greens – efa. eu/en/article/document/major – changes – needed – if – cap – is – to – be – made – fit – for – purpose/. （上网时间：2017 年 11 月 20 日）

［61］ S&D，“Environment health agriculture fisheries”，Nov. 20th，2017，http：//www. socialistsanddemocrats. eu/policies/environment – health – agriculture – fisheries – 0. （上网时间：2017 年 11 月 20 日）

［62］ Greens/EFA，“Emissions Trading System. Tentative step towards aligning flagship scheme with Paris Agreement”，Dec. 15th，2016，https：//www. greens – efa. eu/en/article/press/ets/. （上网时间：2016 年 12 月 15 日）

［63］ Greens/EFA，“Top 10 Green recommendations to improve the PANA Report. Panama Papers inquiry”，Sept. 16th，2017，https：//www. greens – efa. eu/en/article/news/top – 10 – green – recommendations – to – improve – the – pana – report/. （上网时间：2017 年 9 月 26 日）

［64］ Greens/EFA，“Fair Trade”，Dec. 15th，2016，https：//www. greens – efa. eu/en/priority/group/fair – trade/. （上网时间：2016 年 12 月 15 日）

［65］ S&D，“Foreign affairs，human rights，security defence”，Dec. 15th，2016，http：//www. socialistsanddemocrats. eu/policies/foreign – affairs – human – rights – security – defence – 0. （上网时间：2016 年 12 月 15 日）

［66］ GUE/NGL，“Trade foreign affairs”，Dec. 15th，2016，http：//www. guengl. eu/policy/priority/trade – foreign – affairs. （上网时间：2016 年 12 月 15 日）

［67］Greens/EFA，“Anti – terror measures must not put fundamental rights at risk，New parliamentary committee on terrorism”，Jul. 5th，2017，https：//www. greens – efa. eu/en/article/press/anti – terror – measures – must – not – put – fundamental – rights – at – risk.（上网时间：2017 年 7 月 5 日）

［68］S&D，“Justice liberties citizenship home affairs”，Jul. 5th，2017，http：//www. socialistsanddemocrats. eu/policies/justice – liberties – citizenship – home – affairs – 0.（上网时间：2017 年 7 月 5 日）

［69］S&D，“Development co – operation & humanitarian aid”，Jul. 5th，2017，http：//www. socialistsanddemocrats. eu/policies/development – co – operation – humanitarian – aid – 0.（上网时间：2017 年 7 月 5 日）

［70］GUE/NGL，“Priority”，Jul. 5th，2017，http：//www. guengl. eu/policy/priority/civil – liberties – data – privacy – protecting – the – vulnerable.（上网时间：2017 年 7 月 5 日）

［71］Greens/EFA，“Protection of fundamental rights in the EU. European Parliament calls for more ambition”，Mar. 1st，2018，https：//www. greens – efa. eu/en/priority/group/rights – and – freedoms/.（上网时间：2018 年 3 月 1 日）

［72］Greens/EFA，“The EU must become a world leader on renewable，Renewable Energy Directive”，Jan. 17th，2018，https：//www. greens – efa. eu/en/priority/group/renewables/.（上网时间：2018 年 1 月 17 日）

［73］S&D，“Justice，liberties，citizenship & home affairs”，Jan. 17th，2018，http：//www. socialistsanddemocrats. eu/policies/justice – liberties – citizenship – home – affairs – 0.（上网时间：2018 年 1 月 17 日）

［74］S&D，“Environment，health，agriculture and fisheries”，Oct. 19th，2016，http：//www. socialistsanddemocrats. eu/policies/environment – health – agriculture – fisheries – 0.（上网时间：2016 年 10 月 19 日）

［75］GUE/NGL，“Consumer rights and food safety”，Oct. 19th，2016，http：//www. guengl. eu/policy/priority/consumer – rights – and – food – safety.（上网时间：2016 年 10 月 19 日）

［76］ Greens/EFA，“For a GMO－free Europe”，Feb. 15th，2017，https：//www. greens－efa. eu/en/priority/group/genfood/.（上网时间：2017年2月15日）

［77］ GUE/NGL，“Healthcare and medical products”，Oct. 19th，2016，http：//www. guengl. eu/policy/priority/healthcare－and－medical－products.（上网时间：2016年10月19日）

［78］ ECR，“Regional development committee”，Feb. 28th，2018，http：//ecrgroup. eu/ecr－policies/ecr－in－the－ep－committees/regional－development/.（上网时间：2018年2月28日）

［79］ GUE/NGL，“Agriculture and fisheries”，Feb. 28th，2018，http：//www. guengl. eu/policy/priority/agriculture－and－fisheries.（上网时间：2018年2月28日）

［80］ Greens/EFA，“Save the bees，Have your say by answering the consultation”，Feb. 28th，2018，https：//www. greens－efa. eu/en/priority/group/pesticides/.（上网时间：2018年2月28日）

［81］ ECR，“Fisheries Committee”，Feb. 28th，2018，http：//ecrgroup. eu/ecr－policies/ecr－in－the－ep－committees/fisheries/.

［82］ GUE/NGL，“Employment and workers rights”，Feb. 28th，2018，http：//www. guengl. eu/policy/priority/employment－and－workers－rights.（上网时间：2018年2月28日）

［83］ ENF，“Charter”，Feb. 28th，2018，http：//www. enfgroup－ep. eu/charter/.（上网时间：2018年2月28日）

［84］ EFDD，“Direct democracy”，Feb. 25th，2018，http：//www. efddgroup. eu/about－us/direct－democracy.（上网时间：2018年2月28日）

［85］ ECR，“Womens' rights and gender equality”，Feb. 25th，2018，http：//ecrgroup. eu/ecr－policies/ecr－in－the－ep－committees/womens－rights－and－gender－equalit/.（上网时间：2018年2月28日）

［86］ S&D，“International trade & globalization”，Feb. 25th，2018，http：//www. socialistsanddemocrats. eu/policies/international－trade－globalisation.（上网时间：2018 年 2 月 28 日）

[87] Greens/EFA，"EU budget must drive the green transition，Multiannual Financial Framework"，Mar. 14th，2018，https：//www. greens – efa. eu/en/article/press/eu – budget – must – drive – the – green – transition/.（上网时间：2018 年 3 月 14 日）

[88] Greens/EFA，"Debating the future of EU – UK relations after Brexit，EFA MEPs Jill Evans & Alyn Smith in key debate"，Mar. 14th，2018，https：//www. greens – efa. eu/en/priority/group/brexit/.（上网时间：2018 年 3 月 14 日）

[89] ECR，"Budgetary control committee"，Mar. 14th，2018，http：//ecrgroup. eu/ecr – policies/ecr – in – the – ep – committees/budgetary – control/.（上网时间：2018 年 3 月 14 日）

[90] EPP，"Terrorism"，Mar. 25th，2018，http：//www. eppgroup. eu/hot – topic/terrorism.（上网时间：2018 年 3 月 25 日）

[91] ECR，"Foreign affairs human rights and defence committee"，Mar. 25th，2018，http：//ecrgroup. eu/ecr – policies/ecr – in – the – ep – committees/foreign – affairs – human – rights – and – defence/.（上网时间：2018 年 3 月 25 日）

[92] ALDE，"A Europe That Works，Party Electoral Manifesto 2014，Alliance of Liberals and Democrats for Europe，2014"，Mar. 16th，2018，https：//www. aldeparty. eu/sites/alde/files/00 – Pages/7475/english – version – alde – party – manifesto. pdf.（上网时间：2018 年 3 月 16 日）

[93] ECR，"Bugets committee"，Mar. 16th，2018，http：//ecrgroup. eu/ecr – policies/ecr – in – the – ep – committees/budgets/.（上网时间：2018 年 3 月 16 日）

[94] EPP，"Youth"，Mar. 16th，2018，http：//www. eppgroup. eu/hot – topic/youth.（上网时间：2018 年 3 月 16 日）

[95] Greens/EFA，"GMOs are back，and they' re worse than before"，May. 24th，2016，https：//www. greens – efa. eu/en/article/document/gmos –

are - back/. （上网时间：2016 年 5 月 24 日）

[96] EPP, "Motion for a European parliament resolution on Climate diplomacy", Jan. 3rd, 2018, http://www.europarl.europa.eu/sides/getDoc.do?type = COMPARL&mode = XML&language = EN&reference = PE616.683. （上网时间：2018 年 1 月 3 日）

[97] ECR, "Environment, public health and food safety committee", Jan. 3rd, 2018, http://ecrgroup.eu/ecr - policies/ecr - in - the - ep - committees/environment - public - health - and - food - safety/. （上网时间：2018 年 1 月 3 日）

[98] European Parliament election, 1979", Jan. 3rd, 2018, https://en.wikipedia.org/wiki/European_Parliament_election, _1979. （上网时间：2018 年 1 月 3 日）

[99] "Parties and elections," Jan. 3rd, 2018, http://www.parties - and - elections.de. （上网时间：2018 年 1 月 3 日）

[100] S&D, "Initiatives and activities", Jan. 3rd, 2018, http://www.socialistsanddemocrats.eu/initiatives - and - activities. （上网时间：2018 年 1 月 3 日）

[101] S&D, "EUWakeUp", Jan. 3rd, 2018, http://www.socialistsanddemocrats.eu/euwakeup. （上网时间：2018 年 1 月 3 日）

[102] S&D, "EDUCA - an S&D initiative", Jan. 3rd, 2018, http://www.socialistsanddemocrats.eu/educa. （上网时间：2018 年 1 月 3 日）

[103] GUE/NGL, "Murder of activist Marielle Franco underscores climate of repression in Brazil", Mar. 15th, 2018, http://www.guengl.eu/news/article/transforming - the - crisis - through - the - social - and - solidarity - economy - conference. （上网时间：2018 年 3 月 15 日）

[104] GUE/NGL, "Shoot the crisis!" Aug. 9th, 2016, http://www.guengl.eu/policy/action/shoot - the - crisis. （上网时间：2016 年 8 月 9 日）

[105] GUE/NGL, "GUE/NGL to hold World Parliamentary Forum in Canada this week", Aug. 9th, 2016, http://www.guengl.eu/news/article/

gue – ngl – to – hold – world – parliamentary – forum – in – canada – this – week.（上网时间：2016 年 8 月 9 日）

［106］ GUE/NGL，“ Declaration on Spanish abortion law proposal ”，Aug. 9th， 2016， http：//www. guengl. eu/policy/action/declaration – on – spanish – abortion – law – proposal.（上网时间：2016 年 8 月 9 日）

［107］ GUE/NGL，“Report from GUE/NGL Seminar ‘Austerity and the economic external agenda of the EU’”， Aug. 6th， 2016，， http：//www. guengl. eu/policy/action/gue – ngl – meps – participate – in – athens – alter – summit.（上网时间：2016 年 8 月 6 日）

［108］ GUE/NGL，“Corporate Capture of COP19 at the expense of climate justice”， Nov. 19th， 2017， http：//www. guengl. eu/policy/action/gue – ngl – at – the – climate – summit – warsaw.（上网时间：2017 年 11 月 19 日）

［109］ GUE/NGL，“Left MEPs in Bali for economic justice alternative to WTO”， Dec， 5th， 2017， http：//www. guengl. eu/policy/action/gue – ngl – in – bali – end – wto.（上网时间：2017 年 12 月 5 日）

［110］ GUE/NGL，“AFET Interparliamentary Conference in Valetta：High time for civil turn – around of the EU Foreign and Defense Policy”， May 11th， 2017， http：//www. guengl. eu/event – reports.（上网时间：2017 年 5 月 11 日）

［111］ Benjamin LEUNG，“Event report – GUE – NGL Study Days in Bratislava”， Oct. 21st， 2016， http：//www. guengl. eu/event – reports.（上网时间：2016 年 10 月 21 日）

［112］ Matteo ALETTA，“Event report on the Peace conference， there is an Alternative – No to NATO”， Jun. 7th， 2016， http：//www. guengl. eu/event – reports.（上网时间：2016 年 6 月 7 日）

［113］ GUE/NGL， Francoism Post Franco，“Politics on European Rememberance – organised by EFA & GUE/NGL MEPs”， Nov. 20th， 2017， https：//www. greens – efa. eu/en/article/event/francoism – post – franco/.（上网时间：2017 年 11 月 20 日）

［114］ Greens/EFA，“ Plenary speeches ”， Jun. 7th， 2016， https：//

www. greens – efa. eu/en/parliamentary – work/plenary – speeches/.（上网时间：2016 年 6 月 7 日）

［115］Greens/EFA，“European Ideas Lab – Brussels”，Mar. 1st，2018，https：//www. greens – efa. eu/en/article/event/european – ideas – lab – brussels/.（上网时间：2018 年 3 月 1 日）

［116］Greens/EFA，“The art of the deal – how to keep politics clean”，Dec. 6th，2017，https：//www. greens – efa. eu/en/article/event/the – art – of – the – deal – how – to – keep – politics – clean/.（上网时间：2017 年 12 月 6 日）

［117］Greens/EFA，“Transparency at EU and Member State level：Challenges and Next Steps”，Sept. 28th，2017，https：//www. greens – efa. eu/en/article/event/right – to – know – day – public – event/.（上网时间：2017 年 9 月 28 日）

［118］Greens/EFA，“Making Globalisation work for the Sustainable Development Goals，Nov. 26th，2017，https：//www. greens – efa. eu/en/article/event/making – globalisation – work – for – the – sustainable – development – goals/.（上网时间：2017 年 11 月 26 日）

［119］Greens/EFA，“A fair food and agriculture policy”，Oct. 18th，2017，https：//www. greens – efa. eu/en/article/event/a – fair – food – and – agriculture – policy/.（上网时间：2017 年 10 月 18 日）

［120］Greens/EFA，“Fundraising Training：Migration，Refugees & Asylum Seekers Projects”，Sept. 28th，2017，https：//www. greens – efa. eu/en/article/event/fundraising – training – migration – refugees – asylum – seekers – projects/.（上网时间：2017 年 9 月 28 日）

［121］“Member party”，Sept. 28th，2017，http：//www. european – left. org/about – el/member – parties.（上网时间：2017 年 9 月 28 日）

［122］EG，“Organisation”，Sept. 28th，2017，https：//europeangreens. eu/organisation.（上网时间：2017 年 9 月 28 日）

［123］PES，“The Party”，Sept. 28th，2017，https：//www. pes. eu/en/about – us/the – party/.（上网时间：2017 年 9 月 28 日）

[124] PES, "History", Sept. 28th, 2017, https://www.pes.eu/en/about-us/history/.（上网时间：2017 年 9 月 28 日）

[125] European Parliament, "David Sassoli elected President of the European Parliamen", Sept. 28th, 2017, https://www.europarl.europa.eu/news/en/press-room/20190627IPR55410/david-sassoli-elected-president-of-the-european-parliament.（上网时间：2017 年 9 月 28 日）

[126] Committees European Parliament, "Introduction", Sept. 28th, 2017, https://www.europarl.europa.eu/committees/en/about/introduction.（上网时间：2017 年 9 月 28 日）

[127] European Parliament, "The new European Parliament Vice-Presidents", Sept. 28th, 2017, https://www.europarl.europa.eu/news/en/press-room/20190627IPR55411/the-new-european-parliament-vice-president.（上网时间：2017 年 9 月 28 日）

[128] Committees European Parliament, "Introduction", Sept. 28th, 2017, https://www.europarl.europa.eu/committees/en/about/introduction.（上网时间：2017 年 9 月 28 日）

[129] "Committees", Sept. 28th, 2017, https://europarl.europa.eu/committees/en/about/list-of-committees; https://europarl.europa.eu/committees/en/about/conference-of-committee-chairs; https://www.europarl.europa.eu/news/en/headlines/eu-affairs/20190711STO56847/meet-the-new-chairs-of-the-parliamentary-committees.（上网时间：2017 年 9 月 28 日）

[130] S&D, "Plenary topics", Sept. 28th, 2017, http://www.socialistsanddemocrats.eu/topics.（上网时间：2017 年 9 月 28 日）

[131] Greens/EFA, "Statutes of the Greens/EFA Group", Oct. 4th, 2017, https://www.greens-efa.eu/en/article/document/statutes-of-the-greens-efa-group/.（上网时间：2017 年 10 月 4 日）

[132] Greens/EFA, "Statutes of the Greens/EFA Group", Oct. 6th, 2017, https://www.greens-efa.eu/en/article/document/statutes-of-the-greens-efa-group/.（上网时间：2017 年 10 月 6 日）

图书在版编目（CIP）数据

欧洲议会左翼党团的历史演变和影响研究/游楠著．—北京：时事出版社，2022. 4

ISBN 978-7-5195-0474-8

Ⅰ. ①欧…　Ⅱ. ①游…　Ⅲ. ①政党—历史—研究—欧洲　Ⅳ. ①D750. 64

中国版本图书馆 CIP 数据核字（2022）第 047266 号

出 版 发 行：时事出版社

地　　　址：北京市海淀区彰化路 138 号西荣阁 B 座 G2 层

邮　　　编：100097

发 行 热 线：（010）88869831　88869832

传　　　真：（010）88869875

电 子 邮 箱：shishichubanshe@ sina. com

网　　　址：www. shishishe. com

印　　　刷：北京良义印刷科技有限公司

开本：787 × 1092　1/16　印张：18　字数：280 千字

2022 年 4 月第 1 版　2022 年 4 月第 1 次印刷

定价：98. 00 元

（如有印装质量问题，请与本社发行部联系调换）